자존감 회복 수업

我真的很棒

내가 좋아지고 관계가 편해지는

자존감 회복 수업

충페이충 지음 | 이신혜 옮김

유노
북스

사랑하는 마음, 편해지는 관계

남의 시선에 신경 쓰는 건 좋은 일이다. 그러니 남의 시선에 신경 쓰지 말라는 사이비 심리학자들의 말은 무시하자. 세상을 살면서 어떻게 남의 시선에 신경을 쓰지 않을 수 있단 말인가? 인간은 사회적 동물이자 무리 생활을 하는 동물이다. 그 특성상 우리는 항상 타인을 필요로 한다.

우리가 남의 시선에 신경을 쓰는 이유는 남에게 내가 좋은 사람이라는 인상과 호감을 주고 더 많은 사랑을 받고 싶어서다. 삶에 대한 가장 기초적인 욕구다. 그래서 남의 시선에 전혀 신경 쓰지 않는 사람이야말로 대단히 위험한 사람이라고 단언할 수 있다. 하지만 과도하게 남의 시선에 신경을 쓰면 그만큼 에너지 소모가 커져 하루하루가 피곤해질 수밖에 없고 결국 비난을 받아들이지 못해 항상 칭찬에 목마른 사람이 돼 버린다.

대부분의 사람은 비난을 받으면 세 가지 방식으로 대응한다.

• 고치기

우선 자책한 후 열심히 단점을 고친다. 단점을 고쳐 남을 기쁘게 해 주는 방법으로 나에 대한 비난을 멈추도록 한다.

• 맞받아치기

비난에 대응하는 가장 흔한 방식이다. 남이 입도 뻥긋 못하게 억누르고, 그의 잘못된 생각을 바로잡는 방법으로 나에 대한 비난을 멈추도록 한다.

• 회피하기

겉으로는 "남들이 뭐라건 신경 안 써"라고 말하지만, 속으로는 엄청나게 신경 쓰는 사람들이 쓰는 수법이다. 일단 비난당한 이상 비난당하기 전처럼 좋은 관계를 유지할 수 없기에 회피한다.

겉으로 나약해 보이거나 강해 보이는 사람들이야말로 남의 시선에 가장 신경 쓴다. 반면 남의 시선에 전혀 신경 쓰지 않는 사람은 남의 평가에 동요하지 않는다.

자존감이 낮아지는 이유

우리는 비난당하고 싶지 않기 때문에 남의 시선을 신경 쓴다. 그래서 누군가가 나를 비난할 때마다 그의 생각을 바로잡으려고 하며 그의 행동을 통제하려고 한다. 그런데 이런 행동은 이 세상 사람의 생각을 전부 정복해 내 마음대로 좌지우지하겠다는 것과 다를 바 없다. 단 한 사람이라도 나를 비난하면 그가 나에 관한 생각을 바꿀 때까지 그리고 내 직성이 풀릴 때까지 정복을 시도하겠다는 심리가 숨어 있다.

심리학을 배우기 전 나는 세상 모든 땅을 정복하려고 했던 나폴레옹과 칭기즈 칸을 대단한 위인이라고 생각했다. 그러나 심리학을 배우고 난 후 생각이 바뀌었다. 그들보다 더 대단한 사람은 남의 시선에 특히 신경 쓰는 사람들이다. 땅을 정복하는 것보다 더 위대한 일이 사람의 생각을 정복하는 일이기 때문이다.

남의 시선을 신경 쓰는 행위는 일종의 자아도취 행위다. 그 행동 뒤에는 세상 모든 사람이 날 좋은 사람이라고 생각하게 만들겠다는 목표가 숨어 있다. 평생 이 목표를 실현하려고 노력해야 한다면 얼마나 피곤할까? 누가 봐도 실현 불가능한 목표다. 사람마다 입맛이 다르듯 당신에 대한 평가도 다를 수밖에 없다. 당신의 방법, 성취, 행동에 상관없이 누군가는 당신을 좋게 평가하고 또 누군가는 나쁘게 평가한다. 주변 사람 중 20퍼센트는 당신을 좋아하고 60퍼센트는 아무래도 상관없다고 생각하며 20퍼센트는 미워한다는 '2·6·2의 법칙'에 따라, 누군가는 당신을 좋아하고 누군가는 미워하기 마련이다.

물론 당신을 나쁘게 생각한 사람의 생각을 노력해서 바꿀 수도 있다. 하지만 누군가는 그런 당신을 보고 변했다며 미워하게 될지도 모른다. 또 뛰어난 사람으로 거듭나면 당신을 좋아하는 사람들이 몰려들지도 모르지만, 뛰어난 사람이 되고자 노력하는 동안 소홀히 했던 지인들은 당신을 미워하게 될 수도 있다.

남의 시선에만 신경 쓰는 나르시시스트들은 일단 자신을 보는 타인의 평가를 성공적으로 바꾸고 나면 타인을 정복하러 나선다. 그들은 자신을 좋게 평가하는 사람에겐 친밀감을 느끼지 못하고 자신을 나쁘게 평가하는 사람에게 정복욕을 느낀다. 그래서 자신을 나쁘게 보는 사람에게만 시간과 에너지를 쏟고 자신을 좋게 보는 사람에게는 시간을 내지 않는다.

남의 시선을 신경 쓰는 사람들은 마음속에 많은 사람의 말을 담아 두고 산다. 그들은 남이 내게 불만이 있을까 봐 신경 쓰고, 그를 만족시켜 줄 수 있는 행동을 하려고 한다. 그들은 자신을 보는 자신의 시선과 감정보다 남의 시선과 감정을 더 중요하게 생각한다. 그래서 남이 좋다고 해야 자신도 좋다고 인정하고, 남이 편안하다고 해야 마음을 놓는다. 또 남들이 자신을 별로라고 평가하면 수용하기만 할 뿐 스스로 자신이 훌륭하다는 생각은 절대 하지 못한다. 내 느낌, 감정, 평가는 전혀 중요하지 않다. 그들에게 중요한 건 남의 느낌, 감정, 평가다.

남을 비난하고 남의 생각을 통제하면 엄청난 힘을 가진 것처럼 느껴진다. 하지만 한 꺼풀 벗겨 보면 여전히 남의 평가를 자신의 평가보다 훨씬 더 중요하게 생각하는 나약하고 초라한 존재가 숨어 있을 뿐이다. 당신은 그를 아주 사랑하는 게 틀림없다. 그러니까 자신보다 그를 훨씬 더 중요하다고 생각하는 것 아니겠는가?

남의 시선에 신경 쓸수록 남을 위해 더 큰 에너지를 소모하게 된다. 일할 때도 자신의 느낌보다 남이 어떻게 느끼고 이렇게 볼까를 먼저 생각하고, 자신보다 남을 먼저 배려하고, 남의 기분을 먼저 살핀다. 남의 시선에 신경 쓰는 사람일수록 자신의 존재는 무시한다. 오늘은 이 사람을 만나 이 사람의 시선을 신경 쓰고 마음에 담아 둔다. 다음 날은 저 사람을 만나 저 사람의 시선을 신경 쓰고 마음에 담아 둔다. 어떤 모임의 사람을 만나든 그의 시선을 전부 마음에 담아 둔다. 마음에 담아 둔 사람의 시선이 많아지고 그 무게가 늘어날수록 자신에게 남겨진 자리는 줄어들어 결국 나는 중요하지 않은 존재처럼 느껴진다.

당신에게 묻고 싶다. 마음속에 그렇게 많은 사람의 시선을 담아 두면 피곤하지 않은가? 남의 시선이 정말 자신보다 더 중요한가?

자존감이 만드는 안정적인 관계

누군가의 시선에 신경 쓰는 이유는 그와의 관계가 계속 유지되길 갈망하기 때문이다. 그래서 자신만의 방법으로 관계를 유지하려고 발버둥치는 것이다. 머릿속에 다음과 같은 고정 관념이 뿌리내린 사람은 자신을 보는 남의 시선을 교정해 주고 싶어 안달이나 있다.

'남을 배려하거나 매력 있는 사람이 돼야 날 좋은 사람이라고 생각할 테고, 날 좋은 사람이라고 생각해야 날 좋아해 주겠지?'

'내가 나쁜 사람이라고 생각되면 그는 날 떠날지 몰라. 날 싫어하거나 떠나는 건 받아들일 수 없어.'

'이 관계를 유지하기 위해 나는 무슨 수를 써서라도 나에 대한 평가를 바꿀 거야.'

'회유하고 비난하면 그가 날 떠날지도 모르지만, 그렇게 해야 내 원시적인 욕구가 충족되고 우리 관계가 유지될 수 있다는 생각이 들어. 난 그렇게 할 거야.'

둘의 관계를 유지하기 위해선 둘 모두의 노력이 필요하다. 그런데 당신은 상대방은 이 관계를 유지할 생각이 없다고 단정해 혼자 책임을 짊어지고, 당신이 나쁘게 행동하면 상대방이 언제든 떠나 버리리라 생각한다. 이런 생각을 갖게 된 이유는 뭘까? 당신은 이 관계를 혼자 책임지고 있다고 생각하며, 상대방에겐 '내게 만족하고 남아 있거나' 아니면 '내게 만족하지 못하고 떠나거나' 두 가지의 선택지밖에 없다고 생각한다.

당신은 상대방도 이 관계를 유지하고 싶어 한다고 생각해 본 적이 없다. 상대방도 당신의 평가와 시선에 신경 쓰고, 자신을 떠날까 봐 걱정하며, 관계를 유지하고자 노력하고 있다는 생각은 한 번도 해 보지 못했을 것이다. 당신은 당신이 관계를 유지하기 위한 노력을 그만두면 이 관계는 끝나 버릴 거라는 생각만 한다. 내가 조금만 실수하면, 잘못하면, 내가 나쁜 사람이 되면 이 관계는 완전히 물거품이 되리라고 생각한다. 그래서 당신은 상대방이 당신을 나쁜 사람이라고 생각하도록 가만히 놔둘 수가 없어 그의 시선을 교정하려고 노력한다.

둘의 관계에서 한 사람만 책임지는 건 정말 힘든 일이다. 따라서 당신이 꼭 알아야 할 사실이 있다. 당신과 소중하지 않은 관계를 맺고 있는 사람이라도 남들은 당신이 상상한 것보다 훨씬 더 너그러운 시선으로 당신을 본다는 사실을 말이다.

우리는 누군가가 훌륭하다는 이유만으로 그와 함께하며 익숙해지고 친밀한 사이가 되고 싶어 하진 않는다. 그의 장점이 단점보다 많을 때, 사랑하는 마음이 멀리하고 싶은 마음보다 더 클 때 우리는 그의 옆에 머무르길 선택한다. 반대로 우리는 모든 게 완벽한 사람 옆에는 머무르길 주저한다. 자존감을 얻을 수 없기 때문이다. 그러니 당신에게 큰 단점이 있다고 해도 누군가는 항상 당신을 사랑할 거라는 믿음을 가지자. 정상적인 인간관계는 그런 것이다.

사랑에 대한 갈망이 큰 사람일수록 많은 관계를 맺고, 사랑에 대한 자신의 욕구를 채우고자 모든 사람에게서 사랑을 얻으려고 한다. 이처럼 남의 시선에 신경 쓰는 사람은 애정 결핍인 경우가 많다.

사랑받았다는 경험은 안정적인 관계를 통해 만들어진다. 여기서 안정은 객관적인 안정을 뜻하는 건 아니다. 이 관계가 안정적이라는 믿음만 있으면 된다. 열애 중인 커플이 세간의 시선에 신경 쓰지 않고 길거리에서 입 맞추듯, 마마보이가 남이 뭐라고 하든 개의치 않고 엄마 말에만 따르듯 사랑받는 사람은 남의 시선을 신경 쓰지 않는다. 일과 사랑에 빠진 사람들도 그렇다. 스티브 잡스가 좋은 예다. 그는 일을 사랑하고 성공 가능성을 믿었으며 일을 통해 보람을 얻었다. 일과 사랑에 빠졌기에 남의 시선에 신경 쓰지 않았다.

당신도 마찬가지다. 누군가와 함께 있을 때 마음이 편해지고 사랑받는다는 느낌과 자신이 중요한 존재라는 느낌을 받으면 그와 더 많은 시간을 함께하길 원하며 이 세상을 다 가진 느낌이 들 것이다. 그런 사람과 함께 있을 때 세상 사람들의 시선은 중요치 않다.

당신을 사랑하는 사람이 있고 당신에게도 그를 사랑할 능력이 있다면 그를 사랑하는 과정에서 큰 보람을 느낄 수 있을 것이다.

그리고 그런 과정으로 타인의 애정을 갈구하는 욕구를 충족할 수 있다. 하지만 당신이 필요해 원하는 사람은 다르다. 필요로 애정을 갈구하면 갈수록 불만만 커질 뿐이다.

세상 모든 사람의 시선에 신경 쓰는 사람이 있다면 안정적인 양질의 관계를 맺지 못했기 때문이다. 모든 인간은 일정 정도 수준에 도달한 관계와 사랑을 원한다. 그래서 깊이 없는 관계를 맺고 있다면 보상하고자 관계의 양을 늘리는 수밖에 없다. 깊이 없는 관계만 맺고 있기 때문에 여러 얕은 관계로 보상하려는 것이다.

이처럼 제대로 사랑받아 본 경험이 없는 사람은 더 많은 사랑을 받고 싶어 남의 시선에 신경을 쓴다. 정말 고통스러운 일이다. 그들은 다른 사람, 물건, 아니면 일이라도 좋으니 안정적인 관계를 맺기 위해 용기를 내야 한다. 여러 가벼운 관계로 보상받으려는 사람은 사랑할 사람을 찾지 못해 그러는 게 아니다. 사랑받고 깊은 관계를 맺을 용기가 없어서 그렇다. 그들의 잠재의식 속에는 '나는 어느 곳에서도 진정한 사랑을 얻지 못할 거야. 혼자 이 괴롭고 힘든 삶을 살아야겠지'라는 두려움이 숨어 있다.

당신은 사랑할 용기가 있는가? 사랑받을 용기가 있는가?

우리는 사랑을 통해 단점이 있어도, 형편없다고 손가락질당해도 항상 누군가가 나를 받아 주고 보듬어 준다는 걸 느낄 수 있다. 사랑을 통해 편안한 마음으로 누군가의 관심을 즐기고, 내가 혼자 책임지지 않아도 관계란 그 자체만으로 이미 안정적이라는 사실을 깨달을 수 있다. 그러니 남의 시선이 좋든 나쁘든 원한다면 신경 써도 좋다. 그러나 자신을 너무 힘들게 하진 말자.

이처럼 사랑하는 마음은 나의 단점으로부터, 타인의 비난으로부터 우리를 지켜 준다. 그러나 타인의 사랑이 나를 지켜 주기를 기다리고만 있다가는 먼저 지치기 쉽다. 그래서 우리는 나 자신을 사랑하는 방법을 배워야 한다. 이때 스스로를 사랑할 줄 아는 마음이 바로 자존감이다. 자존감이 나의 마음속에 깊게 뿌리내리고 있어야 나의 감정에, 타인의 행동에, 관계에 상처받지 않고 쉽게 흔들리지 않을 수 있다. 누구나 마음속에 자존감을 갖고 태어난다. 단지 살아가다가 받은 상처 때문에 몸을 숨긴 것뿐이다.

지금부터 당신의 마음속에 숨어 있는 자존감을 회복시킬 수 있도록 자존감을 마주하고 다시 일으켜 세울 수 있는 방법을 소개하고, 더 나아가 나 자신을 사랑하고 지키는 방법까지 안내할 것이다.

이 책을 통해 모두가 자신을 사랑하고, 조금이라도 관계에 편안해지기를 바란다.

차례

1장

다시 자존감을 이야기해야 할 때

자존감과 사람 사이의 상관관계 이해하기

2장

무너진 자존감을 어떻게 일으킬까?

자존감을 둘러싼 욕구 인정하기

3장

나를 사랑하면 무엇도 두렵지 않다

사랑으로 내면을 채워 자존감 높이기

4장

자존감이 인생의 모든 것을 결정한다

나를 지키면서 감정, 관계, 일에 편안해지기

1장

다시 자존감을
이야기해야 할 때

자존감과 사람 사이의 상관관계 이해하기

자존감을 깎아내리는
감정, 화

고양이 걷어차기

많은 사람의 잠재의식에는 '저 사람이 나한테 화난 걸 보니 내가 잘못했나 봐'라는 논리가 자리 잡고 있다. 그래서 타인이 당신에게 화를 내면 마음속에서 감정적인 반응이 일어난다. 당신 스스로도 잘못했다고 생각하면 죄책감을 느끼고 '이렇게 하면 안 되는 거였는데' 하며 자책한다. 반면 스스로 떳떳하다고 생각하면 억울함과 두려움을 느끼곤 '잘못한 것도 없는데 왜 나한테 화를 내는 거야?' 하는 생각과 함께 분노가 치밀어 오른다.

이런 마음에서 '내가 잘못했을 때만 내게 화를 낼 수 있다'는 잠재의식의 논리를 찾아볼 수 있다. 내가 잘못을 저지르지 않았다면 내게 화를 내면 안 된다고 생각하는 것이다.

나를 비롯한 심리 상담사들은 기업 교육을 진행할 때 고객 상담사들이야말로 감정 관리 교육을 받아야 한다고 강조한다. 고객들은 하루가 멀다 하고 고객 상담사에게 화를 내지만, 고객 상담사는 맞받아칠 수 없기 때문이다. 어떤 고객은 억지로 트집을 잡으며 자기가 틀렸는데도 고객 상담사에게 화를 낸다. 고객 상담사는 억울할 수밖에 없다.

명확한 이유도 없이 상사에게 꾸지람을 들은 부하 직원도 마찬가지다. 주체할 수 없는 억울함에 코를 훌쩍거리며 '내가 도대체 뭘 잘못해서 혼을 내는 거야?'라고 생각한다.

나 역시 잠재의식의 논리를 깨닫지 못했을 땐 이런 식으로 생각했다. 내가 쓴 글을 읽고 비난하는 독자들을 대할 때마다 기분이 상해 "내가 틀렸다고? 뭘 틀렸어? 제대로 읽고 이해는 하고 욕하는 거야?"라며 화를 내곤 했다.

어른답게 스스로에게 한번 물어보자. 타인에게 화가 났을 때 정말로 그가 잘못해서 화를 냈는가?

분노는 강한 쪽에서 약한 쪽으로 흐른다

분노가 어떻게 생기는지 알면 타인의 분노에 대응할 수 있다. 본질적으로 분노는 아래로 흐른다. 삶이라는 시스템을 들여다보면 분노는 강한 쪽에서 약한 쪽으로 흐른다는 이치를 깨달을 수 있고 다양한 형태의 분노를 이해할 수 있다.

가정에서 부모는 아이에게 작은 일로 크게 화내곤 한다. 마음속 분노를 해소할 곳이 없어 더 약한 존재에게 화를 푸는 것이다. 아이는 부모보다 약한 존재이므로 분노는 부모에게서 아이에게로 흐른다. 반대로 부모가 엄하지 않으면 아이는 부모가 약하다는 걸 깨닫고 말썽꾸러기로 자라나 부모를 화풀이 대상으로 삼는다.

아이보다 부모가 훨씬 세면 아이는 혼이 나도 마음속 분노를 해소할 곳이 없어 약한 동물을 학대할 수 있다. 이처럼 자신보다 약한 대상에게 분노나 스트레스를 풀려고 하는 현상을 심리학 용어로 '고양이 걷어차기 효과'라고 한다. 고양이는 아이보다 약하기 때문에 아이의 분노가 고양이에게로 흐르는 것이다. 하지만 고양이에겐 죄가 없다. 이렇듯 우리 주변에서 벌어지는 참혹한 동물 학대, 사회를 향한 보복 범죄들은 내면의 분노가 제대로 해소되지 못해서 일어난다.

노점상 단속원이 노점상에게 화를 내는 경우도 있다. 단속원이 가진 법적 권한과 수준을 넘어선 분노인데, 단속원이 노점상보다 강하기 때문에 나타나는 현상이다.

고객이 상담원에게 화를 내는 경우도 상담원이 잘못해서가 아니라 상담원이 고객의 마음속 분노를 푸는 가장 안전한 대상이기 때문이다. 고객에게 상담원의 이미지는 '아랫사람'으로 설정돼 있다.

아무 이유 없이 부하 직원에게 화를 내곤 하는 상사도 마찬가지다. 회사라는 시스템에서 상사는 부하 직원보다 높은 존재이기 때문이다.

사회에서 약한 존재 취급을 받고 분노를 쌓아 두다가 집에 와서 아내에게 푸는 남편도 있다. 아내 앞에서만은 강한 사람이 될 수 있기 때문이다. 반면 사회에서 인정받는 남편은 아내를 아끼고 사랑할 줄 안다. 그래서 딸이 사회적 지위가 있는 남자에게 시집가길 바라는 엄마의 마음도 이해가 간다. 권력이나 재산이 탐나는 게 아니라 사회적으로 '잘나가는 남자'라면 내면의 분노를 해소할 만한 곳이 따로 있을 테니 말이다.

분노는 옳은 개체에서 그른 개체로 흐르는 게 아니라 강한 개체에서 약한 개체로 흐른다. 그러나 시스템에서 에너지가 흐르려면 특정한 모습을 갖춰야 한다. 그래서 분노라는 에너지는 '옳음과 그름'이라는 형태로 제 모습을 드러내곤 하는 것이다. 즉 옳고 그름은 분노라는 에너지의 흐름을 보여 주는 형태일 뿐 본질은 아니다. 여기서 말하는 강자가 힘이 더 강한 사람이 아닐 때도 있다. 어떤 사람의 잠재의식이 당신을 자신보다 약하다고 인식하는 순간 그의 분노는 당신에게로 흐른다. 그의 분노를 맞받아쳤다면 당신의 잠재의식이 '그래도 내가 너보단 훨씬 강하지'라는 판단을 내렸기 때문이다.

사람과 사람 사이에는 '평등 관계'와 '계급 관계'라는 두 가지 형태의 관계가 존재한다.

첫째, 평등 시스템에서는 '존중'이 핵심이다.

평등 시스템에서 우리는 평등하다. 사회적으로 각자 다른 일을 할 뿐 인격은 절대적으로 평등하다. 가정에서 누군가가 돈을 더 적게 벌고 일도 더 적게 하겠지만, 인격은 평등하다. 회사에서도 누군가의 직위가 다른 사람보다 낮고 가진 권한도 적지만, 인격은 평등하다.

'평등'이라는 두 글자는 말로 하긴 쉽지만 이성적·인격적으로 많은 걸 요구한다. 우리가 살고 있는 사회에는 계급이 존재하기 때문이다. 모든 사람은 평등하다거나 인권을 존중해야 한다고 호소해 봐야 절대적으로 평등한 관계는 이상적인 생각일 뿐이다.

둘째, 계급 시스템에서는 핵심이 '힘'이 핵심이다.

상사가 직원보다, 부모가 자녀보다, 갑이 을보다, 소비자가 판매자보다, 팬이 연예인보다, 가진 게 많은 사람이 가진 게 적은 사람보다, 도덕적으로 우월한 사람이 열등한 사람보다, 박식한 사람이 그렇지 않은 사람보다, 올바르게 행동한 사람이 틀리게 행동한 사람보다 힘이 있다.

물론 절대적인 것은 아니지만, 더 많은 힘을 가진 사람은 관계라는 시스템에서 우위를 점하기 마련이다. 그리고 자연스레 더 많이 화를 낼 수 있는 '화낼 권리'를 가진다. 계급 시스템에서 힘 있는 자와 힘없는 자 사이에는 겉으로 드러나는 표면적인 요구 사항과 눈에 보이지 않는 암묵적인 요구 사항이 존재한다. 표면적인 요구 사항이란 '업무 지시에 잘 따르고 나를 잘 보필해야 한다'와 같은 공적인 요구 사항이다. 반면 암묵적인 요구 사항은 '너는 내 분노를 받아들이고, 알아서 소화하고 또 감정적으로도 날 돌봐야 해'와 같은 감정적인 요구 사항이다.

따라서 감성 지수가 낮은 사람은 표면적인 요구 사항밖에 보지 못한다. 이들은 쩔쩔매면서 갖은 고생을 다하며 일을 처리하고 주어진 임무를 완수하려고 노력한다. 반면 감성 지수가 높은 사람은 암묵적인 요구 사항을 인식하고 힘 있는 자의 감정을 살필 줄 안다. 그래서 감성 지수가 높은 사람이 낮은 사람보다 사회적으로 좋은 평가를 받는 것이다. 그런데 이런 사실을 깨닫지 못하는 감성 지수가 낮은 사람은 감성 지수가 높은 사람들을 보고 "능력도 없는 놈이 아부 잘 떨어서 출세했어"라며 투덜대기 일쑤다.

가정에선 집안일을 더 많이 하는 사람이 더 높은 계급을 차지하기 마련이고, 자연히 '화낼 권리'를 더 많이 가진다. 그래서 상대방이 집안일을 더 많이 한다면 당신은 상대방의 표면적인 요구 사항을 들어주고자 집안일도 함께해야 한다. 하지만 암묵적인 요구 사항을 들어주고자 상대방이 퍼붓는 비난과 분노도 묵묵히 감내해야만 한다. 두 사람 중 한 명의 수입이 더 많을 때도 이런 현상이 나타난다.

어떤 사람이 당신에게 아무 이유 없이 화를 낸다면 그의 잠재의식이 당신을 자신보다 훨씬 약한 존재라고 판단했기 때문이다. 이 시스템에서 당신의 위치가 그보다 약하지 않더라도 말이다.

필요하면 받아 주고 필요 없다면 떠나도 된다

타인의 분노에 대응하는 방식을 보면 그의 감성 지수를 알 수 있다. 일반적으로 감성 지수가 낮은 수준에서 높은 수준 순으로 다음과 같이 대응한다.

억울해한다 → 맞받아친다 → 회피한다 → 소화한다

타인의 분노를 소화하는 건 의무가 아니지만, 감성 지수 수준이 높은 사람은 그렇게 한다. 앞의 세 가지 대응 방식은 매우 익숙한 방식일 테니 자세히 설명하진 않겠다. 대신 어떻게 타인의 분노를 받아들인 후 쉽게 소화하는 높은 감성 지수를 가진 사람이 될 수 있는지에 대해 단계별로 자세히 다뤄 보고자 한다.

1. 구분하기

분노란 힘을 상징할 뿐 옳고 그름과는 아무런 관계가 없다는 걸 깨달아야 한다. 당신이 틀렸더라도 상대방보다 강하다면 틀린 것도 옳게 만들 수 있고 그런 당신에게 아무도 화를 내지 못한다.

반면 당신이 약한 존재라면 아무리 옳은 행동을 하더라도 틀렸다고 비난받으며 화풀이 대상이 될 수 있다. 그러니 누군가가 당신에게 화를 낸다면 그는 자신이 당신보다 계급이 높고 힘 있는 존재라고 판단한 것이다.

분노는 옳고 그름과 아무런 관계가 없다. 이 사실을 깨달으면 당신의 감성 지수 이해도는 차차 높아질 것이다.

2. 자문하기

'내가 이 사람과 시스템을 떠나도 잘 살 수 있을까?'라고 자문해 보자. 떠나서도 잘 살 수 있다면 반항해도 좋다. 책상을 두 손으로 내리치며 화도 내고, 달걀도 던지고, 말다툼도 하는 등 얼마든지 다양한 방식으로 항의해도 좋다. 항의하는 게 귀찮다면 연락을 차단하거나, 인연을 끊거나, 멀리하거나, 헤어지는 등 다른 방법도 있다. 상대방의 분노를 당신 선에서 정리하는 것이다.

떠날 수 없다면 감정을 격리해야 한다. 감정적 격리는 분노에 대응하는 아주 좋은 방법이다. 감정적으로 선을 그어 타인의 분노가 당신에게 머무르지 않고 통과하도록 하는 방법이다. 감정적 격리를 하려면 타인의 분노가 당신과 아무런 관계가 없다는 걸 깨달아야 한다. 화를 내는 사람은 당신이 맡은 역할에 화를 낼 뿐이지 당신에게 화를 내는 게 아니다. 다른 사람이 당신의 역할을 맡아도 그는 트집을 잡고 화를 낼 게 분명하다. 당신과는 전혀 관계없이 말이다.

그러면 떠날 수 있는 때와 떠날 수 없는 때가 따로 있을까? 상대방이 당신에게 꼭 필요한지 여부에 따라 달라진다. 아이는 부모에게 사랑과 음식을 제공받기 때문에 부모의 화를 묵묵히 참으며 견디는 수밖에 없다. 회사 직원도 사장이 월급을 주고 일자리를 제공하기 때문에 사장이 화를 내도 감내해야 한다. 학생도 학교에 계속 다녀야 하니까 선생님의 화를 받아 줘야 한다. 연예인도 팬들의 성원이 필요하기에 팬들의 분노를 받아 준다.

당신에게 전혀 필요 없는 사람이라면 멀리하거나 화를 낼 때 반격해도 좋다. 그러나 당신에게 꼭 필요한 사람이라면 참고 견뎌야 한다. 상대방 덕분에 당신이 돈을 벌고 자원과 안정감 등을 얻을 수 있다면 한 번쯤은 그가 속 시원하게 화를 낼 수 있도록 해 주자. 암묵적인 요구 사항에 따라 당신과 상대방이 주고받는 거래일 뿐이다. 너무 많은 걸 바라지 말자.

3. 용서하기

타인의 분노에 당신이 반응하는 이유는 그의 분노가 어린 시절의 약한 당신을 떠올리게 하기 때문이다. 할 수 있다면 당신 내면의 작고 약했던 어린 시절과 마주하고 용서해 주자. 어리고 작았던 당신은 타인의 까닭 모를 분노 앞에서 어쩔 수 없이 잘못을 인정하고, 타인의 분노를 피하고자 있는 힘껏 자신을 고치려고 노력했을 것이다. 그러나 이젠 다르다. 당신은 어른이고 타인의 감정을 책임질 필요가 없다.

4. 포용하기

높은 감성 지수를 가진 사람은 타인의 분노를 소화할 줄 안다. 다른 사람이 아무 이유도 없이 당신에게 화를 낼 때 당신의 책임은 기껏해야 10퍼센트도 안 될 것이다. 그러니 그가 당신 때문에 화를 내는 게 아니라 다른 일 때문에 화내는 것이라는 점을 이해하면 당신은 그를 이해할 수 있다.

나아가 그가 당신에게 쏟아 놓은 분노를 포용하는 그릇이 돼 보자. 너그럽게 받아 주는 당신을 보고, 그는 화를 가라앉히고 죄책감을 느끼며 당신에게 감사하는 마음마저 갖게 될 것이다.

포용하기는 참고 양보하는 것과는 다른 독립된 태도다. 평정심을 유지하며 떼쓰는 아기를 보는 것과 마찬가지라고 생각하면 된다. 그가 울음을 그치면 '착하고 예쁜 우리 아기' 하며 아기를 달래주듯 어른스러운 태도로 그를 위로해 주면 된다. 높은 감성 지수를 가지면 얼마든지 포용할 수 있다.

타인의 분노를 소화할 의무는 없다. 그러나 이런 방법을 통해서 당신은 더 높은 감성 지수를 갖게 될 것이다. 이제 "왜 다른 사람들이 나한테 화풀이를 하는지 모르겠어"라며 불평을 늘어놓지 말자. 그가 필요하다면 그를 받아 주고, 필요 없다면 떠나면 그만이다.

'왜 다른 사람들은 내 화를 받아 주지 않지?'라고 불평하기보다 '저 사람이 내 화를 참고 견디도록 나는 그에게 무엇을 제공할 수 있지?'라고 자문해 보자. '왜 다른 사람들은 나를 존중하지 않는 거야'라고 불평하기보다 '남들의 존중을 받을 만한 밑천이 내게 있을까?'라고 자문해 보자.

마음과 행동이 다른 사람이
깨달아야 하는 것

누구에게 화를 냈는가?

화가 났을 때 어떤 생각이 들었는가?

당신은 화를 어떻게 해소하는가? 참는가? 푸는가?

가장 최근에 화를 낸 건 언제인가?

나를 화나게 만든 일은 정말 많다. 특히 부모님에게 화를 내는 경우가 많다. 매년 설마다 고향 집에 가면 "나 좀 그냥 내버려 두면 안 돼? 잔소리 좀 그만해. 똑같은 말 좀 그만해. 결혼하라고 자꾸 보채지 좀 마"라며 부모님께 화를 냈다.

심리 상담사들에게도 화가 많이 났었다. '내가 상담비를 얼마나 내는데, 내 마음을 왜 몰라주는 거야? 좀 더 적극적일 수 없어? 좀 더 전문적일 수 없어? 왜 이렇게 서툴러?' 하는 생각에 화가 난 적이 많다.

동료 때문에 화가 난 일은 부지기수다. 한번은 함께 고객을 만나러 가기로 한 날 동료가 지각해서 화가 났었다. 얼마나 화가 났던지 하마터면 고객한테까지 화풀이할 뻔했다.

또 보복 운전자들처럼 길 가는 사람한테 화가 날 때도 있었다.

고백하고 보니 내가 항상 분노에 가득 차서 씩씩대는 사람처럼 느껴진다. 수행이 모자라도 한참 모자란 것 같다. 사람들은 내게 "당신 같은 심리 상담사도 화를 내나요?"라고 질문하곤 한다. 그러면 나는 '그럼요, 아주 분노로 치를 떱니다. 방금 당신이 한 질문에도 화가 났어요'라고 대답해 주고 싶다.

많은 이가 나를 찾아와 자신의 분노에 관해 이야기한다. 어떤 이는 배우자에 대한 분노를 털어놓았다. 남편이 집안일을 등한시하고 노력하지 않으며 출세하려는 마음도 없어 미워 죽겠다며 화를 냈다. 또 어떤 이는 자녀에 대한 분노를 털어놓았다. 아이가 멍청하고, 말도 안 듣고, 자기 절제력이 부족한 데다 빠릿빠릿하지 못하다며 화를 냈다.

나를 비롯한 심리 상담사들은 내담자의 화풀이 대상이 되곤 한다. 그들은 우리에게 "심리 상담사라면서 왜 이렇게 꽉 막혔어요?"

라며 화를 내곤 하는 것이다.

분노의 탈을 쓴 마음속 결핍

분노에 대응하는 방법은 여러 가지다. 발산, 전이, 승화, 억압···. 그중에서도 '승화'는 분노를 이용해 다른 가치를 창조하는 것이다. 분노를 에너지원으로 쓰는 것처럼 말이다. 또 다른 수준의 승화도 있다. 분노 에너지로 자신을 이해하고 자아를 성장시키는 것이다.

분노를 느끼는 표면상의 이유는 타인이 나빠서 그리고 실수해서다. 하지만 타인이 저지른 수많은 실수 중 왜 하필 그 실수에 화가 났을까? 또 잘못을 저지르는 사람은 셀 수 없이 많은데, 왜 하필 그에게 화가 났을까? 그의 잘못이 당신과 무슨 관계가 있기에 당신은 그렇게까지 신경 쓰는 걸까?

사이비 심리학자들은 분노란 '타인의 잘못을 두고 자신을 괴롭히고 벌주는 것'이라고 정의한다. 하지만 하느님은 인간을 그렇게 멍청한 존재로 창조하지 않았다. 당신이 그렇게까지 남의 잘못에 신경 쓰고 화내는 이유는 단 하나다. 그의 잘못이 당신에게 영향을 주기 때문이다. 당신한테 아무런 영향을 주지 않는다면 그가 잘못하건 말건 전혀 신경 쓰지 않았을 것이다. 그가 잘못하지 않았다면 나는 아무 손해도 입지 않았을 거라는 생각을 품고 있기 때문에 화를 낸다는 뜻이다. 따라서 당신의 분노에는 '네가 책임져'라는 뜻이 숨어 있다. 더 간단하게 말하자면 당신은 그의 도움이 필요하기 때문에 분노한다.

나는 왜 '네가 책임져'라고 생각하며 상대방에게 책임을 미뤘을까? 우리는 혼자 일을 처리할 수 없을 때, 자신을 보호하지 못할 때, 자신을 잘 돌보지 못할 때, 자신을 책임질 수 없을 때 상대방이 나 대신 책임지고 나를 돌봐 주길 바란다. 스스로에 대한 분노를 타인에게 전이시키는 것이다. 우리는 자신의 부족한 모습 때문에 스스로에게 분노를 느끼지만, 나에 대한 분노라는 사실을 인정할 수 없어 분노를 타인에게 전이한다.

내가 엄마에게 느낀 분노도 마찬가지다. 엄마가 나를 억압하지 않았으면 좋겠고, 엄마가 좋다고 생각하는 일을 나한테 강요하지 않길 바라며, 나만의 공간과 자유를 주길 바랐기에 엄마에게 화를 냈던 것이다. 하지만 나는 엄마와 나 사이에 경계선을 제대로 긋지 못했고, 엄마의 잔소리를 무시하지 못했으며, 엄마를 거절하는 일은 죄책감 때문에 더더욱 하지 못했다. 또한 나는 내 고집대로 밀고 나가는 성격이 아니기 때문에 엄마가 알아서 나를 강압하는 일을 그만둬 주기만 바랐다. 그런데 난 왜 그렇게 엄마가 이래라 저래라 잔소리하는 걸 싫어했을까? 엄마가 날 거들떠보지도 않았다면 난 정말 행복했을까?

아니었을 것이다. 나는 엄마가 내 마음을 알아주기를 그 무엇보다 원했다. 엄마 자신만의 세계에서 벗어나 내가 뭘 원하는지 내 마음을 알아주길 절실히 바랐다. 나의 분노는 '엄마 나 좀 제대로 봐 줘, 사랑해 줘', '엄마만의 세상에 매몰되지 말고 나를 좀 봐 줘, 봐 줘, 봐 달라고' 하는 아우성이었다.

이런 감정은 타인이 내게 소극적인 태도를 보일 때, 내 메시지에 답장하지 않을 때, 내 말에 귀 기울이지 않을 때 느끼는 분노와 일맥상통한다. 모두 속으로 '이봐, 나 좀 봐 달라고!' 하며 소리치는 것과 마찬가지다. 심리 상담사에 대한 나의 분노도 '나 좀 이해해 줘'라는 외침으로 해석할 수 있다.

나는 어느 날 심리 상담사에게 이런 내 욕구를 큰소리로 외치고 난 후에야 내 분노의 뿌리를 파악할 수 있었다. 단 한 번도 나를 제대로 이해하려 하지 않은 부모님 때문이었다. 부모님은 자신들이 옳다고 생각한 일을 나한테 강요만 했을 뿐 내가 왜 부모님 말씀을 듣지 않고 내 마음대로 행동하는지에 대해선 이해하려고 하지 않았다. 상담사에게 소리치기 전까지는 아무도 나를 이해해 주지 않았다. 내 속을 부글부글 끓게 만드는 감정이 무엇인지 제대로 깨닫지 못한 데다가 내 감정을 표현하는 게 서툴렀기 때문에 심리 상담사가 나를 이해해 주길, 내 속을 훤히 들여다보고 마음속 분노를 없애 주기만을 바랐다.

동료에 대한 분노도 마찬가지다. 그날 내 동료가 지각한 건 어쩌다가 한 번 고객을 만나러 가는 일처럼 어쩌다가 한 번 지각한 것뿐이었다. 하지만 나는 사회 불안 장애를 앓고 있는 터라 혼자 고객을 대면하기 버거웠기에 동료가 나와 동행해 주고, 도와주고, 옆에서 나를 지지해 주길 바랐다. 그런데 동료가 오지 않아 혼자서 두려움에 떨었고, 고객도 잘 상대하지 못했다. 동료의 지각은 나에게 지원군을 잃어버린 것과 마찬가지였다. 그래서 나는 '네 보호가 필요했는데, 내가 얼마나 무서웠는데'라는 감정으로 동료에게 화를 내고 말았다.

내가 다른 운전자에게 화내는 이유는 더 우습다. 나는 소심해서 운전할 때 앞차에 바짝 붙지 못하기 때문에 항상 다른 차에 끼어들기를 당한다. 무슨 수를 써도 앞차와의 간격을 좁히지 못해서 다른 운전자가 소심한 나를 배려해 주기만을 바란다. 그래서 매번 끼어들기를 당할 때마다 '왜 교통 법규를 지키지 않는 거야? 교통 법규만 잘 지켜도 훨씬 편해질 텐데' 하며 분노한다. 다른 운전자에 대한 나의 분노는 '나한테 양보 좀 해 줘, 나 좀 잘 봐 줘'라는 뜻을 내포하고 있는 것이다.

고객이 심리 상담사에게 화내는 이유도 마찬가지다. '왜 이렇게 융통성이 없어? 편법을 써도 좋으니까 빨리 좀 해결해 달라고'라며 심리 상담사를 몰아세운다. 이 분노에는 '나한테 좀 맞춰 줘, 특별 대우를 해 줘'라는 뜻이 숨어 있다. 심리 상담사의 특별 대우로 자신이 특별한 존재라는 느낌을, '나는 네가 무조건 맞춰 줄 만큼 중요한 사람이야'라는 느낌을 받고 싶은 것이다.

또 집안일을 돕지 않는 남편에게 느끼는 분노에는 '내가 이렇게 피곤한데, 자상하게 날 좀 배려해 주면 안 되겠어? 왜 날 위로해 주지 않아? 왜 날 도와주지 않아? 이렇게 간절히 네 위로와 배려가 필요한데 말이야'라는 뜻이 숨어 있다.

아이에게 느끼는 분노도 그렇다. '왜 그렇게 자기 절제력이 없니? 왜 잘하는 게 하나도 없어? 네가 멍청하기 때문에 내가 무능력하고 실패한 엄마처럼 느껴진단 말이야', '잘 좀 해 봐, 나도 좋은 엄마라고 능력 있는 엄마라고 느끼게 해 줘', '나한테 성취감을 느끼게 해 줘, 내가 대단하다고 좋은 엄마라고 말해 줘'라는 뜻이 숨어 있다.

모든 분노에는 다 '네가 필요해, 네가 정말 필요해, 네가 정말 너무너무 필요해'라는 뜻이 숨어 있는 것이다.

'날 돌봐 줘, 배려해 줘, 이해해 줘, 위로해 줘, 보호해 줘, 지지해 줘, 존중해 줘, 날 먼저 생각해 줘, 날 봐 줘. 내 마음속의 욕구를 네가 채워 주길 간절히 바라.'

'그런데 왜 너는 날 충족시켜 주지 않는 거야?'

'왜!'

'왜!!'

'왜!!!'

나의 결핍은 나만 채울 수 있다

이토록 만족을 갈구하는 이유는 당신 내면에 뭔가가 결핍돼 있기 때문이다. 당신이 어떤 일로 분노했다면 그 일은 허울에 불과하다. 매일 아침부터 밤까지 당신이 경험하는 일이 얼마나 많은데, 하필 그 일 때문에 분노했을 리는 없으니까.

그 일은 당신의 두 가지 감정을 건드렸을 가능성이 크다.

- 결핍감
- 무력감

뭔가를 간절히 바라지만 스스로 성취하지 못하는 사람은 타인이 순순히 내어 주기만을 바란다. 그런데 이때 나처럼 대단한 존재를 몰라보고 원하는 걸 주지 않으니 분노를 느끼는 것이다.

자신의 입장을 당당히 고수할 능력이 없는 사람은 타인이 알아서 존중해 주길 바란다. 그래서 누군가에게 강요당하면 분노한다.

자신의 가치에 의구심을 품는 사람은 타인이 알아서 인정해 주길 바란다. 그래서 누군가에게 부정당하면 분노한다.

내면과 소통하지 못하는 사람은 누군가가 함께해 주길 갈망한다. 그래서 타인이 자신을 소홀히 대한다고 생각하면 분노한다.

스스로 원하는 걸 쟁취하지 못하는 사람은 타인의 양보만을 바란다. 그래서 타인이 양보해 주지 않으면 분노한다.

'원하는 게 없으면 상처받을 일이 없다.'

'원하는 게 없으면 분노할 일이 없다.'

지금 당신이 느끼는 결핍감은 어렸을 때부터 시작됐을 가능성이 크다. 부모님이 아이의 욕구를 충족시켜 줄 힘이 없으면 아이는 자신의 욕구를 충족시키는 힘을 기르지 못한다. 그렇게 어른이 되면 타인에게 자신의 결핍을 채워 달라고 요구하고, 요구를 들어주지 않으면 화를 낸다. 이런 유형의 분노는 당신을 제대로 돌보지 않고 또 만족시켜 주지 못했던 부양자에 대한 억압된 분노가 표출되는 것이다. 또 분노라는 감정은 대상을 옮겨 다닌다. 어린 시절의 부양자가 당신에게 주지 못했던 걸 다른 대상에게 요구하듯 부양자에 대한 분노도 당신 눈앞에 있는 다른 대상에게로 옮겨 간다.

당신을 분노하게 한 사람의 잘못은 딱 하나, 화를 자초했다는 것뿐이다. 이 세상에 단순한 분노는 없다. 어떤 사람이 당신을 화나게 했다면 그가 당신의 어린 시절 상처를 건드렸다는 뜻이다.

그렇다면 분노를 해소하는 가장 근본적인 방법은 무엇일까? 바로 내가 내 감정에 책임지는 것이다. 이 방법은 두 단계로 나뉜다.

1. 분노를 분석해 내가 진정으로 원하는 게 뭔지 살핀다.

2. 내 감정적 욕구는 내가 책임진다.

내 감정적 욕구를 채우고자 다음과 같은 행동을 취해도 좋다.

화가 날 때마다 분노의 목소리에 귀를 기울여 보자.

'나는 상대방이 어떻게 해 주길 바라는가?'

'내가 원하는 건 뭔가?'

'이 감정을 예전에도 느껴 본 적이 있는가?'

'누구한테 받은 상처인가?'

'마땅히 받아야 할 대우를 받지 못했는가?'

화를 내지 말라거나 감정적 욕구를 충족시키기 위한 행동을 그만두라는 뜻은 아니다. 때로는 화내는 것도 좋은 방법이 될 수 있다. 화를 내고, 으름장을 놓고, 위협하고, 통제하고, 압박해서 뭔가를 억지로 하게 만들거나 행동을 고치게 하면 당신도 만족할 수 있을 테니 말이다. 자신의 욕구를 충족하고자 분노하는 행위 자체는 아무런 문제가 없다.

그러나 상대방이 행동을 바꾸지 않아 만족하지 못하는 상황이 돼도, 고집을 꺾지 않고 자기주장만 내세우며 당신의 감정적 욕구를 충족시켜 달라고 요구할 건가? 당신이 화를 내더라도 현실과 결과가 바뀌지 않을 때조차 원하는 걸 얻고자 분노라는 방법을 선택할 건가? 답답함을 풀기 위해 속이 후련해지라고 화를 내는 건 문제가 되지 않는다. 하지만 화를 낸다고 해서 당신의 욕구가 충족되는 건 아니라는 걸 깨달아야 한다.

나는 세계적인 가족 심리학자 사티어의 '일치형 의사소통 방법'을 활용해 상대방에게 자신의 감정을 솔직히 털어놓길 추천한다. 일치형 의사소통 방법은 자신과 타인의 상황을 모두 고려하며 대화하는 가장 이상적인 유형의 의사소통 방법이다. 그래도 안 된다면 자신의 감정적 욕구를 충족하기 위한 다른 행동을 찾아보는 것도 좋다. 그래서 2단계를 완료하기 위해서는 잠시 멈춰 어떻게 행동해야 할지 결정해야 한다.

당신을 분노하게 만드는 감정적 욕구는 철저히 당신만의 것이다. 당신 말고는 그 누구도 책임질 수 없는 욕구다. 그래도 1단계를 완료했다면 화가 조금씩 가라앉는 걸 느낄 수 있을 것이다. 앞으로는 울컥 화가 나더라도 분노의 감정을 슬픔으로 바꾸는 방법도 알게 될 것이다.

당신이 느끼는 감정은 상대방과 아무런 상관이 없다는 걸 당신 스스로도 잘 알고 있다. 그 감정은 결핍되고, 불쌍하고, 외롭고, 한 번도 만족한 적 없는 상실감에 빠진 어린 시절의 당신이 느꼈던 감정이다.

그러니 앞으로 화가 나면 '도와줘요'라는 네 단어를 곱씹어 보자. 이성을 되찾은 후 어떤 도움이 필요한지 구체적인 내용을 채워 넣자. 할 수 있다면 구체적인 감정적 욕구를 큰 소리로 말해 보거나 여러 번 외치며 내 안의 결핍을 직접적으로 느껴 보자. 자신이 얼마나 불쌍한 존재인가를 깨닫고 또 슬픔을 느꼈다면 이제 자신을 토닥여 줄 차례다. 다음과 같이 자신에게 말해 주자.

"이제 나는 다 컸어. 내게 부족한 걸 남이 채워 주기만을 하염없이 기다릴 필요 없어. 나는 나를 위해 행동할 수 있는 사람이야."

이런 방식으로 분노 에너지를 사용해 마음의 힘을 기를 수 있다. 당신의 마음에 평화가 깃들길 바란다.

왜 너는 나와
같아야 하는가

친밀감에 대한 욕구

타인에게 비난당한 경험이 있는가? "넌 정말 형편없어", "넌 왜 제대로 못 하니?", "넌 성격이 정말 나쁘구나", "넌 보는 눈이 없어", "넌 여기도 저기도 다 별로야"라며 비난당한 경험 말이다.

이런 말을 들으면 화가 나서 한 대 때려 주고 싶지만, 힘이 없거나 법적인 문제가 생길까 봐 두려워 말로 맞받아치게 된다. 말로도 반격할 수 없을 땐 속으로 끙끙 앓는 수밖에 없다. 그나마 상대방이 바른 말을 한 거라면 참고 넘어갈 수 있다. 나에 대해 아는 것도 없으면서 이러쿵저러쿵 비난하는 사람도 있다. 그가 말하는 것처럼 당신은 형편없지 않은데 자기가 뭐라고 비난하는 걸까?

당신은 그가 더는 비난하지 못하도록 겁을 줘서 막거나 논리적으로 설득해 반박하지 못하도록 할 수 있다. 그러나 무슨 수를 써도 그의 입은 그의 것이라는 사실은 변하지 않는다. 그가 뱉는 모든 말은 당신이 통제할 수 없는 그의 뇌를 거쳐 나온다는 사실도 변하지 않는다. 어쩌면 당신은 '내 얘기만 안 하면 저 사람이 무슨 말을 하든 상관없어'라고 생각할 수도 있다. 아쉽지만 누구 얘기를 할지 말지는 그가 결정할 일이고 누구도 그를 통제할 수 없다. 게다가 미안하지만, 그에겐 당신을 비난할 자유가 있다. 입이야 자기 입이니까 그도 말할 자유는 있다. 바꾸기 힘든 사실이다.

물론 당신에게도 반박할 자유가 있다. 그러나 그 전에 타인이 왜 나를 비난하고 나무라는지 불평하기보다 스스로에게 질문해보자. 당신은 왜 그렇게 타인의 비난에 신경 쓰는가? 외모에 대해서도 그렇다. 누구나 자신의 기준에 따라 의견을 말할 자유가 있다. 마찬가지로 행동과 성격에 대해서도 사람들은 자신만의 평가 시스템을 갖고 평가한다.

당신에게도 당신만의 평가 시스템이 있다. 외모나 일 처리 방식에 대해 각각 다른 평가 시스템을 갖고 있으니 당연히 서로 다른 결론을 도출할 수밖에 없다. 그래서 그는 당신이 형편없다며 고치라고 요구하고, 당신은 자신이 좋은 사람이라며 고칠 필요가 없다고 주장하는 일이 벌어진다. 서로 연관성이 전혀 없는 두 개의 평가 시스템으로 도출하기 때문이다. 똑같은 사과를 보고 사람마다 다르게 생각하는 것과 마찬가지다. 같은 사과라도 보는 사람에 따라 누구는 크다고, 누구는 작다고 할 수 있다. 누구의 말이 맞는 걸까? 자기 말이 옳다고 서로를 설득해야 할까? 타인이 당신을 어떻게 보는지와 당신이 스스로를 어떻게 보는지는 완전히 다른 두 개의 독립된 관점이다.

타인의 의견에 화가 났다면 스스로에게 두 가지를 질문해 보자.

'나는 왜 내가 형편없지 않다고 그를 설득하고 싶은가?'
'나는 왜 내가 형편없다고 말하는 그의 의견에 화가 났는가?'

당신이 화난 이유는 나에 대한 상대방의 기준을 내게 맞추고 모든 사람이 내가 좋은 사람이라고 생각해 주길 바라기 때문이다. 달리 말하면 나는 내가 좋은 사람이라고 생각하니까 타인이 관점을 바꿔 내 생각에 동의하길 바라는 것이다.

당신에게 맞추라고 강요한다는 생각은 들지 않는가? 왜 당신과 그의 생각이 같아야 한다고 생각하는가? 무슨 이득이 있어서?

상대를 인정해야 나도 인정받을 수 있다

우리의 잠재의식은 아무런 이득도 안 되는 일을 하라고 부추기지 않는다. 나에 대한 타인의 생각을 바꾸려는 이유는 '친밀함'이라는 이득을 얻을 수 있기 때문이다. '나는 네 생각을 바꾸고 싶어, 내 의견을 인정해 줘, 네가 알아서 나한테 맞춰 줘, 그래야 우리는 친밀해질 수 있으니까'라는 생각이 우리의 잠재의식에 숨어 있기 때문에 우리는 타인의 의견을 바꾸려 한다.

나는 타인이 나를 비난하면 세 가지 유형으로 대처한다.

• 회유하기

그와 친밀해지기 위해 내가 그에게 맞춰 주는 행동이다. 타인의 비난을 수용하고, 그의 기대대로 나를 바꾸려 노력하는 모습으로 나타난다.

• 비난하기

그와 친밀해지기 위해 내게 맞춰 달라고 요구하는 행동이다. 타인의 비난을 부정하고, 내 관점에 맞춰 달라고 요구하는 모습으로 나타난다.

• 존중하기

나에 대한 그의 의견과 나의 의견이 다를 수 있다는 점을 인정하고, 서로 간섭하지 않는 행동이다. 이 경우엔 친밀감이 형성되지 않는다.

우리는 마음속에 있는 친밀감에 대한 욕구 때문에 타인의 비난을 들으면 발끈한다. 비난을 듣고 화가 나는 건 표면적인 현상일 뿐 진정한 목적은 타인과 거리를 좁혀 공존하는 것이다. 그래서 상대방과 나 사이의 틈이 생기는 걸 용납하지 못하고, 반드시 우리 모두 똑같은 생각을 하고 한 치의 거리감도 없어야 한다고 생각한다. 그런데 상대방도 자기만의 독립적인 관점이 있다는 걸 인정하는 순간 그는 독립적인 자아를 갖게 되고, 하나였던 우리 사이가 벌어져 외로움을 느끼게 된다. 함께 있지만 다른 꿈을 꾼다는 '동상이몽'이야말로 이런 상태를 가장 잘 표현하는 사자성어일 것이다.

인간은 각각 다른 자아를 가진 독립적인 존재다. 독립적인 인격을 가진 사람일수록 타인이 나와 다른 의견을 가져도 받아들일 줄 알아야 한다. 그러니 타인의 비난에 분노를 느꼈다면 스스로에게 물어보자.

'지금 이 순간 정말 그와 연결되고 친밀해지고 싶은가?'

'그렇지 않다면 다른 의견을 가져도 받아들일 수 있는가?'

'지금 이 순간 그가 나의 의견에 동의하지 않는다면 나는 몰려올 깊은 외로움을 감당할 수 있는가?'

그와 친밀해지고 연결되고 공존하길 바란다면 그의 의견에 동조해 주면 된다. 성심성의껏 그의 말이 옳다고 인정하기만 해도 당신과 그는 유기적으로 연결될 수 있을 것이다. 그렇지 않고 그와 더 가까워지고 싶다면 비난받는 건 싫다고 직접적으로 표현해 보자. 당신은 그와 더 친밀한 관계를 맺을 수 있을 것이다. 남의 비난에 반박하지 말라는 뜻은 아니다. 단지 친밀감을 얻고자 비난에 반박하는 건 효과가 낮은 방법이라고 말하는 것뿐이다.

정상적인 관계란 생각이 같을 때 친밀하게 지내고 생각이 다를 땐 독립적으로 지내는 것이다. 타인과 항상 친밀감을 유지할 필요도 없고 모든 사람과 연결되려 할 필요는 더더욱 없다. 길 가던 이름 모를 사람들은 당신을 스쳐 지나갈 뿐이니 그들은 그냥 포기해 버리면 된다.

비난을 당했을 때 상대방과 가까워지고 싶은 생각이 없다면 속으로 주문을 외워 보자. '내가 틀렸고, 못생기고, 형편없는 사람이라고 생각하니? 그건 네 생각일 뿐이지, 나랑 무슨 상관이야?'라는 주문 말이다. 자신이 상대방과 가까워지고 싶은 생각이 없다는 걸 깨닫고 나면 비난을 당하더라도 반박하고 싶은 마음이 들지 않을 것이다. 상대방이 당신을 몰아세워도 당신이 거부하면 그만이다. 당신에 대한 상대방의 평가도 당신이 거부하면 그만이다.

그가 당신을 어떻게 생각하건 당신과 아무 상관도 없다. 그의 생각을 바꾸려고 애써 노력하지 말자. 당신이 거부하면 그만이다.

내가 편안해야
관계도 편안하다

잠재의식 속 투사

'영혼 없는 대화'라는 표현은 특별하다. 잘 모르는 사람과 대화를 나누다가 맞닥뜨리는 어색한 순간의 멋쩍은 느낌과 대화가 더 이어지지 않는 상황을 매우 구체적이고, 생생하고, 간결하고, 유머러스하게 표현했으니 말이다. 일대일로 대화를 나누든 여럿이서 대화를 나누든 어색한 순간은 꼭 오기 마련이다. 침묵만 흐르는 어색한 순간에 당신은 어떻게 행동하는가? 담담하게 침묵을 지키는가? 긴장하며 침묵을 지키는가? 천연덕스럽게 혼자만 들떠 나서는가? 영혼 없는 대화를 억지로 이어 나가는가?

대화는 인간의 본능이다. 대화로 감정을 나누며 큰 즐거움과 심리적 만족감을 얻기 때문이다. 그래서 나는 대화야말로 가장 고

차원의 운동이라고 생각한다. 속을 후련하게 하고, 스트레스를 해소하며, 따스한 정도 느낄 수 있다. 신날 땐 몸의 근육 대부분을 사용하며 손짓발짓까지 하게 만드는 걸 보면 대화는 운동이나 다름없다.

어떤 사람들은 이 멋진 운동에 아주 서투르다. 그들은 대화 도중에 어색한 침묵이 흐르도록 균열을 일으키고, 억지로 영혼 없는 대화를 이어 나간다. 대화가 어색해지면 공통의 화제가 없기 때문이라고 생각해 화제를 만들기 위해 갖은 수를 다 쓴다. 이런 관점에서 보면 영혼 없는 대화는 아주 쉽게 해결할 수 있다.

다음의 세 가지만 숙지해도 어색한 순간에서 쉽게 빠져나올 수 있으니 말이다.

- 나에 관해 이야기하기
- 상대방에 관해 이야기하기
- 침묵 지키기

나에 관해 이야기하려면 내가 먼저 나서서 적극적으로 내가 어떤 사람인가를 보여 주면 된다. 나의 사연, 과거, 추억, 가족, 취미, 특기, 오늘 겪은 일, 어제 겪은 일, 내일 겪게 될 일에 대해서 말이다. 적극적인 태도로 당신에 관해 이야기해 주면 상대방은 당신을 외향적이고 명랑한 사람이라고 인식하게 된다.

반대로 상대방에 관해 이야기하려면 적극적으로 상대방에게 관심을 표시하면 된다. 상대방의 사연, 과거, 추억, 모든 걸 물어 보며 '나는 당신을 알고 싶어요, 당신에게 관심 있어요'라는 메시지를 전달하면 된다. 적극적인 태도로 상대방에게 관심을 표시하면 상대방은 당신을 친화력 있는 사람이라고 인식하게 된다.

이처럼 영혼 없는 대화를 해결하는 방법은 아주 단순하다. 뭔가를 말하기만 하면 되니까 말이다. 하지만 나에 관해 이야기하기, 상대방에 관해 이야기하기 또는 침묵 지키기를 행동에 옮기기는 여간 어렵지 않다. 어색함을 느끼는 게 할 말이 없어서가 아니라 하고 싶은 말은 많지만 어떻게 말해야 할지 모르기 때문이다. 어색한 상황에서는 머릿속에 말이 맴돌기만 할 뿐 입 밖으로 나오지 않는다. 그래서 나에 관해 이야기하든 상대방에 관해 이야기하든 우선 두 가지 큰 두려움을 극복해야 한다. 바로 상대가 흥미 없어 할지도 모른다는 두려움과 나를 귀찮아 할지도 모른다는 두려움이다.

내가 적극적으로 나에 관해 이야기했는데, 상대방은 흥미가 없으면 어쩌지? 나를 눈치도 없이 혼자 떠드는 사람이라고 생각하면 어쩌지? 상대방에 관해 적극적으로 물어보면 나를 성가셔 하지 않을까? 내가 나서서 물어봐도 되는 걸까? 상대방이 선뜻 내 질문에 대답해 줄까? 주책없이 사적인 질문을 하는 건 아닐까? 나한테 짜증 내면 어떻게 하지?

상대방은 나한테 관심도 없을뿐더러 나를 무시하고, 싫어하고, 냉담하고, 성가시게 생각할 거라고 투사하면 자유롭게 이야기하고 질문하기 두려워진다. 상대방의 기분을 상하게 할까 봐, 나한테 불만을 품을까 봐, 내 이미지를 망칠까 봐 두려워하게 되는 것이다. 그래서 무슨 말을 해야 좋을지 모를 땐 침묵하는 게 가장 안전하다.

그런데 당신이 간과한 게 있다. 상대방이 당신과의 대화를 즐기고 있을지도 모른다는 점이다. 사람들은 질문받는 걸 좋아한다. 관심받는 것 같다고 느끼기 때문이다. 또 당신의 질문이 성가시거나 당신의 말에 귀 기울이고 싶지 않다면 상대방은 당신을 거절할 수 있다. 그런데도 당신은 상대방을 거절할 능력이 없는 약한 존재라 생각하고 지나친 배려를 베푼 것이다. 마지막으로 당신의 질문도 당신의 이야기도 싫지만 그에게 거절할 능력이 없다면 그 결과는 마땅히 그가 책임져야 한다.

침묵을 견디지 못하는 이유

당신이 영혼 없는 대화를 두려워하는 진정한 이유는 잠재의식 속에 숨어 있다. 남에게 차갑고, 무관심하고, 방해받기 싫어하는 잠재의식 속 나의 모습을 타인에게 그대로 투사하기 때문이다. 대화할 때 자존심을 다치는 것보다 더 무서운 건 어색한 대화다.

사람들은 자기 이야기를 할 때 자연스럽게 의욕적으로 변한다.

반면 먼저 나서서 상대방에 대해 질문해야 할 땐 친절한 태도로 대화의 분위기를 돋우려고 한다. 그런데 상대방이 차가운 태도를 보이면 당신은 어색함을 느끼게 된다. '저 사람이 나한테 친절하게 먼저 물어본 것도 아닌데, 나만 너무 신나 내 이야기를 했잖아', '저 사람이 먼저 나를 알고 싶어 한 것도 아닌데, 내가 먼저 관심을 보였잖아'와 같은 기분이 든다. 그리고는 '나만 너무 나선 건 아닐까? 아부 떤다고 생각하면 어떻게 하지?'하고 자존심이 상한다.

대화에 적극적으로 나선 걸 자존심 상하는 일이라고 생각하고, 내 친절에 상대방이 친절로 화답하지 않았다고 느끼면 사람은 상처받는다. 이런 사람은 배고프다고 울며 보채는 아기처럼 타인의 친절을 기다리기만 할 뿐 타인에게 먼저 친절을 베푸는 법이 없다. 그렇다고 상대방과 열정적으로 대화를 나눴다간 더 어색해질지도 모른다는 생각이 든다. 그래서 어색한 상황을 피하는 가장 좋은 방법이 대화하지 않는 것이라고 생각한다. 애초에 어색한 상황을 만들지 않을 수 있으니 말이다. 하지만 대화하다가 어색한 상황이 생길까 봐 대화를 피하다 보면 결국 더 어색한 상황이 만들어진다.

그런데 당신이 간과한 사실이 또 하나 있다. 상대방이 별로 친절하지 않다는 이유로, 당신의 친절에 제때 화답하지 않았다는 이유로 상대방을 차가운 사람이라고 결론지었다는 사실 말이다. 상대방은 적극적인 사람이 아니라서 당신이 먼저 적극적으로 다가와 안정감을 주길 바라고 있을지도 모른다. 차가워 보이는 태도도 어떻게 대화를 풀어 나가야 할지 몰라 그러는 것일 수도 있다.

말하기 싫으면 말하지 않으면 된다. 어색하면 어색한 대로 있으면 된다. 침묵을 지키고 싶으면 침묵하면 된다. 침착하게 휴대전화를 들여다봐도 되는데 왜 어색해하는가? 만원 버스나 독서실에선 아무도 대화하지 않는데 왜 그땐 전혀 어색함을 느끼지 못하는가?

우리가 어색함을 느끼는 건 대화가 끊겨서가 아니라 다음의 세 가지 믿음 때문이다.

• 나는 어색한 상황이 계속되게 내버려두면 안 된다.
• 나는 화제를 찾아내는 사람이어야 한다.
• 나는 가장 적절한 화제를 찾아 대화를 이어 나가야 한다.

대화가 끊긴 어색한 순간 이 세 가지 믿음은 쉽게 오를 수 없는 산봉우리처럼 느껴진다. 너무 높은 목표라서 실현하려고 노력할수록 좌절감은 더 강해지고, 좌절감이 강해질수록 나 혼자 무리에서 밀려나고 있다는 생각이 들며 더 심한 어색함을 느낀다.

그렇다면 당신은 왜 어색한 상황이 계속되는 걸 참지 못하는가? 다른 사람들도 어색한 상황 때문에 불편할 거라고 자신을 투사하기 때문이다. 그래서 상대방을 편하게 해 주고자 당신이 반드시 화제를 찾아내야 한다고 생각하는 것이다. 대화가 끊겨 어색해지면 모두가 당신을 주시하고 뭐라도 말해 주길 기대하는 것 같은 느낌이 들기도 한다. 이럴 때 아무 말도 하지 않으면 사람들의 기대를 저버리고 실망시키는 것 같다. 결국 사람들을 실망시키지 않으려고 당신은 '뭐라도 말해야지'라고 생각한다.

이때 무슨 말을 해야 할까? 말실수하거나 실례가 되는 질문을 해서 남의 기분을 상하게 할까 봐 걱정이 앞선다. 그러다가 대화도 질문도 하지 못하고 침묵도 지키지 못하는 상황에 놓인다. 상대방을 불편하게 만들까 두려운 마음과 상대방의 기분을 배려하고 싶은 마음이 만들어 낸 상황이다. 말을 할 것인가, 말 것인가! 이 모든 상황은 각본도, 연출도 당신이 혼자 맡은 '어떻게 하면 남의 기분을 배려할 수 있을까?'라는 제목의 연극이나 마찬가지다.

대화가 끊긴 어색한 상황이 두려운 또 다른 이유는 자신을 감추고 남의 환심을 사는 게 피곤하기 때문이다. 그래서 대화가 끊기면 당신은 '이 어색함은 내 책임이야, 내 탓이야. 어떻게든 분위기를 바꾸도록 노력하자', '어색해서 너도 불편하지? 네가 느끼는 불편함은 전부 내 책임이야'라고 생각하며 담담하게 침묵을 지키지 못한다.

그런데 정말 다른 사람들은 당신의 배려를 필요로 할까? 도대체 누가 당신의 배려를 필요로 할까?

각자의 감정은 각자의 책임이다

당신은 왜 대화를 할 때 그토록 남들을 배려하려 할까? 아마 두 가지 이유 때문일 것이다.

첫째, 다른 사람이 먼저 나서서 당신을 배려해 주길 바라기 때문이다.

이런 심리적 욕구를 상대방에게 투사하고, 상대방도 당신과 똑같이 약한 존재라고 단정 지어 버림으로써 상대방을 배려한다. 그러나 이런 배려 뒤에는 당신이라는 약한 존재도 보살핌을 받길 바라는 마음이 숨어 있다. 그래서 대화 도중 상대방을 제대로 배려하지 못했다고 생각하면 괴로워하는 것이다.

둘째, 누군가 당신의 배려를 갈구했던 유년기 기억 때문이다.

그가 편안할 수 있도록 당신은 항상 자신을 굽히고 또 소홀히 했기 때문에 '남이 불편하면 내가 돌봐야 해'라는 믿음이 생겼을 것이다. 그런데 이제 어른이 됐으니 타인이 더는 당신의 배려를 필요로 하지 않는다는 걸 알아야 한다. 당신과 타인은 평등하다.

대화가 끊겨 끔찍할 정도로 어색한 상황이 됐다고 해도 당신이 책임질 필요는 없다. 이 어색한 상황에 대한 당신의 책임은 커 봐야 50퍼센트에 불과하니 나머지 절반의 책임은 상대방에게 미뤄 버리자. 당신은 사장님도, 선생님도, 사회자도 아닌데 대화가 어색하건, 시끌벅적하건 모든 책임을 왜 혼자 지려 하는가? 어색한 상황 때문에 상대방이 불편함을 느꼈다고 해도 당신이 그의 감정을 책임질 필요는 없다. 상대방도 어른이니 자신의 불편한 감정은 자기가 책임져야 한다.

반면 당신의 감정은 전적으로 당신이 책임져야 한다. 그래서 대화 도중에 어색함이 흐르면 상대방을 편안하게 해 주는 것보다 먼저 당신을 편안하게 해 줘야 한다. 당신이 자신에 관한 이야기를 하고 싶으면 그렇게 하면 된다. 상대방이 불편할까 봐 걱정할 필요가 없다. 자신에 관한 이야기를 하면 냉담한 태도를 보일 거라는 당신의 생각과 달리 오히려 당신에게 관심을 가질지도 모른다. 그러니 상대의 심기를 거스를까 봐 걱정할 필요가 없다. 상대방에 대해 알고 싶으면 주책없는 모습 때문에 상대방의 기분이 상할까 봐 걱정하지 말고 그냥 물어보면 된다. 상대방은 거절할 능력이 있다는 걸 꼭 기억하자. 당신이 물어보는 게 싫다면 그는 거절할 것이다. 거절할 능력이 없다면 결과는 그가 책임져야 한다.

한편 당신이 아무 말도 하고 싶지 않거나 말이 잘 안 통한다고 느낀다면 어떤 행동을 하더라도 다 괜찮다. 휴대 전화를 보거나, 게임을 하거나, 종이로 비행기라도 접거나, 화장실을 가거나, 핑계를 대고 자리를 떠나거나, 아무 말 없이 자리를 떠나거나 말을 하지 않고 침묵을 지켜도 문제가 되지 않는다.

'다른 사람을 신경 쓰지 않는다니, 이기적인 행동이잖아?'라고 생각할 수도 있다. 당신의 잠재의식 속에는 '이 사람을 불편하게 만들면 나를 떠나갈지도 몰라', '이 사람을 기분 나쁘게 하면 나를 벌줄지도 몰라'라는 믿음이 숨어 있어서 그렇다. 당신이 어렸을 때 누군가를 불편하게 하면 그는 상대하고 싶지 않다는 태도를 보이거나 벌을 주기도 했을 거다. 그 기억으로 인해 상대방을 기분 좋게 해 줘야지만 내가 안전하고 사랑받을 수 있다는 생각이 형성된 것이다.

타인이 필요하지만, 혼나는 건 무섭다. 그래도 관계를 맺고 싶어 화제를 찾아내려고 애를 쓴다. 하지만 아부해서 만들어지는 관계란 아부하지 않으면 끊어지는 관계라는 뜻인데, 당신은 정말 이런 관계를 원하는가? 이런 관계를 이어 나가는 게 당신에게 그렇게 중요한가? 당신이 괴롭고 억울해도 아깝지 않은 관계인가?

타인을 조금 불편하게 만들어도 큰 상처를 주거나 감당할 수 없는 후폭풍을 몰고 오진 않는다. 상대방을 적당히 배려하는 건 좋지만, 살얼음 밟듯 전전긍긍하며 잔뜩 긴장한 채로 배려해 줄 필요는 없다. 공유하고 싶은 이야기가 있으면 공유하고, 주책없게 수다 떨고 싶으면 수다 떨면 되고, 침묵하고 싶으면 침묵을 지키면 된다.

너무 복잡하게 생각하지 말고, 심기를 거르는 건 아닐까 두려워하지도 말자. 그러면 영혼 없는 대화도 사라진다.

자존심은 높은데
자존감은 낮은 사람

열등감과 자아도취

나는 그림 카드를 보여 주고 감정을 털어놓게 하는 감정 카드 수업 때면 학생들에게 스스로가 어떤 사람인지 이해할 수 있도록 본인의 장단점을 찾아보라고 한다.

그런데 수업 때마다 자신은 '장점은 단점이 많은 것이고, 단점은 단점이 많은 것'이라는 결론을 내리는 학생들이 있다. 또한 "저는 이런 점이 별로예요", "저는 제 이런 부분이 불만이에요"라고 말하는 학생들도 자주 접한다. 나는 그들에게 "자아도취가 너무 심한 거 아닌가요? 결점이 하나도 없는 완벽한 사람이 되고 싶은가 봐요?"라고 질문한다. 그러면 그들은 대답한다.

"제가 열등감이 심해서요, 또 그런 소리를 했네요."

절망적인 상황에 몰린 사람은 열등감을 느끼지 못한다. 도리어 막다른 골목에 몰렸다는 자포자기의 심정 때문에 더 쿨한 척하고, '나 같은 인간한테 네가 뭘 어쩔 건데?'라는 식의 대범한 태도를 보인다. 반면 열등감을 느끼는 사람의 머릿속에는 딱 한 가지 생각밖에 없다.

'지금의 내 모습이 너무 싫어, 나는 변할 거야. 앞으로 더 좋은 사람으로 거듭날 거야.'

아니다. 진짜 열등감을 느끼는 사람은 긍정적인 생각을 할 줄 모른다. 그들은 '나는 더 좋은 사람이 돼야 해'라는 생각밖에 하지 못한다. 그들은 마음속으로 저주의 주문을 외운다.

'나는 더 좋은 사람이 돼야 해, 나는 엉망진창인 내 모습을 받아들일 수 없어.'

이 주문을 세 번 반복해 보라. 어떤 느낌이 드는가? 사람은 열등감을 느낄 때 자신의 단점을 받아들이려 하지 않는다. 그들에게 "당신은 당신의 단점을 받아들일 수 없다고 하셨는데, 받아들일 수 있는 단점은 있나요?"라고 물어보면 대답하지 못한다. 그들에겐 남에게 뒤처져도 되는 부분이란 없다. 자기가 신경 쓰는 부분이라면 무조건 자기가 최고여야 하고 남에게 뒤처지면 안 된다고 생각한다.

무엇이든 남보다 잘하길 바란다는 건 자신을 신으로 만들고자 하는 것과 다름없다. 신이 될 수 있다고 생각하다니, 보통 자신감으로는 불가능한 일이다. "저는 뭐든 잘하고 싶다는 게 아니에요"라고 말하지 말라. 당신은 특정 부분만 좋아지고 싶은 것이라고 하지만, 당신이 말하는 걸 전부 모아 보면 뭐든 잘하는 팔방미인이 돼야 하니까 말이다.

당신도 이런 저주에 걸려 열등감을 느끼고 있는가? 그래서 스스로를 극한으로 몰아세우고, 단점을 받아들이지 못하고, 뭐든 잘해 내야 한다며 의지를 불태우고 있는가? 팔방미인 되기를 인생의 목표로 세운 사람이라면 분명 과거에 많은 성취감을 느껴 봤을 것이다. 또 젊고 멋진 외모, 특출한 재능, 많은 수입, 멋진 직업 등 남보다 뛰어난 것들 덕분에 만족감을 얻고 그것들을 자랑스럽게 생각했을 것이다.

이런 과정은 불쏘시개가 돼 남보다 뭐든지 뛰어난 사람이 되고 싶다는 욕망에 불을 붙인다. 그들은 자신의 장점을 떠올릴 때마다 일종의 우월감을 느끼며 '나 정말 잘 살아왔구나!' 하는 생각에 빠진다.

당신이 아무리 "저는 잘하는 게 없어요"라고 말하더라도 나는 믿지 않는다. 분명 당신이 몸담은 그 세계에 자신만의 자랑거리가 있을 테니 말이다.

인간은 자신의 장점에 만족할 줄 모른다. 그래서 남보다 못한 부분을 뚫어져라 바라보며 어떻게 고칠 수 있을까 상상하고, 고치지 못하면 열등감에 빠지기 시작한다.

당신은 당신이 세운 기준 때문에 열등감을 느낀다. 이룰 수 없는 높은 목표를 세워 놓고, 실현하지 못하면 '나는 왜 이렇게 쓸모없지?'라며 자신을 나무란다. 열등감은 자신이 만든 높은 목표와 싸워 패배했기 때문에 드는 감정이다. 하지만 당신을 열등감에 빠뜨린 건 타인이 아니다. 스스로 만들어 낸 실현할 수 없는 '이상적인 나의 모습'이다.

절대적인 열등감에 빠진 사람은 없다. 우수한 장점 덕분에 만족감을 얻어 본 사람이 더 많은 분야에서 뛰어나고 싶다는 열망으로 열등감을 만들어 냈을 뿐이다.

열등감과 자아도취는 이음동의어

열등감과 자아도취는 그림자처럼 항상 함께해서 둘 중 한 감정만 느끼는 사람은 없다. 하루 중 낮이나 밤만 경험해 본 사람이나 우울증이나 조증 중 한 증상만 발현하는 사람이 없는 것과 마찬가지다. 낮과 밤 그리고 우울증과 조증은 언제나 차례대로 나타나고, 모호한 형태로 동시에 존재하기도 한다. 열등감과 자아도취도 그렇다. 그러니 누군가가 당신 앞에서 열등감을 드러내거든 '아, 이 사람은 자신을 뿌듯하게 생각하고 동시에 강한 우월감도 느끼는구나'라고 생각하라. 반대로 누군가가 자아도취된 모습으로 당신을 탐탁찮게 여기기도 할 것이다. 그때는 '아, 이 사람의 마음 깊은 곳에는 열등감이 숨어 있지만 내게 보여 주고 싶진 않구나'라고 생각하라.

열등감이나 자아도취가 발작할 땐 타인은 자신을 비추는 거울에 불과하다. 나와 남을 시시각각 비교하면서도 자기 눈에는 자기밖에 보이지 않으며 다른 사람은 아랑곳하지 않고 자기 감정만 생각한다. 그 순간 그는 자신이 세상의 중심이라는 환상에 빠져 있다. 열등감이나 자아도취에 빠져 있을 때 남들에게 듣고 싶은 말은 딱 한마디밖에 없다.

"넌 정말 대단해!"

그는 우리가 그의 주위를 둘러싸고, 인정하고, 띄워 주는 감정적 서비스를 받고 싶을 뿐이다. 그 순간 그는 이 세상의 중심이니 말이다.

이렇듯 열등감은 자기중심적인 생각에서 비롯된다. 당신이 자기 부정의 덫에 걸려 '나는 잘난 게 없어'라고 생각할 때 주변 사람들, 특히 친밀한 사람들에게 쉽게 화내고 그들이 조금만 심기를 거스르면 폭발적으로 화를 낸다는 사실을 인정해야 한다. 자기 부정이 심한 사람은 조증 발작을 동반한 우울증 증상을 보인다.

자기 부정은 자신이 세운 높은 목표를 실현하지 못해 스스로에게 분노를 느낄 때 생긴다. 이때 당신의 우울증이 발작하면 스스로 분노를 해소하기가 더욱 어려워지기 때문에 내면의 분노를 외부로 발산한다.

특히 타인이 서툰 행동을 했을 때 그에게 당신의 존재를 투영하고 꾸짖는다. "너는 어쩌면 그렇게 형편없니? 어쩌면 그렇게 서툴러?", "네가 어떻게 나한테 이럴 수 있어, 어떻게 일을 그렇게 처리해!"라며 조증 환자처럼 격정적으로 분노를 쏟아 낸다.

열등감은 스스로를 공격하는 것으로는 해소되지 않는다. 자신의 무력함에 느끼는 분노는 해소되지 못하고 타인에게 전이돼 더 폭발적인 분노를 만들어 낸다. 완벽하지 않은 자신을 받아들이지 못하듯 주변 사람의 서툰 모습도 받아들일 줄 모르는 것이다.

자신이 형편없다고 생각하는 사람을 가까이하게 됐다면 당신을 부정하고 비난할 수 있으니 조심해야 한다. 그러나 그의 비난은 당신과는 아무런 관계가 없다. 자신이 이루지 못한 것에 대한 감정을 당신에게 투사한 것뿐이다. 그가 화를 낸다면 당신은 오히려 기뻐해도 좋다. 내면의 공격성을 외부로 발산하는 건 그의 상태가 호전되고 있다는 뜻이기 때문이다.

훌륭한 나와 형편없는 나

열등감을 느끼는 사람은 자신의 가치를 모조리 부정하면서도 타인이 자신을 부정하는 건 참지 못한다. 진심으로 자신을 부정했다면 타인의 비난도 받아들이는 게 정상이다. 어쨌거나 사실이고 모두가 다 그렇게 생각하니 남이 대신 넌지시 말해 줄 수도 있는 거 아닌가? 그런데도 타인의 비난을 순순히 받아들이지 못하는 이유는 잠재의식 속에 '나는 그렇지 않다'는 생각이 숨어 있기 때문이다. 자신이 훌륭한 사람이라고 생각하지 못하기 때문에 타인이 자신을 훌륭한 사람이라고 칭찬해 주길 갈망할 뿐이다.

그들은 타인의 객관적인 평가도 부정적으로 받아들인다. 그들의 잠재의식이 '더 높은 목표를 실현할 수 없겠니?' 하며 계속 자신을 채찍질하기 때문이다. 따라서 그들이 느끼는 열등감은 자신이 형편없는 사람이라서 느끼는 감정이 아니다. 꿈꾸는 완벽한 자아보다 못한 자신의 모습 때문에 생기는 열등감이다. 그래서 남의 비난을 받아들이지 못하는 것이다.

이처럼 열등감을 느끼는 사람은 많든 적든 '이 세상은 나의 가치를 알아주지 않아'라는 생각을 품고 산다.

열등감은 자아도취를 그만두면 사라진다. 그러기 위해서는 당신이 평범한 사람이라는 사실을 인정해야 한다. 어떤 부분은 남보다 뛰어나지만, 어떤 부분은 남보다 못할 수도 있다. 당신의 비교 대상은 타인이 아니라 당신이 만들어 낸 이상적인 타인이다. 모든 사람이 조금씩 열등감을 갖고 있지만, 당신은 그의 장점만 볼 뿐 그의 열등감은 보지 못한다. 나아가 당신은 좋은 점과 형편없는 점이 합쳐진 종합적인 존재다. 모든 일을 다 잘할 순 없다.

앞으로는 열등감이 든다고 말하지 말자. 당신이 해야 할 말은 "저는 자아도취 미수자입니다"라는 말이다. 전지전능한 존재가 되고 싶었지만, 실패에 그쳤으니 말이다.

자신을 옭아매고 있는 자의식에서 벗어나 타인은 어떻게 사는지 살펴보는 것도 좋은 방법이다. 그들도 당신과 마찬가지로 평범한 보통 사람이니 말이다.

열등감에서 벗어나는 또 다른 좋은 방법은 나라는 존재를 기쁘게 받아들이는 것이다. '훌륭한 내 모습도 좋지만, 형편없는 내 모습도 좋아', '훌륭한 나도 받아들이지만, 형편없는 나도 받아들일 거야. 모두 나니까', '나는 나를 사랑해. 그래서 내 단점도 받아들일 거야'라고 생각해 보자. 능력이 있어야 열등감에도 빠질 수 있다. 자아도취도 마찬가지다.

한편 자신을 발견할 수 있는 한 차원 높은 방법도 있다. 자신에 대한 평가를 그만두는 것이다. 이 세상에 나쁜 성격이란 없다. 그렇기에 당신이 싫어하는 당신의 단점이 당신을 빛나게 하는 장점일 수도 있다. 또한 이 세상에 존재하는 모든 건 모두 나름의 긍정적인 의미가 있다는 사실에 눈떠야 한다. 당신의 모든 단점은 잘못된 판단이 만들어 낸 것일 뿐이다.

다 내 잘못이라는 사람,
다 네 잘못이라는 사람

편집증

우리가 자주 접하는 유형의 사람들이 있다. 온 힘을 다해 자책하는 사람과 죽도록 남만 비난하는 사람이다.

자책하기 좋아하는 사람은 뭐든 자기 잘못이라고 생각한다. 상대방의 욕구를 내가 충족시켜 주지 못하거나 상대방이 나 때문에 기분이 상하면 자기 잘못이라고 생각한다. 자신과 아무 상관없는 일로 상대방의 기분이 상해도 자기 잘못이라고 생각한다. 일이 제대로 풀리지 않아도 자기 잘못이라고 생각한다. 심지어 기대치에 부응하지 못한 것도 자기 잘못이라는 논리를 갖고 있다.

언젠가 학생 한 명에게 일터에서 부딪히는 어려움을 사티어의 빙산 탐색 모델을 이용해 묻자 그 생각의 논리 단계가 드러났다.

1. 급한 일로 동료가 날 찾았는데, 자리에 없었다면 내 잘못.
2. 내가 없어 일 처리가 잘못됐다면 내 책임.
3. 누군가가 나를 나무란다면 내 잘못.
4. 업무 인계를 해야 했을 때 인계가 제대로 되지 않았다면 내 잘못.

비슷한듯 전혀 다른 자책과 비난

나는 학생에게 "이건 신이 아니고서야 달성할 수 없는 목표잖아요. 당신은 신과 같은 존재인가요? 저같이 평범한 사람은 멀리서 우러러보는 수밖에 없겠네요"라고 답변해 줄 수밖에 없었다. 시험에서 100점을 받지 못해도, 다른 사람한테 문제가 생겨도 무조건 다 자기 잘못이라니. 나는 영원히 이해하지 못할 논리다. 자신이 신처럼 완벽해지길 바라는 것이다. 그래서 그 어떤 실수도 용납하지 않고 자그마한 실수라도 하면 자신을 몰아세운다. 자책은 자학 행위의 일종이다. 완벽한 사람은 존재하지 않는데, 존재하지 않는 걸 자신에게 요구하니 자학이나 다름없지 뭔가.

하지만 남을 비난하기 좋아하는 사람은 정반대다. 그들의 머릿속에는 뭐든 '남의 잘못'이라는 논리가 자리 잡고 있다. 예상치 못한 사고가 일어나도, 자기 기분이 나빠져도 남 탓으로 돌린다. 설령 자기가 틀렸더라도 상대방을 탓하거나 상대방이 먼저 틀렸기 때문에 문제가 일어났다고 생각한다. 심지어 상대방이 완벽한 사람이 아니라며 트집을 잡기도 한다.

내 수업을 들었던 학생 한 명은 회사에서 팀장직을 맡고 있었다. 어느 날 그는 부하 직원들에게 맡긴 일이 제대로 처리되지 않은 걸 발견하고 불같이 화를 냈다고 한다. 살다 보면 남에게 맡긴 일이 잘 안되는 경우가 생기곤 하는데도 그는 이렇게 생각했다.

'자네들한테 일을 맡겼는데 안 했으니 다 자네들 잘못이네.'
'의견을 말도 안 하고 일도 안 했으니 다 자네들 잘못이지.'
'하겠다고 대답해 놓고 처리하지 않았으니 다 자네들 잘못이야.'

얼핏 들어보면 반박하기 어려운 논리다. 그래서 나는 다른 학생들에게 "여러분이 이분의 부하 직원이라면 어떤 감정이 들 것 같아요?"라고 물어봤다. 그러자 그들은 입을 모아 "피곤할 것 같아요"라고 말했다. "상사가 너무 요구가 많네요", "까다로워요", "갑질하네요", "비정상이에요"라는 반응도 있었다. 대답을 들은 그는 놀라서 진땀을 뻘뻘 흘리며 "그동안 제 자신을 똑바로 바라보지 못했던 것 같네요"라고 말했다.

자책이든 비난이든 본질은 같다. 눈앞의 상황이 벌어진 원인과 책임을 한쪽으로 몰고 모든 책임을 져야 한다고 생각한다. '모든 잘못은 나한테 있어, 넌 잘못이 없어'라고 생각하거나 '모든 잘못은 너한테 있어, 난 잘못이 없어'라고 생각하는 것이다.

내 결론에 의하면 당신은 '그럴 리가 없어'라고 생각할지도 모른다. 문제의 책임은 쌍방이 져야 하고 여러 가지 요인을 종합해야 한다는 건 우리 모두 알고 있는 상식이니 말이다. 그런데도 자책하는 사람이나 비난하는 사람은 한쪽이 무조건 책임을 져야 하고 심지어 100퍼센트 책임져야 한다고 생각하며 집착의 늪에 빠져 헤어나지 못한다. 심지어 이런 생각을 고수하기 위해 모든 감정적 에너지를 소모하기까지 한다. 그런 사람에게 해 줄 말은 하나밖에 없다.

"당신은 편집증적인 사람이에요."

자책과 비난을 피하는 세 가지 방법

어른스러움에 대한 정확한 기준은 아니지만, 대개 하나의 문제를 객관적, 포괄적, 다각적으로 볼 줄 아는 사람을 어른스럽다고 평가한다. 그래서 우리는 다리는 기둥 같고, 귀는 부채 같고, 덩치는 벽처럼 큰 동물이 코끼리라는 걸 이해할 수 있는 능력을 '성숙한 인지 능력'이라고 한다.

반면 어린이는 단순하고 단편적인 시각으로 문제를 보고 모든 문제를 자기 입장에서만 해석한다. 그래서 코끼리의 특정한 부분만 만져 본 사람들이 어린이처럼 서로 자기 생각만 옳다면서 목소리를 높이는 것이다. 하지만 사실은 그들 모두 맞다. 그저 단편적이고, 주관적일 뿐이다.

상황이 벌어진 이유와 책임 소재에 대해 우리는 '자신, 상황, 타인'이라는 세 가지 차원에서 생각해 봐야 한다. 포괄적으로 생각한다는 건 이 세 가지 차원을 두루두루 볼 줄 안다는 뜻이니 말이다. 즉 지금과 같은 상황이 벌어진 데에는 자신과 상대방의 탓뿐만 아니라 환경적인 탓도 있다는 사실을 알아야 하고, 이 모든 요인은 동시에 존재하면서 각각 어느 정도 책임이 있다고 생각할 줄 알아야 한다. 또 이 중 하나라도 바뀌면 결과도 바뀔 수 있다고 생각할 술 알아야 한다. 이 중 하나라도 모자라면 '편집증'이라고 표현하고, 두 개가 모자라면 더 심한 편집증이라는 뜻에서 '편편집증' 또는 '더블 편집증' 혹은 '편집증 투'라고 부른다.

앞서 소개한 자책하기 좋아하는 학생이 당신이라고 생각해 보자. 어떤 일이든 완벽하게 처리했다면 훌륭하고 칭찬받을 일이다. 하지만 일이란 당신 혼자의 힘만으로 해낼 수 있는 게 아니기에 일 처리를 완벽하게 하지 못했더라도 전부 당신 탓은 아니다. 동료들이 비협조적이고 억지를 쓰거나 게으름을 피웠다면 당신도 어쩔 수 없다. 그건 동료들의 잘못이다. 또 문제를 둘러싼 상황과 배경도 살펴봐야 한다. 만약 회사가 폐업 직전이라 매달 임금을 체불하고 있다면 직원들은 당연히 나태해져 있을 것이다.

그 회사 팀장이 당신이라고 생각해 보자. 직원들이 일을 완벽하게 해내지 못했더라도 직원 탓만 할 게 아니다. 당신이 리더로서 안정적인 업무 환경을 조성해 주지 않는데 누가 자유롭게 의견을 말하겠는가? 또 당신은 약속한 일을 전부 다 지키는가? 건성으로 대답했던 일까지 전부 다 지키는가 말이다. 자기도 하지 못하는 일을 남한테 요구하니까 비상식적인 상사라는 평가를 듣는 것이다.

문제를 둘러싼 상황도 살펴봐야 한다. 당신이 업무 지시를 내렸을 때 직원들의 상태, 업무 강도, 난이도, 팀원 간의 호흡, 협조 수준, 사내 분위기 등을 고려해야 한다. 결국 문제가 발생한 데에는 자신의 잘못, 상대방의 잘못, 상황의 잘못이 모두 존재한다.

물론 우리 모두 아무 잘못이 없을 때도 있다. 특정한 시스템에서 사는 우리는 때로 시스템의 모멘텀을 따라가는 수밖에 없다. 우리가 모멘텀에서 벗어나려고 의식하지 않을 때 더 그렇다. 상사가 주는 스트레스, 높은 난이도의 업무, 관계의 모멘텀 등에 떠밀려 맡은 일을 완수하지 못할 때도 있다.

친밀한 관계에서는 더 그렇다. 학벌이 별로라서 혹은 성격이 별로라서 사이가 나쁘다고 자책하는 사람이나, 배우자가 포용력이 부족하다거나 적극적이지 않다고 비난하는 사람은 한쪽이 전적으로 책임을 져야 한다며 편집증적으로 행동한다. 그들은 상대방을 고려하지도 않고 문제를 둘러싼 상황과 배경도 고려하지 않는다.

당신의 목적이 속 시원한 느낌을 즐기는 거라면 지금과 같은 사고방식을 고수해도 좋다. 자책을 통해 당신은 자학의 즐거움을 느끼고, 비난을 통해 스트레스 해소의 쾌감을 느낄 수 있을 테니 말이다. 이성을 잃고 '나부터 속 시원해지고 봐야지!'라고 생각하고 있던 걸 보면 당신의 육체는 '속 시원한 느낌'을 무척이나 갈망하고 있던 게 분명하다. 하지만 현실이 어떻든 간에 '나 먼저 속 시원하면 그만이지'라고 생각하는 건 어린아이나 하는 짓이다.

당신의 목표가 더 좋은 상황을 만드는 거라면 현재 상황이 벌어진 이유를 객관적으로 추론하고 책임이 누구한테 있는지도 합리적으로 생각해 보자. 합리적으로 추론하면 감정의 소용돌이에 빠지거나, 자신을 심하게 억누르거나, 분노하지 않을 수 있기 때문에 문제를 더 객관적이고 이성적으로 바라보고 현재 상황을 바꿀 수 있다.

우선 세 가지 요소를 바꿔 보자. 자신을 바꾸고, 타인을 바꾸고, 상황을 바꿔 보는 것이다. 시스템 내 모멘텀에도 변화를 일으켜 상황을 좋은 방향으로 이끌어 갈 수 있다. 세 가지 요소를 모두 바꿀 필요는 없다. 세 가지 중 하나만 바꾸더라도 관계 내 모멘텀의 변화를 느낄 수 있다.

당신과 배우자 사이에 이견이 생겼다고 가정해 보자. 자신을 바꾸면 배우자가 당신에게 반기를 들 가능성은 줄어들고, 의견이 일치될 가능성은 커지니 문제가 해결될 확률도 높아진다. 당신을 바꾸는 것보다 배우자를 바꾸기가 더 쉽다고 판단되면 친절한 태도를 보여 주거나 상대방에게 화를 냄으로써 배우자를 바꿔 보자. 의견이 일치되고 문제가 해결될 확률이 높아진다.

당신도 자신을 바꾸고 싶지 않고 배우자도 바뀌길 원하지 않는다면 바뀌기 쉬운 환경을 만들어 보자. 함께 온천에 가서 배우자에게 마사지를 해 주며 휴가를 보내거나 업무 스트레스에서 벗어날 수 있는 느긋한 환경을 만들면 문제를 훨씬 쉽게 해결할 수 있다. 둘 사이의 감정적 문제가 아니라 업무 스트레스 같은 외부적인 요인이 이성·부부 관계를 둘러싼 상황에 영향을 끼칠 때도 있기 때문이다.

습관적으로 자책하는 사람이라면 편집증적인 행동에서 벗어날 수 있도록 타인 또는 상황에 책임이 있진 않은지 찾아보자.

습관적으로 타인을 비난하는 사람이라면 자신 또는 상황에 책임이 있진 않은지 찾아보자.

당신의 목적은 무엇인가? 문제를 해결하는 것인가? 스트레스를 해소하는 것인가? 편집증적 사람이 되는 것인가? 유연한 사람이 되는 것인가?

자신도 상대도
잃어버리지 않는 법

안정감

이성·부부 관계에서 안정감을 느끼기 어렵다고 토로하는 내담자들이 많다. 그들은 상대방이 자신을 견디지 못하는 때가 올까 두렵고, 나의 진짜 단점이 드러나면 미움을 받을까 무섭고, 사랑이 식어서 버림받지 않을까 염려한다. 또 상대방의 사업이 실패할까 봐, 아직은 젊지만 병에 걸릴까 봐 걱정한다. 그들은 사랑을 증명하기 위한 증거를 모으지만, 도리어 그것이 사랑하지 않는다는 걸 증명하는 행위가 돼 버린다. 증명하고 또 증명하다 보면 정말로 상대방을 사랑하지 않게 되기 때문이다.

어떤 사람은 안정감이 부족해 항상 불안해하고 걱정하고, 어떤 사람은 안정감이 부족해 관계조차 맺지 못한다. 그들이 "전 안정감이 부족해요"라고 말할 때마다 나는 덧붙인다.

"당신이 너무 까다로워서 안정감이 부족해진 거랍니다."

그러면 그들은 넋 잃은 표정으로 나를 빤히 바라본다.

안정감이 부족한 사람의 마음

안정감이란 게 무엇인지 이야기해 보자. 안정감이란 통제감과
확신을 뜻하고, 두 감정은 당신이 관계를 제어할 수 있다는 느낌
과 상대방이 당신을 떠나지 않을 거라는 믿음에서 비롯된다. 그래
서 당신에게 안정감이 부족해지면 상대방이 당신을 떠나거나 버
리지 않을까 하는 의심이 드는 것이다.

내면의 욕구와 감정을 타인에게 전가해 자신의 긴장을 해소하
려 한다는 '투사 이론'에 따르면, 당신이 마음속에 그를 버릴 생각
을 품고 있기 때문에 오히려 버림받을까 봐 두려움을 느낀다. 또
당신은 내심 그를 떠날 수 있다고 생각하기 때문에 당신을 떠나지
않을 거라는 상대방의 약속을 믿지 못한다. 따라서 안정감을 느끼
지 못하는 사람은 당신이 아니라 상대방이어야 맞다. 당신은 언제
든지 상대방을 버릴 준비가 돼 있으니까 말이다.

성격이 세심한 사람은 내면의 감춰 둔 생각을 인식하고 있다.
반면 세심하지 못한 사람은 "저는 그를 떠날 생각이 없어요!"라며

의견을 반박하기에 급급하다.

그렇다면 당신은 왜 상대방이 떠날까 봐 두려워하는지 말해 보자. 상대방이 떠날까 봐 두려워하는 사람의 마음속에는 사랑뿐만 아니라 많은 욕구가 자리 잡고 있다. 그래서 욕구를 충족시켜 주는 상대방을 필요로 한다. 상대방이 떠날까 봐 두려워하기 시작한 순간부터 그는 당신에게 많은 만족감을 가져다줬고, 당신은 그 만족감에 푹 빠져 있던 나머지 그것을 어느 날 갑자기 잃게 될까 봐 두려운 마음이 든 것이다.

모든 신경을 자신 그리고 그가 떠날 것에만 집중하니 정작 당신의 배려로 상대방이 느낀 기쁨과 행복, 당신을 잃어버릴까 봐 두려워하는 마음은 알아차리지 못한다. 이 관계에서 당신의 눈에 들어오는 건 오로지 자신뿐이다. 그러니 당연히 버림받는 것에 대한 두려움이 생길 수밖에 없다. "저는 절대 그를 떠나지 않을 거예요"라고 말하지 말라. 이 말이 진실일까? 상대방도 그렇게 생각하고 있을까? 당신은 상대방의 감정을 느껴 본 적이 있는가?

당신의 세계에는 상대방이 없다. 오로지 당신뿐이니 안정감이 떨어질 수밖에 없다. 그렇다면 당신은 안정감을 향상하기 위해 어떤 시도를 할 수 있는가?

통제와 기대에서 벗어나라

상대방에 대한 통제력과 확신을 강화하면 안정감을 향상할 수 있다. 바꿔 말하면 그의 행동, 성격, 직업 등이 당신 뜻대로 될 거라고 그에게 더 많은 기대를 걸면 된다. 예를 들어 그가 당신이 원하는 대로 변해 미래를 든든하게 보장해 줄 거라고 기대하면 된다. 사랑을 표현하기 위해 꽃도 사 오고, 집안일도 하고, 당신이 원하는 방식에 따라 기분을 맞춰 주고, 적극적이고 부지런하고 진취적인 사람으로 말이다.

이처럼 상대방의 모든 게 당신이 원하는 대로 된다면 더 강한 통제력과 확신을 가질 수 있고 곧 안정감도 얻을 수 있다. 그러나 그가 당신의 기대와 다른 행동을 하면 통제에 실패했다고 느끼며 안정감을 잃고 불안해질 것이다.

불안감은 곧 까다로운 행동으로 표출된다. 그가 잘하는 일이 하나도 없다며 불평을 쏟아 낸다. 하지만 당신의 잠재의식 속에는 안정감을 느낄 수 있도록 그의 행동을 고쳐 관계를 더 친밀하게 만들어 의존하고 싶다는 본심이 숨어 있다. 당신은 필요한 걸 더 쉽게 요구하고자 상대방에게 까다롭게 굴고, 상대방을 이상적인 사람으로 만들려고 하지만 현실은 녹록치 않다.

다음의 두 가지 심리적 과정이 일어나기 때문이다.

첫째, 차이를 존중하지 않고 통제하려 한다. 완곡하거나 부드러운 또는 직접적인 방식으로 그에게 당신이 원하는 사람이 되라고 요구한다.

둘째, 그를 이상화하면서 당신이 꿈꾸는 사람으로 변하길 기대하고, 그가 자신만의 모습으로 살아가는 걸 허용하지 않는다.

누군가를 제어하려고 들면 반항하기 시작하고, 누군가를 이상화하려 들면 그를 미워하는 감정이 당신 마음속에 싹튼다. 아무리 당신을 깊이 사랑해도 당신의 요구에 따라 자신을 바꾸는 일은 한두 번까지만 흔쾌히 할 수 있다. 하지만 반복되면 그의 잠재의식은 괴로워하며 "나한테 이렇게 까다롭게 구는 걸 보면 나를 사랑하지 않는거야!"라며 소리 지르기 마련이다. 당신의 까다로운 요구 때문에 그는 당신이 자신을 미워하고, 당신이 자신의 진정한 모습을 받아들이지 못하며 싫어한다는 걸 직감적으로 느끼게 되니 말이다.

상대방을 이상화하면 그는 어떤 노력을 해도 당신이 세운 기준을 맞출 수 없다. 게다가 당신이 세운 기준을 맞추기 위해 하루도 빠짐없이 노력한다는 건 불가능한 일이다. 결국 당신은 그런 그의 모습을 보고 그를 정말로 미워하게 되고, "왜 당신은 끝까지 노력하지 않아? 왜 당신은 바뀌려고 하지 않아?"라며 소극적이고 부정적인 방식으로 감정을 표출한다.

그에게 불만을 품고 있으면서 그를 떠날 생각이 없다고 말할 수 있는가? 당신은 곧 그에게 불만을 투사하곤 오히려 그가 당신을 버릴지도 모른다고 착각할 것이다. 또 생각을 행동으로 옮겨 자기 생각이 맞았다는 걸 입증하고자 그가 당신을 버리도록 유도

하고 말 것이다.

이처럼 누군가가 당신에게 항상 미움받고 부정당하고 트집 잡히며 산다면 어떻게 반응할까?

그가 당신을 충분히 사랑하고 또 굳은 성격을 가졌다면 오히려 그가 당신을 부정할 것이다. 그는 당신과 끊임없이 말다툼하면서 엄마와 아이의 관계에서 벗어나 남녀 관계로 당신을 고귀한 공주님처럼 떠받들던 관계에서 평등한 관계로 바꾸려고 노력할 것이다. 그러나 말다툼에 실패하면 그는 당신을 떠날 생각을 품을 것이다. 그가 당신을 부정하고 반격한다면 아직 당신을 사랑하고 있다는 증거다.

그가 당신을 충분히 사랑하지 않고 또 굳은 성격을 가진 사람도 아니라면 그를 포기하고 싶다는 당신의 신호를 받아들이고 피곤해할 것이다. 그리고는 더는 당신을 사랑할 수 없어 조용히 당신 곁을 떠날 것이다. 당신이 걱정했던 일이 현실이 될 거란 말이다. 결국 당신은 안정감을 잃어버린 사람이 될 것이다. 누구 탓을 할 수 있을까? 당신이 끊임없이 그를 부정하고 트집 잡으며 밀어내니 결국 그가 당신을 떠나는 것이다. 그는 당신을 떠날 생각이 없었지만, 그에게 만족하지 못한 당신이 이런 결과를 초래했다.

인정과 존중이 만드는 안정

어떻게 하면 관계의 안정감을 강화할 수 있을까?

아주 간단하다. 상대방을 바라보고, 존중하고, 적응하고 그와 당신이 다른 존재라는 점을 인정하자. 진정한 관계의 통제력은 상대방을 트집 잡아 얻는 게 아니라 적응하며 진정한 모습을 발견하며 얻을 수 있다. 또 트집 잡기를 그만두면 그에게도 안정감을 줄 수 있다.

상대방에게 적응하기란 당신의 기준이 이 세상의 유일무이한 올바른 기준이 아니라는 점을 인정하는 것이다. 당신과 다른 기준이 반드시 틀린 게 아닌 만큼 그에 대한 비판을 그만둬야 한다. 그는 부족한 사람이 아니다. 그가 살아가는 방식과 사랑을 표현하는 방식이 당신과 다를 뿐이다.

당신도 맞지만, 그도 맞다. 그러니 당신은 자신만의 세상에서 벗어나 그를 발견하고 그에게 다가가야 한다. 그의 어디가 틀렸고 형편없는지 트집 잡는 일을 그만두고, 어떤 부분이 당신과 다른지 호기심 어린 눈으로 관찰하자. 당신은 그를 당신의 중심으로 삼고 그의 주위를 맴돌아야 한다. 그래야 당신은 그의 세상 속으로 들어갈 수 있다.

그의 주위를 맴돌라는 게 자존심이나 자아를 버리라는 뜻은 아니다. 나는 〈강한 자존심을 가진 사람의 구질구질한 삶〉이라는 글에서 이런 상황을 상세히 묘사하며 자존심에 집착하다 보면 자신을 고통스럽게 만든다고 강조한 적이 있다. 타인의 주위를 맴도는 건 사랑할 줄 안다는 뜻이지, 자아를 잃어버린다는 뜻이 아니다.

베이징으로 여행을 떠나 베이징을 탐험하는 것과 마찬가지다. 여행을 떠난다고 내가 사는 도시나 내 고향을 잃어버리는 건 아니지 않은가? 돌아가고 싶을 때 언제든지 돌아갈 수 있다. 이처럼 상대방을 잘 이해하고 싶다면 상대방 주위를 맴돌아야 한다. 내가 사는 도시를 잃어버릴까 봐 무서워 몸을 숨긴 채 "베이징아, 나를 위해 좀 바꿔 주렴. 나는 너를 더 잘 알고 싶어. 근데 내가 원하는 모습으로 바뀌어야 너를 알아 갈 수 있을 것 같아"라고 외치기만 하면 안 된다.

상대방을 발견한다는 건 새롭고 아름다운 세상을 발견하고자 비판을 그만두고 진심으로 그 세계를 감탄하고 즐긴다는 걸 뜻한다. 상대방에게 어떤 도움과 기쁨을 줄 수 있을지뿐만 아니라 배울 점도 찾을 수 있다. 당신과 다른 그의 모습을 발견하는 과정에서 관계를 통제하지 못한다는 불안을 느끼기보다 견문을 넓히는 과정이라고 생각해 보자. 당신과 다른 상대방을 트집 잡고 똑같아질 걸 강요하지 말고, 다른 모습 자체를 즐겨야 한다. 당신이 그를 트집 잡고 비판하는 이유는 나를 미워하고 내 단점을 트집 잡는 내 모습을 그에게 투사했기 때문이다.

그의 세계로 들어가서 그에게 적응할 때, 그의 진정한 모습을 발견하고 즐길 수 있을 때 그래도 당신은 그와의 관계에서 안정감을 찾지 못할까? 안정감을 느끼지 못한다고 말하는 사람은 제 무덤을 제 손으로 판 격이다. 타인을 원망하지 말자.

2장

무너진 자존감을
어떻게 일으킬까?

자존감을 둘러싼 욕구 인정하기

나의 보폭으로
나만의 길을 걸어가자

비교하는 마음

우리는 때때로 훨씬 잘난 사람을 만나기 전까지 자신이 얼마나 못난지 알지 못한다.

나는 영국의 심리 치료 연구 기관인 타비스톡 클리닉의 전문 교육 프로그램에 참여한 적이 있다. 꽤 수준 높은 교육이라 참여자들이 대단했다. 다른 건 차치하고 영어 회화 실력만 봐도 그랬다. 나는 기껏해야 서투르게 "헬로우"라고 뱉은 후 말을 잇지 못했는데 말이다. 그래서 다른 사람들은 나를 '수줍음이 많은 사람'으로 평가했다. 우리 팀을 담당하는 영어 통역사는 나만을 위해 준비된 것 같았다. 다른 참여자들은 영국에서 나고 자란 사람들처럼 영어도 잘할 뿐만 아니라 경제적으로도 아주 여유로워 보였다.

나는 이번 수업에 필요한 수업료, 교통비, 숙박비가 적지 않았기에 심사숙고할 수밖에 없었다. 그래도 이번 수업에 꼭 참여하고 싶었기 때문에 결제했다. 그런데 다른 참여자들은 스트레스 해소를 위해 쇼핑하러 온 것 같았다. 물건도 어찌나 척척 사는지, 은행 잔고 걱정도 없는 것 같았다.

그들 앞에서 나는 어눌하고, 촌스럽고, 겉도는 사람처럼 느껴졌다. 계속 긴장하고 어색해했다. 특히 모두 함께 식사할 때마다 우리 팀의 친절한 아가씨가 식당 직원의 말을 통역해 주는 바람에 나는 부끄러워서 쥐구멍이라도 찾고 싶은 심정이었다. 여자분이 나를 돌봐 주다니 내 일상생활과는 너무 달라서 어색하기 짝이 없었다.

열심히 공부하고 싶은 마음은 굴뚝같았지만 아무리 들어도 외국어는 이해가 안 됐다. 게다가 통역으로 전달받는 말은 더 이해가 가지 않아서 집중력을 잃기 일쑤였다. 선생님이 설명 끝에 붙이는 "다른 질문 있나요?"라는 말은 알아들었지만, 아무런 질문도 할 수가 없었다. 입국할 때 세관에 내 지능을 압수당한 게 아닌가 싶었다. 나는 다른 참여자들이 선생님께 하는 질문을 듣고, 수업 내용을 되새김질하며 좌절감을 삼키는 수밖에 없었다. 그들과 함께하는 동안 나는 마음속으로 '민폐를 끼쳐 미안합니다'라는 말을 하고 또 했다. 나는 아직도 많이 모자란 사람이라는 생각이 들었다.

열등감을 내려놓기

내가 나를 모자란 사람이라고 느낀 순간 나는 숙련된 심리 전문가로서 내가 나를 왜 모자란 사람이라고 생각하게 됐는지 질문했다. 그러자 '나는 못났어'라며 나를 미워한 감정이 '남보다 잘하고 싶어, 남에게 뒤처지고 싶지 않아'라는 마음 때문이었다는 걸 깨달았다.

열등감은 비교하는 마음에서 생긴다. 진정으로 형편없는 사람은 없다. 형편없다는 평가는 남과 비교하는 순간 내려진다. 누군가 스스로를 형편없는 사람이라고 생각했다고 가정하자. 그는 분명 훌륭한 사람과 자신을 비교한 끝에 그런 결론을 내렸을 것이다. 현실 속 인물과 비교했을 수도 있고, 상상 속 인물과 비교했을 수도 있다. 하지만 그보다 못하다는 걸 받아들일 수 없기에 자신을 탓하는 것이다. 이렇듯 열등감은 경쟁심 때문에 생긴다. 나는 다른 참여자들과 나를 비교하고 경쟁하고 있다는 사실을 깨달은 후 모든 걸 '내려놓기'로 했다. 그리고 내게 '아무러면 어때? 상관없어'라고 말해 줬다.

나는 밖에 나가기만 하면 항상 나보다 뛰어난 사람을 발견하고는 나와 비교하곤 했다. 그러나 이 세상 모든 이보다 뛰어난 사람이 되는 건 불가능하다. 그런 사람이 될 필요도 없다. 지금 당장은 내가 타인보다 못할 수도 있지만, 그래도 괜찮다. 내게도 나를 멋진 사람이라고 생각하는 친구, 가족 그리고 지지자들이 있으니 말이다. 그들을 생각하면 가슴 한편이 따듯해진다.

인간의 일생은 자신이 평범하다는 걸 받아들이는 과정이다. 어떤 그룹에 속해 있을 땐 내가 엄청나게 대단한 사람인 것처럼 느껴진다. 그런데 또 다른 그룹에 속해 있을 땐 내가 형편없는 사람처럼 느껴지기도 한다. 이 사람을 만났을 땐 내가 이 사람보다 낫다고 생각하지만, 저 사람을 만났을 땐 내가 저 사람보다 못하다고 느껴진다. 하지만 내 모든 게 다 형편없고 끔찍한 것도 아닌데, 뭐 어떤가?

모자란 내 모습을 미워하자 말하는 것도 어색하게 느껴졌다. 사람들과 어울릴 때 어색함을 느꼈다면 당신의 내면 깊은 곳엔 분명 '나는 너무 형편없어. 너처럼 대단한 사람은 날 싫어하고 나 같은 사람이랑 친구가 될 마음도 없겠지'라는 생각이 자리 잡고 있는 것이다. 이런 생각은 '날 싫어하게 될까 봐 두려워. 날 싫어하지 않도록 뭔가를 보여 줘야 해. 어떻게 해야 날 좋아할까?' 하는 생각으로 이어져 사람을 안절부절못하게 만든다. 타인과 꼭 연결되고 싶다는 충동과 달리 내 능력이 뒷받침되지 않을 땐 어색한 느낌이 든다.

내가 알리바바 그룹의 창업자 마윈을 만났다고 가정해 보자. 마윈은 내게 예의를 갖추겠지만, 친구가 되려고 하진 않을 것이다. 우리는 수준이 다르므로 억지로 함께 어울려 봐야 피곤하기만 하니까 말이다. 중국 드라마 〈환락송〉에서 평범한 의사 자오가 재벌가 여자 친구 취샤오샤오를 데리러 바에 갔다가 그녀와 재벌 친구들이 마신 술 계산서를 보고 넋이 나가 버린 장면처럼 말이다. 수준이 다른 둘이 우정을 나누기란 정말 어렵다.

그래도 나는 내게 '아무려면 어때, 상관없어'라고 말해 줄 수 있다. 남들은 날 좋아하지 않을지도 모른다. 그런데 그게 뭐 어떻단 말인가? 상관없다. 남들이 날 좋아해 주면 좋겠지만, 싫어해도 상관없다. 모든 사람이 날 좋아해 줄 필요는 없다. 일단 세상 밖으로 나가 사람을 만나면 누군가는 날 싫어하기 마련이다. 우리가 각자 다른 사람이라는 걸 인정하고 다시 나만의 세계로 돌아가면 날 훌륭하다고 생각하고 좋아해 주는 사람도 여전히 많다는 사실을 깨달을 수 있다.

나는 남들이 날 싫어하는 걸 무서워하지 않는다. 날 좋아해 주는 사람이 있다는 것만으로도 충분하다. 모든 사람이 날 싫어하는 것도 아닌데 무슨 상관인가?

'상관없어'라는 마법의 주문

수업 때마다 나는 불안감에 휩싸였다. '시간 낭비하면 안 돼, 비싼 학비 내고 왔잖아, 열심히 공부해야지, 시간만 보내면 어떻게 해? 시간 낭비하면 안 된다니까, 여기까지 왔으니까 수업 열심히 들어, 수업을 들었으면 제대로 소화해 내란 말이야'라며 나를 다그

쳤다. 이런 불안감이 왜 드는지 자세히 살펴보니, 아무것도 낭비하지 말고 뭐든지 잘 해내야 한다는 생각 때문이라는 걸 알게 됐다. 불안감은 내 능력을 벗어난 높은 목표를 내게 요구할 때 싹튼다. 모든 수업을 집중해서 듣는다는 건 당연히 내 능력을 벗어난 목표다. 아마 다른 참여자들도 마찬가지였을 것이다.

수업 내용을 전부 흡수하고 완전히 소화하는 사람이 있긴 할까? 설령 그들이 수업을 다 알아들었다고 하더라도 전부 다 기억하고 완전히 소화한 사람은 없을 것이다. 그들과 나의 차이점이라면 그들은 수업 내용의 30퍼센트를 소화할 수 있지만 나는 10퍼센트밖에 하지 못했다는 점일 것이다.

그런데 그게 뭐 어떻다는 말인가? 무슨 상관이란 말인가? 모든 내용을 다 소화할 필요는 없다. 수업을 듣는 그 며칠 동안 몇 개의 포인트만 잘 배워도 충분하다. 또 제대로 익히지 못했더라도 상관없다. 최소한 나라 밖으로 나와 다른 나라를 구경했으니 말이다. 기업도 아닌데 이윤의 최대화를 추구할 필요는 없는 것이다.

'상관없어'와 '무섭지 않아'라고 생각하기로 하자 다른 참여자들과 어울릴 때 마음이 훨씬 편안해졌다. 그들과 억지로 연결되려고 노력하지 않았고, 날 훌륭한 사람이라고 생각해 주길 바라는 마음도 버렸다. 내 한계를 받아들이니 내가 아주 사랑스러운 존재라고 느껴졌다. 자신을 받아들이는 건 자신에 대한 공격을 그만둔다는 뜻이다. 자신을 공격하지 않으면 내 모습을 남들에게 투사하고 남을 공격하는 일도 하지 않게 된다.

나는 다음의 두 가지 감정으로부터 진정한 나로 살 수 있다는 용기를 얻었다.

첫째, 자신감으로부터 용기를 얻었다.

내 마음속에는 내가 형편없는 사람이 아니라는 믿음이 있었음에도 타인을 보고 나를 형편없는 사람으로 생각했다. 나는 남들의 장점만 보고 단점을 보지 못했고, 그들을 부러워하기만 했을 뿐 날 부러워하는 그들의 시선은 보지 못했다.

나는 내가 형편없는 사람이 아니라고 다시 믿기로 했다. 뛰어난 분야, 삶의 가치와 방식이 다를 뿐이니까. 그뿐만 아니라 설령 내가 정말로 형편없는 사람이라고 해도 남들은 절대 날 비웃거나 미워하지 않을 거라고 믿기로 했다. 나보다 못한 사람을 내가 혐오하지 않는 것처럼 말이다.

둘째, 미움을 두려워하지 않는 마음으로부터 용기를 얻었다.

남들이 날 싫어해도 또 형편없는 사람이라고 생각해도 상관없다고 마음먹었다. 나만 좋으면 그만이니 남들이 좋아하건 말건 나와는 상관없는 일이다. 중요한 건 내가 어떤 사람이든 누군가는 날 좋아해 줄 거라는 사실이었다.

덕분에 수업 시간 때도 여유를 되찾았다. 타비스톡 클리닉이 내게 신비로운 힘을 불어넣은 듯했다. 그곳에서 많이 배우진 못했지만, 배우긴 확실히 배웠다.

당신이 완벽하지 않은 사람이라고 해도 그게 뭐 어떻단 말인가? 우리는 어렸을 때부터 남들에게 뒤처지면 안 되고, 노력을 게을리 하면 안 된다고 배웠다. 그래서 항상 더 빨리 더 많이 앞으로 나아가려고 사력을 다하고 더 많은 사람의 사랑을 받으려고 노력한다.

하지만 이제 우리는 다 큰 어른이다. 우리는 날 사랑하는 법을 배워야 한다. 내게 '상관없어'라고 말해 주고 날 놓아줘야 한다. 날 놓아주는 것이야말로 내게 베풀 수 있는 가장 큰 관용이다. 내게 너그러워지는 것이야말로 날 사랑하는 가장 효과적인 방법이다. 내게 '상관없어'라고 말해 주라는 건 날 포기하라는 뜻이 아니라 날 몰아세울 필요가 없다는 뜻이다. 할 수 있는 일은 하되 해내지 못했을 땐 스스로를 용서할 줄 알아야 한다는 뜻이다.

당신을 좋아하지 않는 사람 때문에 열등감을 느끼기보다 누군가 당신을 좋아한다는 사실에 기쁨을 느껴 보자. 당신의 리듬에 맞춰 천천히 걸어가도 괜찮다. 그래야만 진정으로 나답게 살 수 있다. 억지로 훌륭한 사람이 되는 길을 걷기보다 나만을 위한 특별한 길을 걷자. 날 위해 내 손으로 만드는 인생의 길 말이다.

당신의 참모습으로 살아도 누군가는 당신을 좋아하고 누군가는 싫어할 수 있다. 또 누군가는 당신을 훌륭하다고 평가하지만, 누군가는 형편없다고 평가할 수도 있다. 다른 사람인 척 살아도 이런 사실은 변하지 않는다. 다른 사람인 척 꾸미고 살아 봐야 더 피곤하고 긴장되고 어색하고 큰 좌절을 느낄 뿐이다. 그런데도 척 하며 살 필요가 있을까?

진정한 당신 모습 그대로 살며 누군가의 사랑을 받길 기다리는 것만으로도 충분하다.

부탁을 쉽게
거절하지 못하는 이유

착한 아이 콤플렉스

얼마 전 한 여성이 털어놓은 불만을 듣다 보니 느끼는 점이 많아 이 글을 통해 내 생각을 이야기해 보고자 한다. 그녀를 Y로 부르겠다. Y는 한 회사의 영업 직원으로, 거창한 배경이나 엄청난 실적 또는 사회적 권력이 전혀 없는 평범한 직장인이다. 그런 Y에게 불만이 있었다.

첫째, 시도 때도 없이 야근해야 했다.

늦게까지 야근하는 일이 부지기수였다. 회의를 업무 시간에 하지 않고 꼭 퇴근 전에 해서 야근을 시키고, 일단 회의를 시작하면 언제 끝날지 기약이 없었다. 고객이 찾아오면 야근하고, 고객이 약속에 나타나지 않으면 하염없이 기다려야 했으며, 고객이 자리를 떠날 생각이 없으면 당연히 그만큼 퇴근이 늦어졌다. 회식을 이유로 야근하는 날도 많았다. 시도 때도 없이 저녁 회식을 했고, 상사들은 회사 단합과 돈독한 동료 관계를 위해서라며 회식에 빠지면 안 된다고 했다. 연장 근무나 주말 근무도 잦았다. 때론 일이 바빠서, 때론 실적이 모자라서 연장 근무를 했다. 또 회사에서 실적 미달을 이유로 휴가를 취소해 버리고 연장 근무를 시키기도 했다. 아무런 이유 없이 연장 근무를 시키는 날도 많았다. 점심에도 쉬지 않고 일했다. 고객이 11시에 방문하면 점심 식사는 뒤로 미뤄야 했고, 오후 3시에라도 먹을 수 있으면 다행이라고 생각했다.

둘째, 생트집 잡는 고객을 응대해야 했다.

Y는 "영업하는 사람한테는 고객이 왕이잖아요"라고 말했다. 하늘 같은 고객에게는 무조건 비위를 맞춰야 했다. 그런데 한참 왕 대우를 받은 고객은 어느새 자기가 진짜 왕이라도 되는 듯 굴었다. 고객들은 장난치고, 트집 잡고, 스트레스를 풀고는 떠나 버렸고 혼자 남은 Y는 한숨만 쉬었다. 그래도 가끔은 운이 좋아 동료와 함께 한숨을 쉬는 날도 있었다. 그렇게 '영업이 그렇지 뭐. 계약은 따내지 못했지만, 그래도 계약할 의사가 있는 고객이든 그런 척하는 고객이든 응대는 성실히 해야지' 하며 스스로를 다독였다.

셋째, 비상식적인 상사 때문에 두려웠다.

어찌나 잔소리가 심한지 Y는 상사에게 물을 한 잔 가져다주며 "입도 안 아프세요?"라고 물어보고 싶다고 했다.

어느 날 Y가 생리 휴가를 신청하자 상사는 "생리는 누구나 하는 거잖아. 호들갑 떨지 마"라고 쏘아붙였다. 이 외에도 갓 결혼한 동료가 임신하자 상사는 임신한 동료를 쫓아내려고 일부러 업무 난이도가 높은 구매·조달 팀으로 전근시켜 버렸다. "스트레스받으면 배 속 아이한테 안 좋잖아"라는 핑계를 대면서 말이다. Y는 자신의 미래를 보는 것 같아 두려웠다고 말했다.

넷째, 동료 관계가 복잡했다.

동료 관계는 겉으로 보기엔 좋아도 뒤에선 여러 일이 벌어지는 '피상적인 관계'에 불과했고, 조그마한 회사 안에서 서로 얽히고설켜 복잡하기 그지없었다. 그래도 Y는 동료들과 경쟁하거나 아귀다툼을 벌인 적이 없었다. 누가 그녀와 실적 때문에 다투기라도 하면 그냥 그녀가 양보했다고 한다.

다섯째, 결혼 상대를 아직 찾지 못했다.

청춘을 회사에 바치고 있으니 그럴 수밖에 없었다. 누구든 Y와 결혼하는 사람은 Y의 회사와 결혼하는 것과 마찬가지였다.

그녀의 이야기를 들어 주던 초반엔 Y가 측은하게 느껴져 "힘들지 않아요?"라고 물어봤다. 그러자 Y는 "힘들어요. 근데 다른 방법이 없잖아요. 이게 제 삶이고, 제 인생이고, 제 일이에요. 세상에 힘들지 않은 일이나 억울하지 않은 인생이 어디 있겠어요?"라고 말했다.

Y는 자신의 인생 철학을 내게 거듭 설명했다. 그녀의 말을 듣다 보니 내 삶이 너무 거짓된 것처럼 느껴졌다. 내 소득은 Y보다 약 20배가 많은데, 고생은 Y의 20분의 1도 하지 않으니 말이다.

나는 Y에게 "거절해 봐요", "일을 그만두세요", "일을 바꿔 보세요"라며 조언하기도 하고 "창업해 보는 건 어때요?", "뉴미디어 같은 새로운 일을 시도해 보는 건요?"라며 여러 가지를 제안했다. 그러나 Y는 어리둥절한 표정으로 "그러고 나면 뭘 어떻게 해요?"라고 질문해 내 말문을 막히게 했다. Y가 지금보다 더 쉽고 풍요로운 삶을 살지 못하는 이유는 그녀에게 능력이 없어서가 아니었다. 자신의 심리적 상태를 깨닫지 못해서였다.

마음속 착한 아이와 이별해야 한다

Y는 권위에 무조건 복종해야 한다는 논리를 의식하지 못했다. '상사는 권위를 가지고 있으니 나는 무조건 상사 말을 따라야 해. 상사가 아무리 불합리한 요구를 해도 절대 거절하면 안 돼. 내가 뭔가를 요구했다가 거절당하면 나는 견딜 수 없을 거야. 내 모든

건 힘을 가진 사람, 권위적인 존재가 마음대로 결정할 수 있고 나는 그 결정에 복종하고 따라야 해. 그 결정이 마음에 들지 않고 싫어도, 불편함을 꾹 참고 억지로라도 따라야 해'라는 논리였다.

Y는 이런 논리에 휘둘리며 살면서도 자신의 문제는 깨닫지 못했다. 나는 Y에게 "저 오늘은 저녁에 약속이 있어서 야근 못 해요, 먼저 갈게요"라고 말해 보라고 제안했다. 그러자 Y는 내가 말도 안 되는 농담을 한다며 "그랬다가 해고라도 당하면 어떻게 해요"라고 대답했다.

사실 지칠 만큼 지친 Y도 일을 계속하고 싶은 생각은 없었다. 그러나 Y는 사직을 선택하는 자신은 받아들일 수 있어도 해고당하는 자신은 절대로 받아들일 수 없었다. 그러나 한 꺼풀 더 들어가 보면 Y가 진짜 받아들일 수 없는 건 해고가 아니라 한 번도 본 적 없는 과격한 행동을 하는 자기 모습이다. Y의 세상에선 과격한 행동은 있을 수 없는 일이기 때문이다.

Y는 권위란 복종하는 걸로 생각했을 뿐 거스르는 방법도 있다는 걸 몰랐다. 거절하기는 권위에 반기를 드는 가장 간단한 방법이다. 그보다 어려운 방법은 무시하기 그리고 가장 수준 높은 방법은 요구 내세우기다. Y에겐 그 어떤 것도 상상할 수 없는 일이었다. Y의 세상에서는 힘 있는 존재, 상사, 회사 등에 자신의 요구를 내세운다는 건 상상도 할 수 없고 절대 행동으로 옮길 수 없는 일이었다. Y는 그저 묵묵히 일하고 복종하고, 열심히 노력하면서

승진을 기다리는 일밖에 몰랐다. 그녀는 "하늘은 스스로 돕는 자를 돕는다"라는 말을 믿었다. 하지만 '하늘은 주도적이고 적극적으로 스스로를 돕는 자를 돕는다'라는 말은 몰랐다.

전형적인 착한 아이들은 '저는 아무 잘못도 하지 않았으니 혼내지 마세요', '말 잘 들을 테니 저를 버리지 마세요', '당신의 기대에 부응하기 위해 노력할게요. 저를 비난하지 마세요'라는 논리를 가지고 있다.

힘 있는 존재와 나를 평등한 관계라고 느끼기 위해선 거절하기, 무시하기에서 나아가 요구를 내세울 줄 알아야 한다. 하지만 착한 아이는 힘 있는 존재와 평등해질 수 있다는 사실을 받아들이지 못한다. 그래서 힘 있는 존재 앞에서 Y는 서러움을 참아 가며 명령에 절대적으로 복종한다. 그래야 익숙하고 안전한 느낌을 느낄 수 있기 때문이다.

고객과의 관계도 마찬가지다. 업무적으로 보면 고객은 절대적인 힘을 가진 존재다. 그래서 Y는 고객의 요구 사항이라면 뭐든지 발 벗고 나서서 게으름 부리지 않고 비굴할 정도로 자신을 낮추며 미소 띤 얼굴로 고객의 비위를 맞췄다. 고객 응대를 위해서라면 Y는 맛있는 음식, 약속, 운동, 영화 감상 등 뭐든지 포기할 수 있었다.

그런 Y에게 나는 왜 자신을 위해 고객에게 말하지 못하냐고 물어봤다.

"미스터 왕, 오늘은 너무 늦었네요. 저는 퇴근해야겠어요. 구입하고 싶으시면 내일 다시 논의할까요?"

"미스 리, 점심시간이라 밥 먹으러 가야겠어요. 혹시 시간 있으시면 한 시간 후에 다시 이야기하거나 다음에 계속 이야기해요."

"장 선생님, 오늘은 제가 일이 있어서 응대를 하지 못하겠네요. 다음 주 화요일에 만나 이야기해도 될까요?"

그러자 Y는 놀라 식은땀을 뻘뻘 흘리며 고객에게는 죽어도 그런 말을 할 수 없다며 손사래를 쳤다. "고객한테 어떻게 그래요"라고 말했다. 그 말에 나는 "고객이면 뭐가 어때서요? 인센티브가 그렇게 중요해요? 제때 끼니 챙기는 일보다 중요해요? 당신도 그와 거래가 성사될 가능성이 크지 않다는 걸 알면서도 거절하지 못하는 것뿐이잖아요"라고 말했다. 이어서 영업에 관한 내 이론을 설명했다. 나는 영업이 권위형 영업과 영합형 영업, 두 종류로 나뉜다고 생각한다. 재테크, 은행, 부동산, 보험, 상공업 등 어떤 업종에서든 두 종류의 영업 사원을 만날 수 있다.

권위형 영업의 특징은 고객이 먼저 영업 사원의 비위를 맞춘다는 점이다. 영업 사원이 자신을 외면할까 봐 두려워하기 때문이다. 전문가, 작가, 인플루언서, 강사, 친구 등이 권위형 영업 사원에 속한다.

영합형 영업은 반대다. 고객이 자신을 외면할까 봐 영업 사원이 고객의 비위를 맞추기 위해 노력한다. 쇼핑센터 점원, 서비스 센터 상담 직원, 식당 종업원 등 불리는 이름만 다를 뿐이지 모두 영합형 영업 사원이다.

"제가 바로 영합형 영업 사원으로 일해요"라고 Y는 말했다. 그러나 나는 그렇지 않다며 "당신의 의지에 따라 업무상 위치는 바뀔 수 있고, 자신의 자리에서 남들과 다른 특별함을 만들어 낼 수 있어요. 나도 힘 있는 사람으로 대우받을 자격이 있다고 생각하느냐 그렇지 않으냐에 따라 달라질 뿐이에요"라고 말해 줬다.

두 영업 방식의 가장 큰 차이점은 자신이 발언권을 갖고 있는지를 의식하는가 의식하지 못하는가다. Y의 세상에 '발언권'이란 단어는 등장한 적이 없었다. 고객 앞에서, 트집 잡는 동료 앞에서, 비정상적인 상사 앞에서 Y는 자신이 발언권을 가지고 있다고 의식해 본 적이 없다.

발언권이란 관계의 주도적인 위치를 차지할 줄 아는 능력이다. 직급과는 아무 상관이 없다. 요즘 즐겨 보는 사극 드라마 〈삼국기밀: 한헌제전〉만 봐도 그렇다. 조조의 참모 곽가는 조조보다 낮은 위치의 사람이지만, 항상 당당하고 또 주군보다 더 많은 발언권을 가진다. 반면 발언권 갖는 걸 두려워하는 Y는 남이 자기 걸 뺏으면 순순히 뺏기고 남이 뭔가를 요구하면 순순히 따랐다.

Y의 처세술을 네 가지로 정리하자면 '싸우지 않기', '빼앗지 않기', '고분고분하기', '반항하지 않기'였다. 또 Y의 인생 신조를 한마

디로 정리하자면 '말 잘 듣는 사람이 되자'였다. 상사의 명령, 고객의 말, 세상 돌아가는 이치, 사회의 규칙, 동료의 요구에 따라 말잘 듣는 사람이 바로 Y였다. 누가 됐든, 무엇이 됐든 Y는 위협이된다고 느끼면 두말하지 않고 자신의 발언권을 내줬다.

Y는 내게 "선생님, 전 당신 같은 사람이랑 달라요. 당신 같은 사람은 능력이 있으니까 마음대로 할 수 있잖아요"라고 말했다. 그러나 나는 "그렇지 않아요. 회사에서 당신을 해고하지 않는 이유는 당신이 능력 있는 사람이라 그런 거지, 말 잘 듣는 사람이라서그런 게 아니에요. 능력 없는 사람이라면 아무리 말을 잘 들어도언젠가는 밀려나기 마련이에요. 고분고분한 태도는 해고를 늦출뿐이지 해고되는 운명을 바꾸진 못해요"라고 설명했다.

그러나 Y는 '어떻게 하면 말을 더 잘 들을 수 있을까? 어떻게 하면 자신을 낮추고 말을 잘 들을 수 있을까?'에 삶의 중심을 두고시간을 허비하고 있었다. 결국 기진맥진해서 자기 계발에 쓸 시간도 에너지도 남아 있지 않았다.

나를 되찾을 특별해질 용기

Y에게는 거절하고, 반항하고, 원하는 걸 싸워 얻고, 마음 가는대로 행동하고, 도전할 용기가 없었다. 그중에서도 가장 극복하기어렵고 자신도 알아차리지 못한 용기가 있었다. 바로 특별해질 용기였다. 전 직원이 묵묵히 야근하는데 혼자 퇴근할 용기는 없었

다. 전 직원이 고객의 비위를 맞추기 위해 노력하는데 혼자 고객에게 소홀한 직원이 될 용기는 없었다. 전 직원이 다 꾹 참고 있는데, 혼자 반항할 용기는 없었다. 이런 행동을 하면 튀는 사람, 반항심 있는 사람, 내 길만 가는 사람처럼 보이니 말이다.

다른 사람과 다르다는 건 안정감에 부담을 준다. '순응'이라는 인간의 본능을 거스르기 때문이다. 사회에 순응하면 평범하기 짝이 없는 사람이 되지만, 안전하게 살 수 있다. 이는 안전한 삶을 추구하면 비범한 사람은 될 수 없다는 뜻이기도 하다. 그래서 Y는 애간장을 졸이고 녹초가 될 때까지 고생하고 수고하기만 할 뿐 자신을 더 편하게 만들려는 시도는 하지 못했다.

특별한 사람이 될 용기가 없다는 점을 좀 더 깊이 생각해 보면 진정한 자신이 되고 자아를 가질 용기가 없다는 뜻이다. 진정한 자신을 찾으면 유일무이한 특별한 존재가 돼 버리니까 말이다.

권위와 규칙의 요구에 따라 맡겨진 일을 묵묵히 해내면 당신은 권위가 가장 큰 기대를 거는 사람이 되고 권위는 당신을 괴롭히지 않으니 안전해진다. 하지만 진정한 자신으로 살 기회는 잃어버린다. 자신만의 생각을 가지거나, 나만의 방법대로 행동하거나, 사적인 일을 가지는 건 금지되고 자아도 없어야 하며 생각, 의견, 일은 모두 권위의 입김에 좌지우지된다. 그러다 내면의 자아가 깨어나도 알아서 억누르며 권위에 복종해야 한다.

자아가 있는 사람이라면 이런 삶은 지옥처럼 느껴진다. 욕구와 권위의 요구 사항이 서로 충돌해도 반항할 능력이 없으니 얼마나 고통스럽겠는가? 그래서 자신을 구하기 위한 가장 좋은 방법은 자아를 포기하는 것이다. 권위를 위해 모든 걸 바치며 무지몽매한 상태로 살면 된다. 비범함, 자아 따위가 왜 필요하겠는가? 복종만 하면 되는데 말이다.

그러나 착하게 말 잘 듣는 아이가 되면 기계로 찍어 낸 똑같은 인간이 되고 만다. 그러고 나면 자신을 위로하고 마음을 편하게 만들고자 자신에게 '다들 똑같이 살아, 사는 게 다 그렇지, 억울한 일 한 번 겪어 보지 않은 사람이 어디 있어'라는 삶의 이치를 주입한다. 그러나 이런 말은 자아를 찾을 용기가 없어서 하는 말에 불과하다.

특별한 사람이 될 용기가 없다는 것도 이해는 간다. 권위는 당신에게 상처를 주기도 하지만 당신을 보호해 주기도 하니까 말이다. 권위의 그늘에서 벗어나 혼자 살아갈 자신도 없고 권위와 평등해질 만큼 자신이 가치 있는 사람이라는 믿음도 없다면 착하게 말 잘 듣고 밥벌이나 하면 된다.

직업병이 도져서 Y에게 부모님과의 관계에 대해서도 물어봤다. 그러자 Y는 좋아한 남자가 있긴 했지만, 엄마가 반대해서 오래 만나지 못했고, 지금도 엄마 말대로 밤 10시 전에 꼭 귀가한다고 했다. 집안일은 뭐든지 엄마 마음대로 결정하고, Y는 엄마가 시키는 대로만 해야 한다고 했다.

나는 Y에게 "반항기를 겪은 적이 있나요?"라고 물어봤다. 그러자 Y는 "없어요"라고 대답했다. 나는 '그러면 그렇지, 역시 말 잘 듣는 착한 아이구나'라고 생각하며 미소 지었다. 아무래도 Y는 너무 착한 아이가 된 나머지 권위에 중독된 듯했다.

행복을 주고
사랑을 달라고 하는 사람

회유형 성격

사티어의 역기능적 의사소통 유형 분류에 따른 회유형 성격은 다음과 같은 특징을 가진다.

- 남의 기분이 상할까 봐 두려워하고, 부정적인 감정을 자신이 책임지고 돌봐야 한다고 생각한다.
- 남의 비위를 잘 맞춘다. 상대방이 좋아할 일이나 기뻐할 행동을 자신도 모르게 하거나 의도적으로 한다. 상대방이 기뻐하는 모습을 확인한 후에야 마음이 놓인다.
- 남에게 민폐를 끼칠까 봐 걱정한다. 혼자 할 수 있는 일이라면 아무리 힘들어도 남에게 도움을 요청하지 않고 직접 해결

한다.

- 남의 시선에 신경을 많이 쓴다. 호감을 사고 싶어 하고 싶지 않은 일이라도 억지로 참는다.
- 쉽게 상처를 받는다. 부정, 비난, 공격을 받을까 봐 걱정하며 쉽게 상처받고 슬퍼한다.
- 갈등이 생길까 봐 두려워한다. 상대방과 의견 차이가 생겼을 때 나서서 쟁취하기보다는 자기 의견을 굽힌다.
- 거절에 서투르다. 남의 요구를 거절할 때 입이 잘 떨어지지 않는다. 그래서 도가 지나친 요구도 참고 또 참는다.
- 요구할 줄 모른다. 직원 해고, 월급 인상 요구 등 남에게 뭔가를 요구하는 게 특히 어렵다.
- 쉽게 화를 낸다. 남을 회유하다 보면 억울함을 많이 느끼는데, 억울한 감정이 계속 쌓이다가 쉽게 터지고 만다. 자신의 욕구를 직접적으로 표출할 수 없어서 분노라는 부정적인 방식으로 표출한다.
- 남에게 빚질 줄 모른다. 항상 내 주기만 할 뿐 남에게 마음의 빚을 지거나 도움을 받으면 자괴감을 느낀다. 또 누군가가 잘해 주면 불안해하고 자신은 그런 친절을 받을 자격이 없다고 생각한다.

이 기준에 하나도 해당하지 않고 당당하게 "저는 회유형 인간이 아니에요!"라고 말할 수 있는 사람이 몇이나 될까?

나도 회유형 성격일까?

회유형 성격의 소유자는 자신보다 남이 더 중요하다고 생각한다. 그래서 남을 행복하게 해 줘야 자신이 안전하고 사랑받을 수 있다고 생각한다. 또한 자신이 희생되는 것도 아랑곳하지 않고 상대방의 감정과 욕구를 자신의 것보다 더 우선시한다. 상대방과 자신이 특별한 사이가 아니어도, 설령 상대방을 싫어해도 그렇다.

겉모습만 봐서는 회유형 성격을 가진 사람인지 아닌지 알 수 없다. 똑똑하고, 성격이 강하고, 말도 잘하고, 패기 넘치고, 거칠어 보이고, 화도 잘 내고, 절대 먼저 머리 숙이지 않는 사람처럼 보이기도 하지만 마음속에는 두려움과 걱정으로 가득 차서 어쩔 줄 모른다. 한마디로 '네가 먼저 잘돼야 내가 편해, 네가 잘 안되면 내 책임이야'라는 생각으로 산다.

성격에는 안정성이 있지만, 회유라는 행동에는 안정성이 없다. 그래서 나는 회유를 성격의 일종으로 보는 걸 찬성하지 않는다. 회유형 성격의 소유자는 어떤 사람 앞에서는 그의 기분을 상하게 할까 봐 두려워 회유하지만 또 어떤 사람 앞에서는 회유하기는커녕 힘 자랑을 하기 때문이다.

곰곰이 생각해 보면 나도 택시 기사, 예쁜 아가씨, 상사, 고객, 부하 직원 그리고 생판 모르는 낯선 사람의 환심을 사려고 회유형 성격의 소유자가 된 적이 있었다. 반면에 여자 친구, 부모님, 나를 화나게 만든 사람들 그리고 나의 환심을 사려고 노력해 본 적은 없었다.

사실 타인의 환심을 사려는 회유형 성격은 모든 사람에게 조금씩 있다. 하지만 아무리 생각해도 회유란 습관적인 행동에 불과할 뿐, 인격이나 성격이라고 정의하기엔 부족한 면이 있다. 심지어 모든 사람에게 찾아볼 수 있는 특징이라면 비정상이라고 정의하기도 어렵다. 그러니 "저는 줏대 없는 회유형 성격의 소유자예요"라고 자신을 탓하며 성격을 고치고 싶다고 생각했던 사람이라면 너무 걱정하지 말자. 이 지구상엔 당신과 같은 사람이 60억 명이나 있다.

우리가 만나는 사람은 환심을 사고 싶은 사람과 그렇지 않은 사람, 두 종류로 나눌 수 있다. 두 부류의 차이는 안전하지 않은 사람과 안전한 사람이라는 것뿐이다. 이 차이는 겉모습에 따라 나뉘지 않는다. 상대방이 나에게 위협이 되는지, 그 위협이 내가 통제 가능한 수준인지를 잠재의식이 알아서 판단해 준다. 상대방이 내게 위협이 될 뿐만 아니라 통제 불가능한 수준이라고 느낀다면 잠재의식이 나를 회유형 성격 모드로 바꿔 놓는다.

반면 내게 위협이 되지 않거나 통제 가능한 수준이라고 판단되면 잠재의식은 나를 다른 사람은 무시하고 나밖에 모르는 비난형 성격 모드로 바꿔 놓는다. 이때 내 마음속에 긍정적 에너지가 가득하다면 상대방을 포용하고 사랑할 줄 아는 포용형 성격 모드로 들어갈 수도 있다. 인간의 본능이 이렇다. 그래서 약한 사람 앞에서 강해지고, 강한 사람 앞에서는 약해지곤 하는 것이다.

우리는 친구가 내게 뭔가를 요구하거나 친구의 기분이 나빠 보이면 위협을 느끼고, 이 상황을 '나한테 삐쳐서 기분이 나쁜 걸까? 나를 욕하고 다니면 어떡하지? 요구를 들어주지 않으면 나를 싫어하고 멀리할지도 몰라. 나 때문에 상처받았을까? 그렇다면 난 정말 형편없는 사람이야'라고 해석한다. 이런 해석을 받아들이기 어렵다면 피해야 한다. 어떻게 피해야 할까? 친구가 기분 나빠지고 실망하는 상황을 피하면 된다. 그러면 당신은 안전함과 사랑의 가능성까지 얻을 수 있다.

안전은 인간의 첫 번째 본능이다. 살아남으려면 안전해야 하기 때문이다. 그러나 다른 해석을 받아들이면 어떻게 될까? 친구가 나를 어떻게 생각하든, 나를 멀리하든, 좋아하든, 무슨 짓을 하든, 형편없는 사람이라고 생각하든 말든 전혀 개의치 않는다면 말이다. 또는 친구가 절대로 나를 버리지 않을 거라고 굳게 믿거나 아무리 기분이 상해도 친구는 내게 벌을 줄 힘이 없다는 걸 알고 있다면, 그래서 친구가 상처받든 말든 개의치 않으면 어떻게 될까?

그땐 거절이 얼마나 쉬운 일인지를 깨닫고 친구의 환심을 사려는 일은 하지 않게 된다. 또 그런 친구를 만날 땐 자신의 욕구를 친구의 욕구보다 더 우선시하게 된다.

우리는 때로 우리와 별 관계가 없는 사람의 환심을 사려고 회
유하기도 한다. 그리고 대개 택시 운전기사나 피상적인 관계의 친
구처럼 당신에게 크고 강한 존재들이 그 대상이다. 그리고 우리는
친밀함에 대한 갈망이 클수록 모든 만남에 신경 쓴다. 특히 얕은
관계에 더 신경을 쓴다. 약간의 실수에도 잃어버릴 수 있는 위험
한 관계이기 때문이다. 그래서 이런 관계를 유지하기 위해 조심하
고 회유한다. 하지만 깊은 관계를 유지하기 위한 노력은 하지 않
는다. 어차피 하루아침에 끊어질 관계가 아니라고 생각하기 때문
이다.

두려움에 가려진 진짜 욕구

베이징의 한 월셋집에서 살았을 때다. 아파트 공동 구역에 이
웃이 키우는 대형견의 오줌 지린내가 진동하는 통에 보통 괴로운
게 아니었다. 여러 차례 이웃에게 개의 대소변 처리 좀 잘해 달라
고 말하고 싶었지만, 용기가 나지 않았다. 후에 심리 상담사와 이
야기하던 중 그 행동이 회유에 속한다는 걸 알게 됐다. 그 문제를
이웃에게 제기하면 이웃은 나를 나쁜 사람이라고 생각하고 미워
하게 될까 봐 두려웠던 것이다. 아직 제대로 만나 본 적도 없는 사
람을 적으로 돌리면 그를 완전히 잃게 될까 봐 두렵기도 했다.

결국 나는 이웃에게 따지러 가지 못했다. 그렇다고 우리 사이

에 왕래가 있거나 그가 내 친구가 된 것도 아니었다. 친구가 될 가능성은 있는 모호한 상태였을 뿐이었다. 그런데 내가 그의 심기를 거스르면 그런 가능성조차 없어진다는 게 두려웠다. 나한테 별로 중요하지 않은 사람이라고 해도 우리의 관계가 호감과 비호감 사이에 붕 떠 있는 상태로 머물러 있었으면 했지, 확실히 비호감으로 기울어지는 건 원하지 않았다. 모호한 상태를 만들고 미움받는 걸 피하려고 나를 억압했다.

우리는 왜 관계에 신경을 쓰고 친밀감을 갈망할까? 재밌게도 자기 행농을 투사하기 때문에 그렇다. 당신은 어떤 관계도 진지하게 생각한 적이 없다. 진심으로 관계를 맺거나 평생 누군가와 함께하겠다고 다짐한 적도 없다. 그래서 당신은 항상 도망갈 길을 열어 두고 언제든지 떠날 준비를 한 채 관계를 맺는다. 덕분에 안전함을 느끼지만, 동시에 불안정한 관계 때문에 불안감도 느낀다.

당신은 안정적인 관계를 만들 생각도 없고 관계를 통해 안정감을 느끼지도 못한다. 당신은 언제든지 떠날 준비가 돼 있기 때문에 상대방도 언제든지 당신을 떠날 수 있다고 생각한다. 그런데 당신은 친밀감을 갈망한다. 그래서 가볍고 피상적이지만, 안전한 관계를 많이 맺으며 친밀감을 얻으려고 한다. 반대로 깊고 끈끈하고 장기적인 관계는 위험하다고 느낀다.

'저 사람이 나를 싫어하면 어쩌지?' 하는 두려움을 품는 순간 상대방은 내게 필요한 사람이 되고 나보다 더 크고 강한 존재가 된다. 내게 필요한 사람일수록 그는 내 마음속에서 더 강하고 더 큰 존재가 된다.

우리는 왜 남이 기분 나빠하고, 실망하고, 짜증 내면 두려울까? 여기에는 두 가지 이유가 있다.

첫째, 우리의 잠재의식은 기분 나쁜 사람의 위협을 부풀린다.

부모님이 기분이 나쁘거나 실망했을 때마다 벌을 받고 혼이 났던 어린 시절의 경험 때문이다. 조건 반사를 만들어 내고, 타인이 기분 나쁘거나 실망한 상황에 부딪히면 본능적으로 공포감에 휩싸인다.

둘째, 남의 부정적인 감정을 내가 책임져야 한다는 생각에 회유하게 된다.

기분이 나빠지거나 실망하면 상대방은 당신과 심리적으로 멀어져야겠다고 결심하기도 한다. 관계가 끊어지진 않지만, 심리적으로 멀게 느껴진다. 그래서 당신은 상대방이 기분 나쁜 채로 있는 것도 관계가 멀어지는 것도 받아들이지 못한다. 당신은 사랑이 필요하기 때문이다. 관계의 안정성을 내가 책임져야 한다는 생각 때문에라도 회유하게 된다. 상대방이 당신의 약점을 쥐고 벌줄 힘까지 있다면 당신은 너무 두려운 나머지 안전함과 사랑을 얻으려고 상대방을 회유한다.

반면 당신을 벌줄 힘이 없는 사람에겐 대담하게 안전함과 사랑을 요구한다. 약한 자에게 강하고 강한 자에게 약한 본능에 따라서 말이다. 덕분에 우리는 더 잘 살아갈 수 있으니 스스로를 혼낼 필요는 없다.

중요한 건 눈을 뜨고 현실을 직시하는 것이다. 이제 당신은 아이가 아니라 어른이고 과거와 달리 안전하다. 또 다른 사람들의 부정적인 감정도 책임질 필요 없다. 당신은 이제 타인의 사랑이 없으면 살아갈 수 없는 어린아이가 아니다. 사랑을 잃은 후 밀려드는 외로움도 견딜 수 있는 어른이다. 앞으로 남을 회유하는 자신의 모습을 봐도 '나는 회유형 성격이야'라며 자기혐오에 빠질 필요 없다.

대신 마음속으로 용감하게 욕구를 인정해 보자. '나는 네 사랑이 필요해, 나는 네가 날 싫어할까 봐 두려워'라는 욕구 말이다.

비난에도 상처받지 않고
대처하는 법

맞받아치는 능력

남에게 비난, 부정, 비판, 평가당하는 건 참 기분 나쁜 일이다. 모든 일은 의지와 근성에 따라 달라진다고 강조하는 사이비 심리학자들은 '마음 수양'을 통해 분노하지 않는 법을 수련하라고 조언한다. 아주 지혜롭고 좋은 방법이라는 점에는 나도 동의한다. 하지만 내가 보기에 가장 중요한 한 단계가 빠져 있다. 우리같이 평범한 사람은 비난당하면 우선 분노를 느낀다. 또 대부분은 분노만 할 뿐 그 자리에서 맞받아칠 줄 아는 사람은 많지 않다.

비난 앞에서 분노를 느끼지 않는 가장 좋은 방법은 맞받아칠 능력을 가진 사람이 되는 것이다. 맞받아칠 것인가 말 것인가를 선택하는 일은 차후의 문제다.

모진 말을 들어도 분노를 느끼지 않는 사람이 있다고 가정해 보자. 그 사람이 맞받아칠 능력도 없으면서 "저는 비난을 들어도 침착할 수 있는데요"라고 말한다면 자기 위로에 불과하다. 《이솝 우화》에서 포도 딸 능력이 없어 한 알도 맛보지 못해 놓고 "저 포도는 시어 터져 먹어 봐야 맛도 없을 거야!"라고 했던 여우처럼 '화나도 맞받아치지 않은 이유는 능력이 없어서가 아니라 내가 더 나은 인간이기 때문이야'라는 자기 합리화에 빠져 있을 가능성이 크다.

맞받아치는 능력이 있을 때와 없을 때를 쇼핑에 비유해 볼 수도 있다. 똑같이 쇼핑몰에 갔다가 빈손으로 돌아와도 지갑이 두둑할 때와 빈털터리일 때는 느낌이 완전 다르니 말이다. 지갑에 돈이 충분히 있는 사람이 쇼핑몰에 갔다가 빈손으로 돌아왔다면 "옷들이 별로라 안 샀어"라고 말해도 다들 그 말을 믿는다. 하지만 빈털터리 상태로 쇼핑몰에 갔다가 빈손으로 돌아와 "옷들이 별로라 안 샀어"라고 말한다면 사람들은 당신의 말을 곧이곧대로 듣지 않는다.

따라서 맞받아치는 능력을 기르는 게 비난당해도 분노하지 않는 능력을 기르는 것보다 먼저다. 당신이 무덤덤하게 맞받아친 한마디에 상대방은 얼굴이 붉으락푸르락해지면서 꿀 먹은 벙어리가 된다고 생각해 보자. 속이 얼마나 시원할까?

전국 시대 노나라의 공학자인 공수반은 무기를 발명했다. 송나라를 공격하기 위해서였다. 소식을 들은 사상가 묵자는 공수반의 송나라 공격을 막고자 그를 찾아가 모의 전쟁에서 자신이 이기면 송나라 공격을 포기해 달라고 요청했다. 제안에 응한 공수반은 다양한 전략을 동원해 공격했으나 묵자는 가볍게 맞받아치고 결국 승리를 거뒀다. 《묵자》〈공수〉 편에 "이 모의 전쟁에서 공수반은 전술을 바꿔 가며 성을 공격했지만 묵자는 공격을 막아 냈고, 공수반의 갖은 무기에도 묵자는 여유롭게 방어했다"라고 기록돼 있다. 우리도 맞받아치는 능력을 기르면 묵자가 돼 볼 수 있다. 또 2000년에 방영했던 중국 드라마 〈서유기 후전〉에서 "난 힘도 제대로 안 썼는데 벌써 쓰러져 버렸네"라며 손오공이 적을 놀리는데, 그 손오공이 돼 볼 수도 있을 것이다.

'맞받아치는 능력'을 가지면 상대방을 진심으로 이해하고 위로하는 방법도 알 수 있고, 간단한 말 한마디로 제대로 된 관계를 구축하는 방법도 알 수 있다. 독극물에 대해 잘 알아야 해독 전문가가 될 수 있고, 기계를 많이 해체해 봐야 엔지니어가 될 수 있으며, 인간의 신체 구조를 잘 파악하고 있어야 뛰어난 외과 의사가 될 수 있는 것처럼 말이다.

내가 쉽게 분노하는 이유

말 한마디로 맞받아치는 능력을 기르려면 우선 남이 나를 비난, 부정, 비판할 때 왜 분노를 느끼는지를 알아야 한다.

우리가 분노하는 이유는 다음과 같다.

첫째, 나의 잠재의식이 상대방의 비난을 인정하기 때문이다.

누군가 당신을 뚱뚱하다고 깔본다면 어떻게 반응할까? 자신이 뚱뚱하다고 생각하는지 아닌지에 따라 달라진다. 자신이 뚱뚱하다고 생각했다면 당신은 화낼 것이고, 그렇지 않았다면 웃어넘길 수 있을 것이다.

게으르고, 이기적이고, 신용도 없고, 자기중심적이라는 비난에는 어떻게 반응할까? 자신이 이런 사람이라는 사실을 인정하고 싶지 않으면 당신은 화낼 것이다. 하지만 아무리 생각해도 자신은 그런 사람이 아니라고 판단되면 마음에 거리낄 건 하나도 없으니 화낼 일도 없다.

남들이 나를 부정하고 비난하는 이유는 나와는 다른 시선으로 나를 보기 때문이다. 그런데 보는 시선이 다르다는 이유만으로 화를 낼 수 있을까?

둘째, 남의 공격을 받기 전에 먼저 스스로를 공격하기 때문이다.

뚱뚱하다는 비난에 당신은 어떻게 반응할까? 당신이 뚱뚱하다는 걸 어떻게 생각하느냐에 따라 달라진다. 뚱뚱하다는 걸 긍정적인 뜻으로 받아들이는 사람이라면 분명 기뻐할 것이다. 설령 상대방이 비꼬는 태도로 말했다고 해도 말이다. 반면 뚱뚱하다는 걸 부정적으로 생각하는 사람이라면 분노한다.

"너는 나이가 서른이 넘었는데 왜 결혼을 못 했니?", "서른 살이

나 됐는데 왜 아직도 자리를 못 잡았니?"라는 말을 들으면 발끈하고 화를 내는 사람이 있다. 그들은 자기가 먼저 '서른 넘어서 결혼도 못 한 나는 형편없는 사람이야', '자리도 못 잡은 주제에 고향에 돌아가지도 않다니, 다 내 잘못이야'라고 생각하며 자신을 공격한다. 그러나 자신은 자유를 사랑하고 꿈을 실현하기 위해 노력하는 사람이라고 굳게 믿으며 현재의 삶에 만족하고 있다면 비난을 받아도 화를 내기는커녕 웃어넘길 수 있다.

반면 분노를 느꼈다면 자신에게 만족하지 못하기 때문이다. 게으르고, 이기적이고, 신용이 없다는 비난을 듣고 발끈했다면 당신도 '이기적인 사람은 나쁜 사람이야', '사람은 신용을 지켜야 해'라는 말에 동의했을 뿐만 아니라 그런 자신을 미워하는 감정이 항상 마음 한구석에 있었다는 뜻이다.

이처럼 남한테 비난을 당하기에 앞서 항상 자신을 먼저 비난한다. 그래서 자신도 '이러면 안 된다'는 생각을 가지고 살다가 누군가가 그 생각을 콕 집어 말하니 분노를 느끼는 것이다.

셋째, 내가 필요로 하는 사람이 날 만족시키지 못하기 때문이다.

상대방의 비난에 동의하면 내가 형편없는 사람이라고 인정하는 게 되기 때문에 상대방에게 비난을 멈춰 달라고 요구한다. 그런데 나의 기대가 어긋나면 분노하게 된다. 내가 원하는 건 나에 대한 비난을 그만두는 것이고, 꼭 뭔가를 말하고 싶다면 칭찬만

해 줬으면 하는 것이다.

이처럼 상대방이 나를 인정해 주길 바라는 마음 때문에 우리는 화내고 상처받는다. 그런 기대를 하는 순간 상대방은 그 무엇보다도 필요한 존재이기 때문이다.

넷째, 상대방도 내게 뭔가를 기대하기 때문이다.

인간은 무의식중에 자신의 의견을 표현하면서 상대도 동의하길 기대한다. 그래서 누군가의 의견에 당신이 반박하면 상대방은 기대를 실현하고 싶은 마음에 더 강하게 당신을 공격한다. 자기 의견에 꼭 동의해 주길 바라기 때문이다.

반면 당신이 상대방의 비난에 반기를 든 이유는 남에게 인정받고 싶다는 자신의 기대를 실현하고 싶기 때문이다.

결국 둘은 각기 다른 기대를 실현하려고 서로 목소리를 높여 싸우는 셈이다. 생각해 보면 이런 행동은 서로에게 서로가 필요하다는 걸 완곡하고 진지한 방식으로 표현하는 것이기도 하다.

비난에 대처하는 수준 높은 자세

분노의 원인을 파악했다면 '맞받아치기'는 더 쉬워진다.

첫째, 인정하지 않는다.

나에 대한 상대방의 관점과 나의 관점은 같을 수 없다. 누군가가 날 뚱뚱하다고 비난하더라도 나는 내가 말라깽이라고 생각할 수 있다. 누군가는 날 이기적이라고 비난하지만, 내가 생각하기에 나는 특정한 사람에게만 인색할 뿐이다. 신용 없는 사람이라는 비난도 마찬가지다. 이번만큼은 특별한 이유로 약속을 지키지 못했지만, 평소의 나는 신용을 지키려고 노력하는 사람일 수도 있다. 모든 약속을 다 지킬 수 없었을 뿐이다. 게으르다는 비난도 그 사람의 기준일 뿐이다. 당신은 당신의 의견을 말하면 되고, 나는 내 생각을 믿으면 된다. 사람마다 보는 시각이 다를 뿐이다.

이처럼 나와 타인의 관점을 구분하는 방법을 익히면 분노를 사그라뜨릴 수 있다. 애초에 상대방의 관점을 인정하지 않으니 부정당할 빌미도 주지 않을 수 있다. 상대방이 아무리 비난을 쏟아 내봐야 당신 내면의 튼튼한 벽에 부딪혀 밖으로 튕겨 나갈 뿐이다. 그 순간 비난을 쏟아 낸 사람이야말로 거짓말쟁이가 된다.

둘째, 기대하지 않는다.

자신을 자랑스럽게 받아들일 줄 아는 건강한 자아 정체감을 가지면 남이 날 인정해 주길 바라지 않아도 된다. 이 세상에는 당신을 싫어하는 사람도 많지만, 당신을 좋아하고 인정해 주는 사람도 아주 많다. 그러니 모든 사람이 날 좋은 사람이라고 평가해 주길 기대할 필요는 없다. 누군가의 비난을 받았을 때조차 그가 날 좋은 사람이라고 생각해 주길 바랄 필요도 없다. 나에 대한 비난을 쏟아 낼 때 상대방이 날 인정해 줬으면 하는 기대를 버리자.

셋째, 자신을 그만 공격한다.

내가 이기적이고, 약속도 지키지 않고, 서른이 넘어서도 결혼하지 못하고, 자리도 잡지 못하고, 엉뚱한 짓만 하고 돌아다닌들 그게 뭐 어떤가? 이런 모습만이 내 전부는 아닌데 말이다.

단점 없는 사람은 없다. 단점을 인정하는 사람이 있는가 하면 그렇지 못한 사람도 있을 뿐이다. 완벽한 이타주의자, 한 우물만 파는 성실한 사람, 단 한 번도 약속을 어겨 본 적 없는 사람은 존재하지 않는다. 한 가지 특성으로만 사람을 판단할 수 없다. 이 세상에 절대적으로 선한 사람이나 악한 사람은 없듯이 장점이 있으면 단점도 있기 마련이다.

이처럼 자신의 단점을 받아들이고 자신에 대한 공격을 멈추면 남의 공격도 무력화할 수 있다. 설령 그의 비난이 모두 사실이라도 당신의 특정한 단점을 묘사하는 일에 그치기 때문이다.

상술한 다음의 세 가지 인식을 기본적으로 가지고 있으면 이제 한마디로 맞받아칠 수 있다.

"맞아, 나 원래 그래."
"맞아, 나 뚱뚱해."

"네 말이 맞아."

상대방은 잡히지 않는 물과 싸우는 느낌이 들 것이다.

태극권과 무에타이의 기술은 다르지만, 아주 강력한 힘을 자랑한다. 무에타이 기술은 빠르게, 정확하게, 강하게 공격하는 데 중점을 둔다. 상대방을 이기기 위해 정면에서 맞서 싸우며 사력을 다해 사납게 공격해야 한다. 물론 이런 식의 기술을 구사하려면 체급이 비슷해야 한다. 그렇지 않으면 훨씬 얻어맞을 뿐이다.

반면 태극권 기술은 상대방이 힘을 쓰는 방향을 파악한 후 같은 방향에서 힘을 쓴다. 상대방이 오른쪽에서 공격해 올 때 그를 붙잡고 오른쪽으로 더 끌어당겨 제 힘에 못 이겨 넘어지게 하는 식이다.

언어의 싸움도 육체의 싸움과 마찬가지다. 상대방이 비난하기 시작하면 우리는 상대방의 말이 나의 어느 곳을 공격하는지를 파악해 맞받아치며 브레이크를 걸어야 한다. 날 비난하려고 여러 가지를 준비해 온 상대방과 맞붙었을 때 1라운드부터 그의 말을 전부 인정해 보자. 상대가 날 비난하려고 준비했던 수많은 말이 턱하고 막혀 더는 튀어나올 수 없을 것이다.

더 높은 수준의 맞받아치기 기술을 쓰고 싶다면 우선 상대방의 비난에 동의한 후 그가 컨디션을 되찾기 전에 적극적으로 공격해야 한다. 한마디로 맞받아치기의 두 번째 기술은 '겉 다르고 속 다르게 말하기'다. 예를 들면 이렇다.

"맞아, 이기적인 건 형편없는 거지. 넌 완벽하게 이타적인 사람인가 보다. 와, 너 진짜 대단한 사람이구나."

"맞아, 게으른 건 형편없는 거지. 너는 엄청 부지런한 사람이겠구나. 와, 너 진짜 대단한 사람이구나."

"맞아, 돈 좀 있는 게 뭐 그렇게 대단하겠어. 너는 돈 욕심이 없겠구나. 와, 너 진짜 대단한 사람이구나."

"맞아, 서른 넘어서 결혼도 안 한 건 잘못된 일이지. 너는 서른 전에 결혼했나 보구나. 와, 너 진짜 대단한 사람이구나."

이런 공격에 상대방은 반박할 수 없다. 자신이 가진 높은 평가 기준으로 당신을 평가하려고 했지만, 당신의 말을 듣고 자신도 그런 사람이 될 수 없는 걸 알기에 속이 뜨끔해지기 때문이다. 완벽히 이타적인 사람, 돈 욕심이 전혀 없는 사람, 모든 약속을 다 지키는 사람, 절대적으로 부지런한 사람은 없다.

당신을 비난하고 공격하고 부정하는 사람은 사실 심한 자기 부정에 빠져 있을 가능성도 있다. 자기 부정에서 헤어 나오지 못하는 사람은 부정적인 감정을 타인에게 전이하고 공격함으로써 자신은 좋은 사람이라고 느끼고 싶어 하기 때문이다.

가난뱅이인 자신이 싫은 사람은 남에게 "돈 좀 있는 게 뭐가 그렇게 대단해!"라고 말하는 걸로 자신을 위로한다. 이때 당신이 그의 약점을 콕 집어 맞받아치면 그는 더 말문이 막힐 수밖에 없다. "도둑이 제 발 저리다"라는 속담처럼 당신이 화를 낼 때보다 맞받아쳤을 때 그는 훨씬 더 속이 뜨끔하고 쓰라릴 것이다.

그렇다면 나를 비난하는 상대와 관계를 유지해야 할 땐 어떻게 해야 할까? 가장 현실적인 방법은 상대를 진심으로 칭찬하는 것이다. 어떤 사람은 남에게 칭찬받고 싶은 잠재적 욕구 때문에 남을 비난하기도 한다. 일치형 의사소통을 통해 자신의 욕구를 표현할 능력이 없어서 남을 부정하는 방식으로 자신의 존재를 강조하는 것이다.

이제 당신은 심리학을 배웠으니 상대의 언어적 메시지와 비언어적 메시지의 불일치를 통해 그의 숨겨진 진짜 욕구를 찾아내 보자. 상대방이 비난한 당신의 단점이 칭찬을 듣고 싶어 하는 부분일지도 모른다. 당신을 게으르다고 비난했다면 그는 내심 당신으로부터 "넌 정말 부지런하구나"라는 칭찬을 바랐을 것이다. 또 서른 살이 넘어서도 아직 결혼을 안 했냐고 비난한다면 그는 내심 당신으로부터 "넌 일찍 결혼해서 좋겠다"라는 부러움 섞인 칭찬을 듣고 싶었을지도 모른다.

그는 자신의 욕구를 의식하지 못했을지도 모른다. 그래서 상대의 숨겨진 욕구를 찾아내 칭찬하는 게 가장 효과가 좋다. 칭찬받고 싶은 욕구를 인정하고 표출하는 것에 무의식적으로 수치심을 느꼈을 뿐 실제로는 칭찬받고 싶은 욕구로 가득 차 있다.

그들은 칭찬을 들으면 기쁜 표정을 감추지 못한다. 상대방의 진정한 욕구는 이렇게 찾아내면 된다.

인정은 받는 것이 아닌
스스로 해 주는 것

자기 인정

우리는 다음의 두 가지 방법으로 남이 우러러 보는 대단한 사람이 될 수 있다.

- 남에게 증명할 수 있을 정도로 노력해서 진짜 대단한 사람이 돼 타인의 인정을 받는 방법.
- 내가 얼마나 형편없는 사람인지 남들이 입도 뻥긋 못 하게 만들어 나 스스로 타인의 인정을 받았다고 느끼는 방법.

어느 방법을 택하든 우리에겐 피할 수 없는 숙명이 있다. 바로 "넌 정말 대단해"라는 말 한마디를 듣기 위해 노력하고, 날 보여 주고 부풀리며 과시하고 떠벌려야 하는 숙명 말이다.

인정을 타인에게 미루지 마라

우리는 왜 그렇게 "정말 대단해", "정말 예쁘다", "정말 강하구
나", "진짜 똑똑하다"라는 말을 듣고 싶어 할까? 동시에 우리는 남
이 날 별로라고 말하고 다닐까 봐 걱정한다. 또 아주 조금만이라
도 상대방이 더는 날 사랑하지 않고 인정하지 않는다는 낌새를 보
이면 바로 긴장하거나 미친 듯이 화를 내기도 한다. 상대방은 아
직 날 부정하지도 않았는데 말이다.

우리는 적극적이고 직접적으로 날 인정한다는 걸 표현하지 않
으면 날 부정한 거나 마찬가지라고 생각한다. 적극적이고 직접적
으로 사랑을 표현하지 않으면 날 사랑하지 않는다고 생각한다.

내가 사티어 의사소통 모델을 배우기 시작했을 때 나는 내담자
들에게 "당신은 사랑받을 가치가 있어요. 다른 사람들이 당신을 부
정하거나 사랑하지 않아 당신에게 표현하지 않는 게 아니에요. 그
러니까 너무 어렵게 생각하지 말아요"라고 말해 주려고 노력했다.
그러나 내담자들은 심드렁한 표정으로 날 바라보며 "근데 진짜 절
사랑하는 사람은 아무도 없는데요"라고 대답하기 일쑤였다. 그들
말에도 일리는 있었다. 그들에게 상담 비용을 청구하는 나 역시
그들을 열정적으로 인정하거나 사랑하진 않았으니 말이다.

그렇다. 때로 인간은 사랑받기보다는 미움받고, 인정받기보다는 무시당한다. 그런데 한 가지 궁금한 게 있다. 왜 남들이 당신을 인정해 줘야 할까? 왜 당신은 그토록 남의 인정을 받고 싶은 걸까? 당신이 대단하고, 똑똑하고, 강하고, 부자고, 사회적 지위가 높은 사람이라면 나는 언제나 당신이 얼마나 뛰어난지 칭찬하고 당신 앞에서 설설 기어야 할까? 또 당신이 착하고, 예쁘고, 귀엽고, 순진하고, 불쌍하고 약하다면 나는 당신에게 양보하고, 찬양하고, 격려하고 항상 사랑한다고 말해 줘야 할까?

더 직설적으로 말해 보자. 당신이 잘나든 못나든 남들과 무슨 상관이란 말인가? 솔직히 나는 더 직설적으로 말하고 싶다. 당신이 제아무리 대단하고 귀엽다고 해도 무시당하고 부정당하는 일은 항상 일어나기 마련이라고 말이다.

자신의 가치를 스스로 확신하지 못하는 사람은 외부와 타인으로부터의 인정을 갈망한다. 내가 어떤 사람인지 확신하지 못하는 순간 남이 해 주는 "넌 정말 대단해"라는 말을 통해 내가 잘난 사람이라는 걸 확인받고 싶어진다는 뜻이다. 그런데 타인으로부터 인정받지 못한다고 느끼면 나의 자아 정체감에 빨간불이 켜지고, 즉각 자책과 비난이라는 방어 기제를 발동한다. 만약 남이 날 부정한다고 느끼면 자책하고, 남이 날 지적한다고 느끼면 비난이라는 방어 기제를 쓴다.

나의 가치에 대해 나조차 확신하지 못하면 상대방의 태도에 따라 내 감정은 시시각각 바뀌고 나아가 나마저 바꾸려고 시도한다. 이들은 나의 가치에 대한 확신이 없어도 '나는 남에게 인정받는 사람이고, 나는 최고야'라고 생각하고 싶어 한다. 삶에 대한 기본적인 욕구, 즉 에로스적인 행동이라고 볼 수 있다. 그래서 항상 자책만 하면서도 누가 날 부정하면 민감하게 반응하고 누군가가 날 치켜세워 주길 간절히 바란다.

자기 부정이 심한 사람일수록 타인에게 더 인정받고 싶어 한다. 자신을 인정하지 못하니 남에게 더 많은 인정을 바라는 건 당연하다. 그런데 심각할 정도로 자신을 인정하지 못하는 사람은 자신에 대한 부정을 타인에게 투사한다. 그리고 '내가 봐도 나는 형편없는 사람이니까 남들도 나를 형편없다고 생각하겠지'라고 생각한다. 자기 부정의 강도보다 훨씬 더 큰 강도로 누군가 칭찬해 주거나 인정해 주지 않는 이상 자신이 훌륭하다는 사실을 믿지 못하기 때문에 남들이 아무리 훌륭하다고 평가해도 전혀 눈치채지 못한다.

이토록 타인의 인정을 갈구하는 이유가 있다. 타인에게 인정을 받아야만 자기 부정에서 벗어나 '나는 내 생각만큼 형편없지 않을지도 몰라, 나도 꽤 괜찮을지도 몰라'라고 느낄 수 있기 때문이다.

자신을 비난하면 비난할수록 남에게 인정받고 싶은 마음은 커진다. 결핍 상태인 것이다. 어린아이는 자신의 이미지를 확인하고 싫어서 계속 남에게 인정을 갈구한다. 그런데 부모님이 아이를 충분히 칭찬해 주고 인정해 주기보다 단점을 지적하며 혼만 낸다면 아이는 유년기 때부터 자신의 존재를 '형편없다'고 각인시킨다.

인정은 칼슘처럼 인간의 마음에 꼭 필요한 영양소다. 그래서 아이는 어른이 돼서도 타인에게 이 영양소를 달라고 애원한다. 시계를 되돌리려고 시도하듯, 어린 시절에 부모님이 내게 해 주지 않았던 칭찬과 인정을 얻으려고 시도하는 것이다. 몇 번이 됐든 잠재의식 속에 남아 있는 '형편없는 아이'라는 이미지를 지우려고 거듭 시도한다. 하지만 끊임없이 당신을 격려하고 인정하고 자기 부정을 깨트리고 이미 뿌리내린 이미지를 바꿔 주는 좋은 연인이나 심리 상담사를 만나지 않는 이상 이런 시도는 매번 실패하기 마련이다.

자기 가치를 잘 아는 사람만이 타인의 장점과 아름다움을 발견하고 칭찬할 수 있다. 그런데 그런 사람이 되기란 참 어렵다. 우리 세대는 부모에게 혼이 나며 자라거나 인정받지 못하고 자랐다. 그래서 우리 세대는 번듯해 보이는 겉모습과 달리 마음속에 자기 부정이 가득하다. 자신의 장점도 보지 못하는 사람에게 타인의 장점을 발견할 능력이 있을까?

당신이 형편없기 때문에 비판, 부정, 비난을 당한 게 아니다. 스스로를 비난하고 트집 잡는 일이 몸에 배어 버린 사람들이 당신에게 똑같이 행동했던 것뿐이다. 평생을 남의 단점을 찾아내는 일밖에 할 줄 모르는 부모로부터 조용히 하라고 강요당한 사람들에겐 남을 인정할 능력이 없다. 게다가 그들에게 당신을 인정할 능력이 있더라도 꼭 당신을 인정해 줘야 할 이유는 없다. 인정하느냐 마느냐는 그의 일이고 권리이기 때문이다.

스스로를 옭아매는 자기 부정

타인이 당신을 사랑해 주기 전에 당신은 스스로를 사랑해 줬는가? 당신은 스스로를 인정하지 못한다. 그래서 타인이 당신을 인정해 주길 갈망하는 것이다.

자신을 완전히 부정하고 있는 상태에 -100점을 준다고 가정해 보자. 누군가 당신에게 100점짜리 인정을 해 줘야 심리적 균형을 맞출 수 있다. 타인이 당신에게 30점짜리 인정밖에 주지 않으면 항상 인정에 목마른 상태가 될 수밖에 없다. 이런 상태가 되면 타인의 칭찬은 들리지 않고 비난만 귀에 들어온다. 30점짜리 인정을 받아 봐야 당신이 안고 있는 마이너스 상태의 자기 부정을 조금 상쇄시킬 수 있다. 그리고 당신은 남아 있는 70점짜리 자기 부정의 감정을 투사해 상대방이 당신을 70점만큼 부정한다고 느낀다.

반면 자기 인정 점수를 80점까지 올리면 상대방에게 20점만 얻어도 100점을 채울 수 있으니 집착을 버릴 수 있다. 이런 상태가 되면 타인이 주는 별것 아닌 인정 점수도 기꺼이 받아들이고 애매모호한 형태의 칭찬도 금방 알아들을 수 있다.

자신에 대한 인정 점수가 100점이면 마음 부자가 된다. 타인에게 별로 인정받지 못해도 괜찮다. 얼마를 받든 자기 인정 점수는 100점을 넘었으니까 마음이 넉넉한 사람이 될 수 있다. 남이 인정해 주지 않아도 자신의 가치를 잘 알고 있으니, 평온한 마음을 유지할 줄 알게 된다. 자기 인정 점수가 충분하다면 영향력이 엄청난 사람이 -100점짜리 점수를 주며 인정 방어선을 넘지 않는 이상 누가 당신을 부정하든 당신은 자기 부정의 감정에 매몰되지 않고 남의 의견을 객관적으로 판단할 수 있게 된다.

그렇다면 자신을 인정하는 방법은 어떻게 배울 수 있을까?

당신도 사랑받을 자격이 있다는 사실부터 깨달아야 한다. 누군가가 당신을 사랑해 줘서 당신에게 사랑받을 자격이 생기는 게 아니다. 당신은 당신 자신의 사랑을 받을 자격이 있다.

자신에 대한 모진 비난은 그만두자. 어린 시절 부모님처럼 칭찬에 인색한 사람도 되지 말자. 자세히 살펴보면 어린 시절 부모님이 혼냈던 것처럼 당신도 지금 당신 자신을 혼내고 있다는 걸 알 수 있을 것이다.

나는 좋은 사람이라고 믿어 보자. 비록 서툰 부분이 있더라도 당신은 좋은 사람이다. 단점도 있지만, 장점도 있다. 남이 보기에 잘난 구석이라곤 하나도 없어 보일지라도 당신은 훌륭한 사람이다. 기술이나 돈은 없어도 당신에겐 착한 마음씨, 훌륭한 인격 그리고 절대 포기하지 않는 용감한 마음이 있다.

자기를 인정하는 건 자신을 옭아맨 줄을 푸는 과정이다. 내가 못났는지 잘났는지를 갖고 내 능력과 성격을 판단하지 말자. 당신은 존재만으로도 멋지고 아름답다. 그 사실을 증명받기 위해 고생할 필요가 없다.

남이 당신을 멋지다고 하든 형편없다고 하든 개의치 말자. 나를 위해 살고 나의 양심에 거리낌이 없으면 된다. 당신은 타인을 위해 사는 게 아니라 자신을 위해 살아야 한다. 당신이 하고 싶고, 오랫동안 꿈꿔 왔고, 법에 저촉되지 않고, 도덕과 양심의 가책을 느끼지 않는 일이라면 모든 사람이 부정하더라도 시도해 보자. 그런 다음 자신에 대한 기준을 바로 세워 보자. 내가 잘난 사람인지 못난 사람인지는 내 결정과 평가 기준에 따라 달라진다. 당신이 잘나든 못나든 타인과는 상관없는 일이다. 남이 당신을 인정하건 부정하건 당신에게 당신보다 더 중요한 존재는 없다.

스스로를 인정하지 않으면서 남이 인정해 주길 바라는 사람을 어떻게 생각하는가? 남이 자신을 인정해 주지 않으면 슬퍼하거나 화를 내는 사람을 어떻게 생각하는가? 이제 남의 부정에 민감하게 반응하고 인정을 받으려고 애쓰는 자신의 모습을 보게 되면 우선 질문해 보자.

당신은 자신을 인정해 줬는가? 당신은 자신을 인정하는가?

차가운 말 뒤에 숨은
따스한 마음

방어 심리

방어 심리에 관해 이야기해 보자. 우리 마음속에 항상 존재하는 방어 심리가 의사소통 방식까지 결정한다는 사실을 아는 사람은 많지 않다.

어느 날 심리 상담사와 상담하던 중 하염없이 눈물을 흘렸다. 내가 왜 자신감 없는 사람이 됐는지 깨달았기 때문이다. 엄마였다. 어린 시절, 엄마는 자주 나한테 왜 더 잘하지 못하냐며 다그치고 꾸중했다. 나는 친구한테 맞아도 반격할 줄 모르고 당하기만 했는데, 친구한테 맞고 집에 돌아오면 엄마는 "너는 왜 그렇게 멍청하고 착해 빠지기만 한 거야. 정말 쓸모없고 무능한 녀석이야" 라고 야단을 쳤다.

그때 생각만 하면 마음 한편이 쓰리고 아프다. 밖에서도 괴롭힘을 당하고 집에서도 혼이 났으니 말이다. 그날 나는 상담을 마치고 엄마한테 전화를 걸어 왜 그렇게 어린 나를 미워했는지 물어봤다. 엄마는 이런저런 변명을 하더니 끝에 "이제 다 지나간 일이야, 별일 아니잖아, 너무 마음에 두지 마"라는 말을 덧붙였다. 그 말을 들으니 '엄마는 나한테 이렇게 큰 상처를 줘 놓고 어물쩍 넘어가려는 거야? 엄마는 나를 전혀 존중하지 않는 것 같아' 하는 생각이 들어 더 억울했다.

그날 이후 진행된 감정 카드 상담을 통해 나는 비로소 엄마의 방어 심리를 이해하게 됐다. 엄마는 무조건 "별일 아니잖아, 너무 마음에 두지 마"라고 말할 수밖에 없었다. 엄마 내면에는 자신을 방어해야 한다는 방어 심리가 있었기 때문이다. 그래서 이런저런 변명으로 둘러대고, 얼렁뚱땅 넘어가려고 한 것이다.

심리 상담사는 내게 "엄마가 변명하거나 가볍게 넘기지 않았다면, 엄마는 어떤 감정을 느꼈을까요? 한번 생각해 보세요"라고 말했다. 나는 이렇게 답했다.

"엄마는 아마 심한 죄책감을 느끼고 자책할 거예요. 엄마는 저를 아주 사랑해요. 그래서 아들인 제게 그렇게 큰 상처를 줬다는 사실을 본인이 받아들이기 힘들지요. 또 엄마는 엄마가 생각한 것만큼 좋은 엄마가 아니었다는 사실도 받아들이기 어려울 거예요."

말을 마치고 나자 나는 정말로 엄마를 이해할 수 있었다. 내 말을 가볍게 넘기고, 별일 아닌 척 이야기하고, 나한테는 마음에 두지 말라고 일부러 그런 건 아니라고 변명할 수밖에 없었다.

사실 이 모든 말은 자신에게 하는 말이었다. 너무 큰 죄책감이 든 나머지 방어하기 위해서 말이다. "너무 마음에 두지 마"라는 말도 죄책감을 덜기 위한 환상에 불과했다. 한 번도 나에게 상처를 준 적 없다는 환상 말이다. 엄마는 그 누구보다 나를 사랑하기에 "마음에 두지 마"라고 말할 수밖에 없었던 것이다.

나는 예전에 만났던 친구에게 상처를 준 적이 있었다. 내 잘못을 인정하긴 했지만, 그녀에게 사과할 땐 '별일도 아닌데 왜 그렇게 따져? 왜 그렇게 오래 마음에 담아 둬?'라는 생각이 들기도 했다. 나의 방어 심리는 계속 그녀의 신경을 건드렸고, 결국 우리 사이에 메울 수 없는 감정의 골을 만들어 관계에 심각한 영향을 끼쳤다. 나중에 그녀는 "너 때문에 내가 상처 입었는데, 아니라고 잡아떼는 거야? 내가 입은 상처는 안 보여?"라고 말했다. 나는 "난 너한테 괜찮은 척하라고 강요한 적 없어"라며 또 한 번 잘못을 부인했고, 결국 그녀의 화를 돋웠다. 그때 내가 했던 말에서도 방어 심리를 찾아볼 수 있다.

나는 그 일이 별일 아니라고 말하고 싶었다. 그래야 그녀에게 상처 줬다는 사실을 부인할 수 있었기 때문이다. 내 잘못을 인정하면 나는 더 큰 죄책감과 자책감을 느껴야 한다. 그래서 죄책감과 자책감을 느끼지 않고자 나도 모르는 사이에 그 사건을 별것 아닌 일로 치부했던 것이다. 그래야 나는 나쁜 사람이라며 자책하지 않을 수 있으니 말이다. 그녀와 함께하는 내가 나쁜 사람이라는 걸 인정하기가 두려웠다. 내가 생각해도 내가 나쁜 사람이라면 그녀가 나와 함께할 리 없지 않은가? 그녀를 떠나보내고 싶지 않았기에 나를 좋은 사람이라고 생각해야 했다.

내게 그녀는 정말 중요한 존재였다. 어떻게든 우리의 관계와 그녀의 감정을 보호하고 싶었다. 그래서 아무리 조그마한 상처라도 그녀가 나 때문에 받았다는 사실을 받아들일 수 없었다. 결국 나는 엄마와 똑같은 사람이 돼 엄마가 내게 하고 있고 또 했던 일을 되풀이하고 있었다. 감정의 대물림이 이런 건가 싶었다.

정반대로 움직이는 마음과 행동

나는 다른 친구와도 방어 심리에 관해 이야기를 나눴다. 그도 심리 상담사와 상담한 후 자신이 왜 자신감 없는 사람이 됐는지를 깨달았다고 했다. 어릴 적 엄마가 자신의 존재를 부정해서였다.

그날 친구도 집에 돌아가 어렸을 때 엄마가 자신을 어떻게 부정했는지에 대해 말했다. 그의 어머니도 역시 "그런 일이 있었어? 우리는 부모로서 네게 올바르게 행동하는 법을 가르쳤을 뿐이야"라며 부인했다. 나중에 그도 자기 잘못을 인정할 수 없는 엄마를 이해하게 됐다고 한다. 자기 잘못을 인정하는 순간 자신이 얼마나 형편없는 엄마였는지 또 얼마나 엄마 노릇을 못했는지를 인정해야 하기 때문이다.

그래서 엄마에게 잘못을 인정하는 일은 죽기보다 괴로운 일이고, 엄마는 괴로운 일을 피하려면 자신의 무죄를 증명해야 한다. 하지만 사실을 증명하기 전에 엄마는 무의식중에 자신의 유죄 가능성을 먼저 인식하기 때문에 무조건 부인부터 하게 된다. 엄마는 '나 정도면 괜찮은 엄마지'라고 생각하고 싶어서 아이의 상처를 인정하지 않고, 상처를 보고 싶어 하지도 않는다. 이런 감정 뒤에는 아이를 너무 사랑하는 마음과 충분히 잘해 주지 못했다는 두려움이 숨어 있다.

마음과 행동은 정반대다. 인정하지 않으려고 할수록 모순은 더해 간다. 우리는 나의 행동이 부정당할지도 모른다는 느낌이 들면 변명하고 부인하며 "아냐, 그런 게 아니었어. 이렇게 되라고 그런 게 아니라니까, 네가 잘못 알고 있어"라고 말하기에 급급해진다. 나는 당신의 말이 옳다고 인정할 수 없다. 인정하는 순간 나는 나쁜 사람이 된다. 당신의 말에 정곡이 찔렸더라도 '저 말을 인정하면 나는 나쁜 사람이라는 뜻이야. 무조건 부인해!'라는 잠재의식의 목소리가 들린다. 우리는 우리가 나쁜 사람이라는 걸 부인하고자 사실을 외면한다.

아무도 자신이 나쁜 사람이라는 걸 인정하고 싶어 하지 않는다. 나쁜 사람이 된다는 건 곧 미움받는 사람이 된다는 뜻이고 또 버림받는다는 뜻이기 때문이다. 그렇다면 왜 이런 생각을 갖게 됐을까? 어렸을 때부터 착하게 굴지 않으면 혼나고 미움받는다는 숨겨진 '위협' 속에서 자라나기 때문이다.

나는 자주 "이 세상의 모든 차가운 말은 따스한 마음을 숨기기 위해서 존재한다"라고 말한다. "별일도 아닌 것 가지고 너무 신경 쓰지 마, 마음에 두지 마"라고 말하는 사람은 그 누구보다 상대방을 사랑하고 좋아한다. 심지어 스스로도 감당하기 힘들 정도로 상대방을 깊이 사랑한다. 그래서 자신을 방어하고자 "신경 쓰지 마"라고 말할 수밖에 없다. 모든 변명과 부인은 자신이 유죄임을 알지만 잘못을 인정할 수 없어서 하는 말이다. 자기가 나쁜 사람이라는 걸 인정하지 않고자 "나는 잘못한 적 없어"라는 말로 둘러대는 것이다.

진실한 내면의 감정과 마주하는 건 참 어려운 일이다. 내면의 감정을 들여다봤다가 너무 격한 감정과 마주하게 되면 이 감정이 밖으로 표출되지 않도록 그리고 이런 감정을 느끼지 않도록 차단하기 위해 수단과 방법을 가리지 않는다. 뜨거운 사랑에 데일까 봐 두려운 나머지 마음을 꽁꽁 얼려 버리는 것이다.

상대의 평가로
나를 결정짓지 마라

자아 경계

내가 수련 중인 병원에 새 환자가 두 명 입원했다. 둘 다 부드럽고, 상냥하고, 청순하고, 귀엽고, 행동도 우아한 여성이었다. 한 명은 대학교에서 박사 과정을 밟는 학생이고, 한 명은 공기업 직원이었다. 처음에는 도대체 왜 이런 사람들이 우리 병원에 입원했는지 이해가 가지 않았다. 우리 병원은 베이징의 유서 깊고 유명한 정신 의학 병원이다.

그들은 사람을 만날 때마다 스트레스를 받고 쉽게 긴장해 대인 관계가 좋지 않았다. 또 감정이 쉽게 격해지고 과민하게 반응하며 남의 비난을 매우 두려워했다. 심지어 남이 하지도 않은 비난을 상상해 듣기도 했다. 매번 뭔가를 할 때마다 실수할까 봐 두려워하고 불안해했다. 또 자신은 살아 있을 자격이 없는 형편없는 사람이라는 심한 자기 부정에 빠져 자살을 시도하기도 했다. 그런데 조증 상태에 빠지면 사람을 공격하려고 하고 욕을 내뱉기도 하는 등 성격이 난폭해졌다. 특히 가까운 사람들을 더 심하게 대했는데, 자신을 비난하는 사람들은 다 틀렸다며 그들의 생각을 바로잡아 줘야 한다고 주장하기도 했다.

그들의 증상을 들었을 때 내 등에선 식은땀이 흘렀다. 나도 한때는 남의 비난을 견디지 못하고 누가 날 비난할까 봐 전전긍긍했기 때문이다. 누군가가 나를 비난했다는 소리를 들으면 하늘이 무너지는 것 같았다. 이런 증상에서 벗어나며 내가 얻었던 교훈을 여러분께 알려드리고 싶다. 비난을 들을까 봐 두려워하는 건 아주 흔한 증상이라는 것이다.

상대의 비난에 동의할 필요 없다

우리가 왜 비난을 들을까 봐 두려워하는지부터 이야기해 보자. 상식적으로 생각해 보면 당신은 당신 마음대로 살았을 뿐이니까 당신을 비난하는 남의 의견에 귀 기울일 필요가 없다. 그런데 현실에서는 남의 비난을 들으면 '나는 나쁜 사람일까?' 하고 생각하며 긴장하거나 그를 미워하는 마음이 싹튼다. 그 이유는 비난을 듣자마자 너무 쉽게 상대방의 비난을 인정해 버리기 때문이다.

달리 말하면, 우리는 내가 훌륭한 사람인지 형편없는 사람인지를 남이 결정하게 내버려 둔다. 그래서 당신에겐 그 결정을 받아들이거나 반항하거나 두 가지 선택지밖에 남지 않는다. 내가 어떤 사람인지를 남이 결정한다는 말이 이상하게 들릴 수도 있지만 실제로 우리의 잠재의식은 그렇게 생각한다.

자신의 모습을 똑바로 보지 못하면 타인이라는 거울을 통해 자신을 비춰 보게 된다. 그래서 타인이 나를 형편없는 사람이라고 비난하면 나는 내가 그런 줄 안다. 자신의 가치와 존재에 대한 확신이 없기에 타인을 통해 확인받을 수밖에 없기 때문이다. 따라서 당신에겐 자아가 없다. 내가 누구인지를 결정할 권리를 남의 손에 내어 준 건 자아를 타인에게 내어 준 것과 마찬가지다. 일단 자신이 형편없고 무능한 사람이라고 믿게 되면 무기력감과 절망감에 빠진다. '나는 잘하는 것도 할 줄 아는 것도 없는 쓸모없는 인간이야. 왜 계속 살아야 하는 거야?'라는 생각까지 하며 자살 성향도 보인다.

다행히 우리 내면에는 에로스라는 삶의 기본 욕구가 존재한다. 그래서 '아냐, 난 죽을 수 없어'라는 생각이 고개를 들면 스스로 좋은 방향으로 변화하려고 한다. 이때 사용되는 게 바로 방어 기제다. 우리는 두 가지 형태의 방어 기제를 자주 사용한다.

첫째, 폭발적인 분노를 표출함으로써 남들이 아무 말도 하지 못하게 말문을 막아 버리고, 나의 장점을 보도록 남이 태도를 지적하고 고쳐 주는 행동을 하는 방법이다.

둘째, 남에게 나쁜 인상을 남기지 않고 더 좋은 사람으로 거듭나기 위해 아주 작은 부분에서도 실수하지 않으려고 애쓰는 방법이다.

이 두 방어 기제를 사용하면 우리는 남이 보기에도 훌륭한 사람이 되고 스스로도 좋은 사람이라는 확신을 얻을 수 있다. 그러나 우리에겐 타인을 통제한 힘이 없고, 우리는 완벽한 사람이 될 수도 없다. 누구도 실현할 수 없는 높은 목표를 이루라고 자신에게 강요하니 더 깊은 절망과 낙담에 빠질 수밖에 없다.

이제 핵심을 이야기하겠다. 왜 우리는 자신이 훌륭한 사람인지 아닌지를 확신하지 못하고, 남을 통해 확인받으려고 하는 걸까? 유년기 때부터 자아를 가지는 걸 금지당했기 때문이다. 특히 간섭이 심한 부모 아래서 자라면 더욱더 그렇다.

어린아이는 약 두 살의 항문기 때부터 자의식을 형성하기 시작한다. 이후 서서히 '나와 타인이 다른 존재라면, 나는 왜 스스로 결정하면 안 돼? 왜 꼭 남의 의견에 따라야 해?'라는 생각을 품고 이것저것 탐구하기 시작한다. 잡고, 움켜쥐고, 기어 다니고, 물고, 찢고, 뜯으며 부순다. 하지만 곧 부모로부터 "이건 하지 마", "저건 꼭 해"라며 행동을 제한당한다. 구체적으로 손가락을 입에 넣은 아이에게 부모가 "손가락은 입에 넣지 말고 얌전히 굴어"라고 명령하는 식이다.

손가락을 어디에 둘지마저 스스로 결정할 수 없는 사람이 '나'라는 존재의 가치를 결정할 수 있을까? 거인 같은 거대한 힘을 가진 존재, 즉 부모에게 자신의 존재 가치를 결정할 권리를 내어 준 사람은 스스로 판단하는 일은 포기하고 거대한 힘에 굴복해야 한다.

나이가 들어도 부모는 아이를 향한 통제의 끈을 놓지 않는다. 꼭 해야 할 일을 지정해 주고 물건은 어디에 둬야 하는지, 어떻게 둬야 하는지 통제한다. 하교 후에는 놀지 말고 서둘러 집에 돌아오라는 명령, 성적표는 숨기면 안 된다는 지시까지. 손, 발, 입은 아이 몸에 붙어 있지만, 그 어느 것 하나 직접 통제할 수 없고 결정할 권리는 모두 남의 손에 내어 준 상태로 산다. 자신이 옳은지 틀렸는지, 잘했는지 못했는지를 스스로 결정하지 못하고 남이 결정해 줘야 한다.

어른이 돼 대학교와 사회에 발을 내디딘 후에 만난 친구, 룸메이트, 동료, 상사는 부모의 화신이 된다. 갓 태어난 아이에게 부모는 아빠나 엄마라고 불리는 것에 그치지 않고 사회이자 전부가 된다. 그래서 사회에서 만난 사람이라도 부모의 존재를 떠올리게 하면 자신의 모든 걸 결정할 힘이 있다는 착각에 빠진다.

부모의 존재를 떠올리게 하는 사람에겐 한 가지 공통된 특징이 있다. 바로 당신을 비난할 힘이 있으며, 명령할 수 있는 존재라는 점이다. 이런 특징 때문에 당신은 자아를 빼앗긴 것 같은 느낌을 받아 스트레스 반응이 일어난다.

곧 다가올 위기를 느끼고 두려움, 불안, 긴장을 느끼는 것처럼 이런 스트레스 반응은 위기 대응 상태라고 볼 수도 있다. 그러나 상태가 심각할 경우 위기 대응 상태를 건너뛰고 '모든 사람이 나를 형편없다고 손가락질하니까 나도 내가 형편없는 사람인 것 같아. 이렇게 살면 뭐 하겠어?'라며 곧장 자기 부정 상태에 빠지기도 한다.

나만의 기준으로 결정을 내려라

이런 상태에서 벗어나려면 어떻게 해야 할까? 처음부터 다시 자아를 키워 보자. 용기 내어 분노를 표출하고 거리낌 없이 화내 보자. 우리는 두 살 이후로 이 두 가지 행동을 할 기회를 놓치고 실천으로 옮기지 못했다. 그러니까 어른이 됐더라도 처음부터 다시 시작해야 한다. 스무 살이 넘어서 자신이 옷을 갖춰 입는 법도 제대로 몰랐다는 사실을 깨달으면 옷 입는 법을 처음부터 다시 배워야 하는 것과 마찬가지다.

또 우리는 나와 타인 사이에 꼭 있어야 할 심리적 경계, 즉 '자아 경계'를 제대로 만들지 못한 채 어른이 돼 버렸기 때문에 처음으로 돌아가 자아 경계를 만들어야 한다. 나는 어떤 사람인가를 천천히 탐색하고 스스로 결정을 내려 보자. 당신이 어떤 사람인가에 대해 남들이 제안하고 평가할 수도 있지만, 그들은 결정할 권리를 가지고 있진 않다. 당신이야말로 당신 삶의 주인이고, 당신이 어떤 사람인가를 결정할 가장 중요한 권리를 가지고 있다.

내가 훌륭한 사람인지 형편없는 사람인지를 결정하는 사람은 남이 아니라 내가 돼야 한다. 세상 모든 사람이 "너는 형편없는 사람이야"라며 손가락질해도 냉철한 자기 평가를 거쳐 그들에게 다음과 같이 말할 줄 알아야 한다.

"미안하지만, 나는 좋은 사람이야. 너희 전부가 틀렸다고. 물론 너희 말처럼 더 좋은 사람이 되기 위해 내 행동이나 개성을 바꿀 수도 있어. 하지만 나라는 사람은 존재 자체만으로도 훌륭하고 멋져. 이건 논쟁할 필요 없는 명백한 사실이야."

타인의 말을 선별해 들어야 한다는 뜻이다. 당신은 당신만의 기준으로 스스로를 평가할 수 있는 사람이니까 무조건 남의 말에 동의하지 않아도 된다. 올바르게 성장한 사람은 객관적으로 자신을 평가하고 건전한 방향으로 자기반성을 할 줄 안다.

용감하게 분노를 표출하는 것도 좋은 방법이다. 비판과 비난을 당하면 우리는 분노를 느끼기 마련이다. 그런데 우리는 분노를 표출하면 더 심한 비난과 통제를 당할까 봐 두려워 밖으로 분노를 표출하지 못한다. 결국 우리는 분노 뒤에 남은 두려움에 잠식되고 만다. 그러나 억눌린 분노의 감정은 자신을 해치는 방식으로 나타나거나 극도의 스트레스 상황에서 폭발적인 분노의 형태로 표출된다. 분노는 경계를 긋는 좋은 도구이기도 하다. 분노로 경계를 명확히 하면 타인이 내 경계에 침범하는 걸 막고 나를 보호할 수 있다.

우리가 느끼는 여러 분노 중에 가장 원초적인 건 아마 부모에 대한 분노일 것이다. 어렸을 때 과도하게 비난했던 부모에 대한 분노 그리고 사랑이라는 명목으로 통제했던 것에 대한 분노 말이다. 그래서 나는 내담자에게 정서적으로 개입해야 할 때 내담자의 부모님이 자녀의 분노를 받아 줄 수 있도록 이 과정에 대해 자세히 설명하고 내담자가 부모에 대한 분노를 해소할 수 있도록 한다.

일상생활에서도 마찬가지다. 아무 이유 없이 당신을 비판하고 비난하고 부정하는 사람들에게도 분노를 표출해 반격하고 자신의 경계를 보호해 보자. 한 단계 더 성장하기 위해선 적당히 화내는 방법도 배워야 한다. 화내는 것도 연습이 필요하다.

더 높은 단계로 성장하면 화낼 필요도 없다는 사실을 깨닫게 될 것이다. 이 단계에서는 이미 튼튼한 자아 경계가 생겼기 때문에 타인의 비판, 비난, 통제를 무조건적으로 수용하지 않을 수 있다. 또 이 단계에 도달하면 당신도 거절의 명수가 돼 있을 것이다.

거절도 자아 경계를 지키는 능력 중 하나다. 거절하는 능력을 기르기 위해 나는 내담자들과 두 문장의 말을 연습한다. 당신도 한번 연습해 보면 어떨까 싶다.

"당신이랑 아무런 상관없잖아요!"
"제가 좋아서 하는 거예요!"

물론 상황을 봐 가며 신중하게 사용해야 하지만 말이다.

3장

나를 사랑하면
무엇도 두렵지 않다

사랑으로 내면을 채워 자존감 높이기

용서하고, 성취하고, 사랑하라

자기애

자신을 사랑하는 방법을 배우고 싶다면 타인은 어떻게 사랑하는지를 이해해야 한다. 연애 전문가들은 연애 초보자에게 뭔가를 꼭 해 줘야 진짜 사랑하는 것이며 그렇지 않으면 진정한 사랑이 아니라고 가르친다.

한 청년이 인터넷에 올린 '밸런타인데이에 여자 친구한테 어떤 선물을 해야 할까요? 2만 원대로 알려 주세요'라는 질문에 '전문가'들이 몰려들어 '차라리 자유를 선물하세요. 2만 원대 선물이라니, 진심으로 사랑하지 않는 게 분명하네요'라는 답변을 달아 놓은 걸 보면 말이다. 당신 생각에도 이 청년이 여자 친구를 사랑하지 않아 보이는가? 여자 친구도 같은 의견이었을까? 우리 같은 제삼자는 내가 그 청년의 여자 친구였다면 사랑받지 못한다고 느꼈을 거라고 짐작할 뿐이다.

그러면 타인이 날 사랑하는지는 어떻게 알 수 있을까? 말로는 사랑한다고 하고 또 사랑을 표현해도 실제로는 날 사랑하지 않을 수도 있다. 그래서 말이나 행동이 아니라 '나는 사랑받고 있다'는 걸 느끼게 해 주는 사람이야말로 진정으로 당신을 사랑하는 사람이다.

행복은 내 마음속에 있다

누군가의 행동 덕분에 당신이 여유, 즐거움, 행복, 기쁨을 느낀다면 당신은 더 많은 행복을 얻고자 그와 가까워지려 할 것이다. 그리고 이런 과정을 거쳐 우리는 사랑받는다는 느낌을 받는다. 반대로 누군가의 행동 때문에 스트레스를 받고, 불안감, 긴장, 분노, 짜증 등을 느낀다면 당신은 그를 떠나고 싶은 마음이 들 것이고 그가 당신을 사랑하지 않는다는 걸 확신한다. 이처럼 누군가가 당신을 사랑하는지 아닌지는 행동이나 말과는 관계가 없다. 당신이 어떻게 느끼느냐에 따라 달라진다.

같은 상대라도 때로는 당신을 사랑하고, 때로는 미워하고, 때로는 무시하기도 한다. 그러나 전반적으로 봤을 때 사랑하는 시간이 사랑하지 않는 시간보다 많으면 연인 관계가 유지된다. 반대로 사랑하지 않는 시간이 더 많아지면 이별을 맞이하게 된다.

한편 당신이 사랑받았다는 느낌과 상대방이 정말로 당신을 사랑하는지 아닌지는 별개의 문제다. 어떤 이들은 자신이 얼마나 연인을 사랑하고 희생했는지를 떠벌리고 다니지만, 정작 그의 연인은 질식할 것 같은 압박감을 느끼며 하루라도 빨리 도망치고 싶어하는 경우도 자주 있기 때문이다.

날 사랑하는 일도 마찬가지다. 스스로 삶의 의미를 느끼고 삶을 즐길 수 있도록 또 즐거움, 여유, 행복 등 감정을 느낄 수 있도록 날 위해 뭔가를 해 주는 것이다.

날 사랑하는 일이 남에게 보여 주기 위한 게 되면 안 된다. 날위해 돈을 물 쓰듯 쓰고, 맛있는 음식을 먹고, 명품 가방을 사고, 외모를 꾸미는 것만이 자신을 사랑하는 방법은 아니다. 물론 이런일을 함으로써 당신이 기쁘고 행복하다면 그것도 좋다. 그러나 이런 행동을 할 때마다 불안, 스트레스, 후회, 슬픔을 느끼고 뒤돌아서 자책하고 두려워한다면 그만둬야 한다.

옷장에 쌓인 옷과 줄어든 통장 잔액을 확인하고 카드를 잘라버릴 것 그랬다며 후회한다면 그건 날 사랑하는 행동이 아니다. 소비를 통해 기쁨을 느끼지 못하고 고통만 느끼는데도 계속 물건을 산다면 그건 자학 행위나 다름없다. 소비를 그만두고 돈을 절약했더니 마음이 편안해지고 보람도 느꼈다면 소비를 그만두는것이야말로 날 사랑하는 좋은 방법이다.

마음 내키는 대로 쉬고, 휴가 가고, 멋대로 행동하고, 무질서한 삶을 사는 것 역시 날 사랑하니까 꼭 해야 하는 일은 아니다. 잠시 쉬었을 때 여유를 되찾고 편안함을 느낀다면 휴식도 날 사랑하는 올바른 방법이 될 수 있다. 그런데 쉴 때 불안하고 일이 머릿속에 떠올라 여유를 찾기는커녕 시간을 낭비하는 것 같은 걱정만 든다면 역시 날 사랑하는 올바른 방법은 아니다. 불안한 마음을 없애고자 일이나 공부에 몰두했더니 오히려 보람차고 그 순간이 즐거웠다면 일이나 공부야말로 날 사랑하는 좋은 방법이 될 수 있다.

사이비 심리학자들은 '자신을 사랑한다는 건 홀로서기를 통해 스스로 심리적 욕구를 해결하는 것'이라고 말하지만, 내가 보기엔 너무 단편적인 사고다. 혼자서도 능수능란하게 일을 처리할 수 있거나 어려움을 극복한 후 성취감과 자신감을 느낀다면 혼자 있는 게 날 사랑하는 방법이 맞다. 당신은 정말로 혼자 행동하는 과정과 그 느낌을 즐기니까 말이다.

하지만 혼자인 것 때문에 스트레스를 받고, 쓸쓸하고, 고통스럽고, 외롭고, 억울한 느낌이 든다면 홀로서기란 자학 행위에 불과하다. 오히려 듬직한 사람에게 기대서 안정감을 되찾는 것이야말로 날 사랑하는 올바른 방법일 수 있다.

남에게 보여 주기 위해 날 사랑할 필요는 없다. 타인의 말에 좌지우지되지 않는 것, 그것이야말로 날 사랑하는 올바른 방법이다. 사람마다 행복의 기준이 다른 것처럼 말이다. 대부분의 사람은 쇼핑과 여행을 통해 행복을 느끼지만, 당신은 즐겁지 않을 수도 있는 것처럼 말이다.

날 행복하게 하는 방법은 내 마음에 물어봐야 한다. 남이 하는 일을 따라서 하는 게 아니라 스스로에게 "뭘 하면 좋겠니? 뭘 하면 행복할 수 있을까?"라고 물어보자.

날 사랑하는 것의 핵심도 내게 질문하는 것이다. 지금 이 순간 날 편안하고 여유롭고 행복하게 해 줄 수 있는 일이 무엇일지 물어보자.

나를 올바르게 사랑하는 법

인간은 모순의 결정체다. 고통스러운 일을 통해 보람을 느끼기도 한다. 예를 들면 자기 계발, 시간 낭비하지 않기, 절약하기, 열심히 일하기, 신념 지키기, 운동하기 같은 일이 그렇다. 때로는 이런 일 때문에 큰 고통에 시달리지만, 강력한 이성의 힘을 빌려 고통과 시련에 굴하지 않고 포기하고 싶은 마음을 꾹 참으며 버티기도 한다. 포기하면 더 큰 고통만 맛볼 뿐이다. 흥청망청 게으르게 살면 편하긴 하겠지만, 그런 모습의 자신을 감당하기란 쉽지 않다. 또한 앞서 거론한 일들은 고통뿐만 아니라 평안도 가져다준다. 1등이 되기 위해 밤을 꼬박 새워 공부하면 비록 몸은 괴롭지만 마음은 편안한 것과 마찬가지다.

이처럼 어떤 고통은 마음에 평안을 가져다주고, 어떤 즐거움은 불안감을 불러일으킨다. 이 두 가지 선택지 앞에서 대부분은 즐거움보다 고통을 택한다.

중국 정신분석학의 태두로 불리는 쑤저우 대학의 리밍 교수는 "이 세상에 견딜 수 없는 괴로움이란 없다. 누릴 수 없는 즐거움만 있을 뿐이다"라고 말했다. 아무리 즐거운 일이라도 불안한 마음이 들게 한다면 고통을 견디는 일보다 더 괴로울 뿐이다.

모든 인간은 때로는 일을 뒤로 미루지만 때로는 순식간에 해치우기도 한다. 인간은 게으르면서도 부지런하고, 방종하면서도 노력할 줄 알며, 낭비하면서도 절약할 줄 아는 복합적인 존재다. 사람의 행동에 성적을 매겨 과감함, 부지런함, 노력, 절약에 A를 주고 미루기, 게으름, 방종함, 낭비에는 A-를 준다고 가정한다면 A로만 가득한 성적표를 받을 수 있는 사람은 거의 없을 것이다.

내 몸이 원할 때 기꺼이 내 몸을 돌보고 내 마음에 뭔가가 필요할 때 기꺼이 내 마음을 돌보는 것이야말로 날 사랑하는 올바른 방법이다. 또한 내가 뭔가를 잘 해내지 못해도 용서할 수 있어야 한다. 스스로 세운 높은 목표를 실현하지 못해 좌절했을 때 기꺼이 "괜찮아, 잘했어"라고 말해 줄 수 있어야 한다. 실패했을 때 자신을 용서하는 것, 그것이야말로 날 사랑하는 올바른 방법이다. 그래야 행복을 누릴 수 있고, 행복을 누릴 줄 아는 사람만이 고생을 참고 견딜 수 있다. 사람은 행복할 때 고통을 참고 많은 일을 해내며 더 많은 성취를 거둘 수 있다. '나를 사랑하기'가 말로만 그 처서는 소용이 없다.

당신은 무엇을 할 때 참된 행복과 보람을 느꼈는가?
당신이 정말로 하고 싶은 일은 무엇이고 어떤 일이 당신의 마음을 *끄*는가?
당신은 매일 스스로를 사랑하고 있는가?

마음을 차분히 가라앉히고 답을 생각해 보자.
자신을 사랑하지 못할 때 우리는 타인으로부터 사랑받길 갈망한다. 내가 자신을 잘 돌보지 못하고 있기에 타인을 필요로 하는 것이다. 물론 완벽하게 타인에게 의존하지 않거나 완벽하게 날 사랑할 순 없다. 하지만 그래도 힘이 닿는 데까지 자신을 더 많이 사랑하자.
당신이 당신 자신을 먼저 사랑할 줄 아는 사람이 되길, 그래서 당신의 하루하루가 밸런타인데이가 되길 간절히 소망한다.

부드러운 사람이
가장 단단한 사람이다

고자세와 저자세

분노, 비난, 불평, 애걸을 통해 사랑하는 이의 마음을 얻으려는 사람들이 많다. 그러나 성공할 가능성은 극히 낮고, 설령 상대방이 그들의 사랑을 받아들였더라도 진정으로 사랑에 빠져서가 아니라 타협한 결과에 불과하다. 상대방에게 자신의 약한 모습을 보여 주거나 추켜세우거나 애교를 부리는 방법으로 상대방은 행복하게 해 주고 자신은 사랑을 얻는 사람들도 있다.

약한 모습을 보여 주는 건 사랑을 얻는 데 아주 효과적이다. 약한 척한다고 해서 사랑을 얻는다는 보장은 없지만, 강한 척하는 것보단 낫다. 괜스레 강한 척했다간 사랑을 얻을 수 없다. 물이 높은 곳에서 낮은 곳으로 흐르는 것과 같이 사랑은 강자에게서 약자로 흐르기 때문이다.

사랑은 희생이자 배려를 의미한다. 그래서 더 가진 게 많아 희생과 배려를 할 수 있는 사람에게서 적게 가진 사람으로 흐르고, 더 많이 사랑하는 사람은 강자가 되고 사랑에 목마른 사람은 약자가 된다. 상대방에 대한 사랑뿐만 아니라 그의 존재 자체를 필요로 하면 관계에서 사랑의 소비자 역할을 맡게 된다. 그를 필요로 하는 소비자인 당신이 그보다 더 강하고 거대한 존재가 되려고 하면 원하는 걸 얻지 못할 가능성이 크다. 사랑을 얻고 싶으면서도 자세를 낮출 줄 모르면 사랑이 흘러 들어올 자리가 없다.

사랑을 가로막는 비난과 희생

사랑은 평등해야 한다고 말한다. 그런데 평등이란 게 뭘까? 평등이란 때로는 내가, 때로는 상대방이 도도하게 고자세를 취하기도 하고 모두 같은 위치에서 평등하게 마주보기도 한다. 어떤 이는 한 번도 자세를 낮춰 본 적 없으면서 연인 관계는 평등해야 한다고 생각한다. 그런 사람은 평등한 관계가 때로는 내가 상대방을, 때로는 상대방이 날 필요로 하지만 어떨 때는 모두 서로를 필요로 하지 않는 관계라는 사실을 모른다.

비난하는 행동도 도도한 고자세 중 하나다. 상대방을 비난할 때 우리의 마음은 극도로 허약하고 무기력한 상태지만, 어떻게든 비난이라는 방어 기제를 이용해 두려움을 감추려고 한다. 우리는 연약함을 감추고자 나의 존재를 더 강하고 큰 사람인 척 부풀리는 방어 기제를 사용한다.

성공적으로 연약함을 감췄다면 상대방이 보기에 당신은 무엇보다도 강하고 거대한 존재이기에 겁을 먹게 된다. 당신 때문에 겁에 질린 상대방에게 비난의 말을 쏟아 낸다면 상대방이 당신을 사랑할 수 있을까? 두려움과 압박에 못 이겨 당신과 타협하거나 떠나 버릴 것이고, 심지어 미워하는 마음마저 갖게 될 것이다.

상내방이 당신의 방어 기제를 꿰뚫어 볼 수 있을 정도로 강한 사람이라면 이야기가 달라질 순 있다. 하지만 이 경우에도 그가 당신의 약한 모습을 꿰뚫어 보고, 자신이 더 강한 존재임을 확인할 수 있어야 당신을 사랑할 가능성이 생긴다. 너무 까다로운 조건이다.

연애 초기에는 그나마 둘 모두 이 조건을 쉽게 받아들인다. 이 시기의 연인은 상대방의 사랑을 얻고 싶어서 '더 멋지고 강한 나'라는 가상의 존재를 연기하기 때문이다. 하지만 언제까지나 연기를 이어 갈 순 없다. 영원히 강하고 큰 존재인 척할 수 있는 인간은 없기에 자기 욕구를 억누르고 강하고 큰 존재인 척하는 건 아주 잠깐밖에 할 수 없다.

희생하고 배려하는 것도 도도한 고자세 중에 하나다. 당신은 날 떠나지 말라고 애걸복걸하고 상대방의 마음을 사려고 아부하며 희생하는 등 구차하기 짝이 없는 일을 하면서 불쌍한 피해자인 척한다. 하지만 당신의 자세는 여전히 고압적이라 상대방 역시 당신을 고압적인 사람이라고 느낀다.

'피해자'라는 세 글자는 그 자체만으로도 고압적이고 공격적이다. 자신을 피해자라고 생각하는 사람은 자기가 도덕군자라도 된 듯 "난 이렇게 불쌍한데, 왜 나한테 잘해 주지 않니? 넌 인간도 아냐, 양심도 없어!"라고 말하는 것과 마찬가지다. '희생자'라는 단어도 고압적이고 공격적인 느낌을 준다. "나는 너한테 이렇게 많이 해 줬는데, 내가 해 준 만큼 너도 내게 해 줘야지. 네가 잘못한 거야!"라고 말하는 것과 마찬가지이기 때문이다.

따라서 당신이 피해자의 탈을 쓰고 사랑을 애걸하면 상대방은 위협과 강요를 당한다고 느끼고 스트레스를 받는다. 이때 겉으로는 당신이 저자세를 취한 것 같지만, 사실은 그렇지 않다. 피해자인 척하는 행동은 상대방에게 자신의 약한 모습을 극대화해 보여 주는 위협에 불과하다.

피해자인 척하는 당신의 모습을 보고 상대방의 잠재의식은 '나쁜 사람한테 잘못 걸렸다'라고 판단하기 때문에 아무리 애걸해도 상대방은 당신을 사랑할 수가 없다. 그럴 수밖에 없는 게 당신이라는 피해자는 밑 빠진 독처럼 아무리 사랑을 줘도 사랑을 느낄 줄 모르고 고마워할 줄 모르기 때문이다. 당신은 피해자인 척하면서 무엇을 해 줘도 충분히 사랑받지 못했다고 느끼고 계속 원망만 할 뿐이다. 애걸, 희생, 원망이 한데 뒤섞이면 사랑이 흘러 들어갈 자리가 없어진다.

사랑은 높은 곳에서 낮은 곳으로 흐른다

고압적인 사람은 대부분 공격적이다. 만약 당신이 '당연히 나한 테 그렇게 해 줘야지, 이번엔 네가 나한테 빚진 거야', '남자 혹은 여자라면 당연히 이렇게 해야지'라는 생각을 하고 있다면 상대방 은 당신이 고압적인 사람이라는 걸 금세 눈치챈다.

공격이란 남에게 약한 모습을 들키지 않기 위해 무의식적으로 하는 방어 행위다. 공격이라는 방어에 성공하면 강한 존재인 척할 수 있지만, 상대방을 무기력한 상태에 빠뜨린다. 결국 상대방을 무기력하게 만들어 놓고는 날 위해 더 많은 걸 희생하라고 요구하 다니 현명하지 못한 선택이다. 이처럼 내 본모습과 달리 강력한 공격수인 척하면 상대방은 당신에 대한 두려움만 느끼고 떠날 수 밖에 없다.

반대로 저자세를 취할 줄 아는 사람은 자신의 약한 모습을 보 여 주고 그가 내게 꼭 필요한 사람이라고 인정할 줄도 안다. 상대 방에게 저자세를 취함으로써 '내게 뭔가를 갚아야 할 의무는 없지 만, 넌 꼭 필요한 존재야. 그러니까 네가 날 보호해 주고 돌봐 주 고 사랑해 줄래?'라는 메시지를 강하게 보낸다.

이처럼 상대방이 자기 앞에서 약한 모습을 보여 주고 애교를 부리면 대부분은 자신이 훨씬 강한 존재라는 확신을 가진다. 당신이 어른 역할을 맡으면 상대방은 아이 역할을 맡아야 한다. 반대로 당신이 아이 역할을 맡으면 상대방은 사랑이 넘치는 어른 역할을 맡을 수 있다. 우리는 두 가지 방법으로 자세를 낮출 수 있다.

첫째, 약한 모습을 보여 주자.
약한 척하지 말고, 솔직하게 자신의 부드럽고 약한 부분을 상대방에게 보여 주자.

둘째, 상대방이 더 강한 존재라는 확신을 주자.
진정성 있게 그가 얼마나 강하고 대단한 존재인지 표현을 해 주자.

약한 모습을 보여 주기 어려워하는 사람도 있다. 어떤 이는 약한 모습을 보여 준다는 걸 자존심을 버리고 유약하고 무능한 사람이 되라는 뜻으로 받아들인다. 그러나 스스로 자세를 낮춰 약한 존재가 되면 두 가지 결과를 얻을 수 있다. 타인으로 보호받을 수도 있고, 타인으로부터 상처받을 수도 있다.
약한 존재가 되면 보호받을 가능성이 생긴다. 이는 약한 존재가 돼야만 보호를 받을 수 있다는 뜻이기도 하다. 강한 사람이 보호받을 필요가 있는가? 강한 척하는 사람도 겉으로 보기엔 강하다. 누가 이런 사람을 보호해 주려고 할까?

반면 '착하면 당한다'는 말처럼 약한 존재가 되면 상처받을 수 있다. 진심을 꺼내 보여 줬다가 비웃음을 당하기라도 하면 그보다 더 괴로운 일도 없다. 만약 당신이 보호받았던 경험이 더 많다면 '나는 약하니까 보호받을 수 있을 거야'라는 생각을 먼저 하게 되고, 고통스러운 일이 있으면 남에게 도움을 구하고자 솔직하게 자신의 약한 부분을 보여 준다. 그러나 상처받있던 경험이 더 많은 사람이라면 '나는 약하니까 분명히 괴롭힘당할 거야'라는 생각을 먼저 하게 되고, 고통스러운 일이 생기면 자신을 보호하고자 '강한 척해야겠어'라는 생각이 가장 먼저 든다. 그래서 기를 쓰고 강한 척하는 것도 틀린 방법은 아니다. 하지만 아무리 기를 쓰고 강한 척해 봐야 남들은 작고 연약한 병아리쯤으로 볼 뿐이다.

경험은 어떤 일을 마주했을 때 첫 반응을 결정하고, 첫 반응은 어떤 자세로 대응할 것인가를 결정한다. 그렇다면 경험은 어떻게 만들어질까? 지금 당신에게 고통을 주는 누군가 때문에 만들어진 게 아니다. 좋은 경험을 많이 갖고 있는 사람은 상대방이 상처를 주면 떠나가지 세상에 대한 인식을 바꾸진 않는다.

경험은 더 오래전 기억으로부터 만들어진다. 아주 어렸을 때부터 저자세로 행동하면 혼나고 꾸중을 들었던 경험이 지금의 날 만든다. 엄마가 필요해 손 내밀지만 거절당하고 엄마에게 약한 모습을 보여 주면 무시, 혐오, 비난만이 되돌아왔던 기억에서부터 경험은 만들어진다. 이런 엄마는 아이의 의식주는 잘 챙겨 주지만, 달래고 위로하는 등 마음을 어루만지는 일에는 서투르다. 그래서 아이가 도움을 요청해도 "남이 해 줘 버릇하면 안 돼, 네가 알아서 해"라는 말로 거절한다. 엄마의 거절에도 아이는 엄마를 계속 필요로 한다. 그래서 스스로를 보호하고자 자신을 부풀려 더 강한 사람인 척하고 남을 믿지 못하는 사람이 된다.

자세를 낮추는 일은 좋은 일도 나쁜 일도 아니다. 또한 자세를 낮춘다고 해서 모든 사람이 당신을 해치려고 들지는 않는다. 성장하기 위해선 새로운 시도와 모험이 필요하고, 이를 통해 새로운 경험을 얻을 수 있다. 그러니 과감하게 자세를 낮춰 보자. 그러고도 행복하지 않다면 원래대로 돌아와도 된다. 하지만 시도조차 하지 않으면 행복해질 가능성은 없다.

처음부터 상대에게 고압적으로 사랑을 요구하면 무조건 실패할 수밖에 없다. 가장 부드러운 사람이 가장 강한 사람이라는 걸 기억하기를 바란다.

밤하늘의 달보다
머리맡의 등이 낫다

감정의 그릇

이 세상 사람들이 안고 있는 마음의 상처는 본질적으로 사랑의 결핍 때문에 생긴다. 그래서 이를 보상하고자 사람들은 다양한 방법을 발명해 냈는데, 그중 하나가 훌륭한 사람으로 거듭나는 것이다. 훌륭하다는 단어는 매우 폭넓게 해석할 수 있기에 사람마다 다르게 이해한다.

작가 장팡저우가 웹 예능 프로그램 〈괴짜 대회〉에 출연해 남긴 말을 보면 그녀가 생각하는 훌륭한 사람은 당당한 사람이라는 것을 알 수 있다.

"날 진실로 좋아하는 사람이라면 무리하게 겸손한 척하거나 아부 떠는 내 모습보단 당당함을 뽐내는 모습을 더 좋아해야 하는 거 아닌가요?"

그러나 그녀와 달리 훌륭한 사람은 겸손하다고 생각하는 사람이라면 다음과 같이 말할지도 모른다.

"날 진실로 좋아하는 사람이라면 어설프게 내 자랑을 늘어놓거나 독선적인 태도로 당당한 척하는 모습보다 잘 익은 벼처럼 고개 숙일 줄 아는 겸손한 내 모습을 더 좋아할 거예요."

훌륭한 사람이 되면 사랑받을 수 있을까?

'훌륭한 사람이란 이렇다'고 객관적으로 정의하긴 어렵다. 인간의 잠재의식 속에 일단 '훌륭한 사람이란 이렇다'라는 논리가 생기면 자기 생각에 따라 움직인다. '만약 내가 A한 사람이 되면, 남들이 분명 날 좋아해 줄 거야'라는 생각에 따라 A한 사람이 되고자 노력한다.

A는 '당당함, 겸손함, 독립적, 자신감, 외향적, 유머러스함' 등의 성격적 특성일 수도 있고, '운동을 잘하는, 글을 잘 쓰는, 코딩을 잘하는, 그림을 잘 그리는, 공부를 잘하는' 것과 같은 능력일 수도 있고, '실적이 좋은, 1등을 한, 뛰어난 외모의, 다리가 긴, 나이가 어린, 돈이 많은' 같은 것일 수도 있고, '사심 없는, 사람이 좋은, 다

정한, 남의 마음을 잘 이해하는 것'일 수도 있다.

이런 뛰어난 특성과 반대되는 특성을 A-라고 가정해 보자. 우리는 무의식중에 나는 사랑받지 못한다고 느끼면 내 가치를 높이기 위해 노력한다. 그중 하나가 '스스로를 필사적으로 미워하기'라는 방법이다. 내 가치를 높이고자 나를 필사적으로 미워하기 시작하면 우리는 자책과 자기 비하에 빠져 내가 가진 A-가 전부 사라지길 바란다. 사이비 심리학자들은 이럴 때 자신을 포용할 줄 알아야 한다고 가르치지만, 머릿속에 '나는 A- 때문에 사랑받지 못하는 존재야'라는 생각이 자리 잡은 한 절대로 자신의 A-를 포용할 수 없다. 자신을 미워하는 목적 자체가 A-를 없애 타인의 미움을 받지 않는 것이기 때문이다.

다른 방법으로는 '자신을 바꾸려고 노력하기'가 있다. 우리는 '노력하기, 바꾸기, 성장하기, 애쓰기' 등 듣기 좋은 단어들로 날 바꾸고자 채찍질하고, 밤을 새우고, 불안에 떨고, 스스로 몰아세우면서 A하게 변해 사랑받고자 한다.

또 '척하기'라는 방법도 쓴다. 우리는 하루라도 빨리 사랑받고 싶어 안달복달하지만, 실제로 노력하는 건 너무 피곤하고 효과도 느리다. 그래서 '척하기' 방법을 쓴다. 그러니 척하는 사람들을 욕하지 말자. 누구보다 사랑에 목말라 있지만, 아직 사랑을 얻지 못한 사람들이기 때문이다. 진정한 내 모습을 보여 줘도 사랑받을 수 있다는 보장만 있다면 누가 애써 척하고 싶겠는가?

훌륭한 사람이 되는 과정에는 항상 불안감과 고통이 수반되고, 우울감과 절망감이 따라오기도 한다. 그래도 우리는 훌륭한 사람이 되려는 노력을 그만두지 못한다. 그만큼 사랑을 갈망하기 때문이다. 주위를 둘러보면 훌륭한 사람들이 사랑을 훨씬 많이 받는 것 같아 보이고, 심지어 우리 자신마저도 그들을 더 좋아해서 질투하기도 한다.

그런데 당신도 훌륭한 사람이 되면 무조건 타인의 사랑을 받을 수 있을까? 이 질문에 대해 생각해 본 적이 있는가? 우리가 훌륭한 사람을 좋아하는 이유는 그를 통해 내가 갈망했던 이상적인 내 모습을 보기 때문이다. 내가 타인의 어떤 특성을 부러워한다면 그것이 내가 가지고 싶던 특성인 경우가 많다. 예를 들면, 나는 부자가 되고 싶기에 부자인 친구를 좋아하고 자신감 넘치는 사람이 되고 싶기에 자신감 넘치는 사람을 좋아한다.

우리 마음속엔 현실화하지 못한 소망들이 많이 자리 잡고 있고, 어떤 이들은 자신이 이런 소망을 갖고 있다는 걸 인정하지 않거나 의식조차 못하는 경우도 있다. 인정하지 않고 의식조차 못하지만 그래도 상대방이 부럽고 나도 그런 사람이 되고 싶어 멀찍이서 지켜보기만 한다.

훌륭한 사람과 나 사이에 거리가 있을 때 이 세상에 그가 가장 훌륭한 것처럼 느껴져 제발 그와 가까운 사이가 됐으면 하는 마음을 품는다. 그런데 정말로 그와 가까워지면 새로운 사실을 발견한다. 그의 마음을 얻는 데 내가 훌륭한 사람인가 아닌가는 전혀 상관없는 일이라는 사실 말이다. 당신이 훌륭한 사람이라고 해서 타인이 저절로 친밀감을 느끼진 않는다. 훌륭한 특성이 오히려 친밀해지는 걸 방해하기도 한다. 가령 당신이 훌륭한 모습을 유지하는 데에 모든 시간과 에너지를 쓰면 타인과 좋은 감정을 싹틔울 시간이 없어지는 것이다. 또 당신의 훌륭한 모습에 열등감과 패배감을 느끼는 사람도 생긴다.

반면 친밀감은 둘의 감정에 텔레파시가 통하고 마음이 통했다는 생각이 들어야 만들어진다. 상대방의 외적인 장점 그리고 특성과 상관없이 함께해 편안하고, 행복하고, 안정감이 느껴지고, 기분이 좋아지면 그제야 비로소 친밀한 사이가 됐다고 느낄 수 있다. 친밀함을 바탕으로 만들어진 관계는 진실하고 거리감이 없다. 당신이 단점투성이라도 상대방은 당신을 그 누구도 대체할 수 없는 유일무이한 존재라고 생각한다. 그래서 훌륭한 모습만 보고 매료돼 만들어진 관계는 상황에 따라 거짓된 관계, 거리감 있는 관계가 되기도 한다. 그의 진실된 모습에 호감이 생긴 게 아니라 훌륭한 모습만 보고 생긴 호감이기 때문이다. 이런 일은 누구에게나 벌어질 수 있다.

때로는 훌륭한 모습에 이끌려 시작됐다가 운 좋게 친밀한 관계로 나아가기도 한다. 반면 운이 없으면 관계를 발전시켜 나가는 도중에 서로가 맞지 않는다는 사실을 깨닫는다. 서로 사랑하면서도 상처 주는 애증의 관계가 되기도 하는 것이다. 훌륭한 모습은 관계를 시작하게는 할 수 있다. 하지만 반드시 튼튼한 관계를 만들 수 있는 건 아니다.

친밀함이란 무엇일까? 친밀함이란 당신의 어떤 부분 때문이 아니라 당신이 당신이라는 이유만으로 누군가 사랑해 주는 걸 뜻한다. 나의 단점이 아무리 많아도, 아무리 추해도, 아무리 실수하고 일을 망쳐도, 상대방이 날 포용하고 좋아할 거라는 믿음을 가진다. 억지로 훌륭한 사람인 척할 필요 없이 내 진짜 모습을 보여 줘도 괜찮은 것이 진정한 친밀감이다. 나와 관계를 맺도록 누군가를 유혹하려면, 훌륭한 사람이 돼야 한다. 하지만 튼튼하고 친밀한 관계를 맺고 싶다면, 훌륭한 사람인 척하는 걸 그만두고 당신의 진실된 모습을 보여 줘라.

감정을 담는 그릇이 돼라

내가 훌륭한 사람이 되면 상대방은 나와 함께 있을 때 날 우러러보고 부러워한다. 반면 친밀한 사람이 되면 상대방은 나와 함께한 덕분에 자기긍정감을 얻고 편안한 감정도 느낄 수 있다. 타인과 친밀한 관계를 맺고 싶다면, 상대방을 편안하게 만들어 주라는 뜻이다.

그렇다면 어떻게 타인과 친밀한 관계를 맺을 수 있을까?

'그릇', 이 단어만 기억하면 된다. 어떤 이가 내 감정을 받아 주면 나는 그와 친밀해졌다고 느낀다. 화가 나면 그에게 찾아가 불만을 토로하고, 억울함을 느끼면 울면서 하소연하며, 외로우면 함께하고, 기쁠 땐 기쁜 소식을 나눈다. 나는 그를 내 감정을 받아 줄 안전한 사람이라고 생각하고, 우리는 친밀한 관계를 맺었다고 생각한다. 그런데 사실, 그가 날 위해 한 일은 한 가지밖에 없다. 내 감정을 담는 그릇이 돼 준 것이다. 그가 내 감정을 받아 준 덕분에 내 감정이 마음 밖으로 흘러 나갈 수 있었다. 그 순간 친밀감이 만들어진다.

하지만 타인의 감정적 그릇 역할을 완벽하게 해내는 사람은 거의 없다. 그래서 상대방이 얼마나 이 역할을 잘 해내느냐에 따라 당신이 느끼는 친밀감의 수준도 달라진다. 마찬가지로 당신이 감정적 그릇 역할을 얼마나 잘하느냐에 따라 상대방이 느끼는 당신과의 친밀감도 달라진다.

많은 사람이 심리 상담사를 좋아한다. 심리 상담사들이 내담자의 감정에 공감해 줘서 특별한 친밀감이 생기기 때문이다. 당신을 깊이 사랑해 줄 사람을 찾고 싶다면 더 훌륭한 사람이 되려고 노력하기만 할 게 아니라 당신의 감정을 소화해 줄 수 있는 사람을 찾는 게 빠르다. 당신이 누군가를 사랑하고 싶다면 그를 위해 감정의 그릇이 돼 주면 된다.

타인의 감정을 받아 주는 건 정말 대단한 능력이다. 어떻게 하면 이런 능력을 기를 수 있을까? 두 가지 단계를 따라해 보자.

1. 알아차리기

상대방이 먼저 내게 다가와 친밀한 관계를 맺길 원한다면 우선 나의 감정을 알아차리고 표현할 줄 알아야 한다. 반대로 내가 상대방에게 먼저 다가가고 싶다면 상대방이 표현하지 않는 감정을 알아차려야 한다.

2. 소화하기

내가 느끼는 감정이 어떤 건지 알아차렸다면 상대방이 내 감정을 소화할 수 있도록 하자. 반대의 경우에는 당신이 상대의 감정을 받아들여 소화할 수 있도록 행동에 나서야 한다.

이 두 단계 모두 아주 중요하다. 그래서 나는 감정을 솔직하게 드러내는 사람을 좋아한다. 자기 마음을 열어 보여 준 덕분에 친밀한 관계를 만들 기회가 생기기 때문이다. 당신이 마음에 둔 사람 역시 감정에 솔직한 성향의 사람이라 첫 번째 단계를 생략할 수 있다면 이제 당신은 두 번째 단계만 밟으면 된다.

한편 감정을 솔직히 표현하는 사람이 아주 불쌍해지기도 한다. 마음을 열어 상대방에게 자신의 감정을 보여 줘도 상대방이 그 감정을 소화해 주긴커녕 알아차리지도 못할 때 말이다. 그럼 더 괴로워진다. 예를 들어 당신이 상대방에게 "너 때문에 나 화났어"라고 말했다고 해 보자. 그런데 상대방이 아무런 반응도 보이지 않으면 화를 꾹 참았을 때보다 훨씬 더 큰 답답함을 느낀다. 감정을 표현한다는 건 감정적으로 표현한다는 뜻이 아니다. 이 두 가지는 완전히 다른 개념이라는 점을 기억하자.

세상엔 우러러보는 사랑과 친밀한 사랑, 두 가지 종류의 사랑이 있다. 스타가 된 기분을 느끼고 싶고 또 당신을 우러러보는 사람이 필요하면 훌륭한 사람이 되고자 노력하면 된다. 당신이 뛰어나면 뛰어날수록 당신에게 다가오고 싶어 하는 사람이 더 많아질 것이다.

하지만 누군가와 밤낮없이 함께 시간을 보내고 마음을 터놓으며 지내는 진실한 관계가 되고 싶다면 뛰어난 특성이나 능력만으론 안 된다. 당신이 뛰어난 모습으로 타인을 매료시켰다면 형편없는 모습은 숨기고 그 모습을 끝까지 유지해야 한다. 그런데 상대방과 거리를 두지 않고도 내 모습을 완전히 숨길 수 있을까?

친밀한 관계에도 우러러보는 마음이 포함돼 있다. 하지만 이 감정은 '넌 정말 좋은 사람이야. 그래서 어느 곳 하나 빠지지 않고 다 좋아'라는 감정에 가까우므로 '넌 A가 뛰어나니까 좋은 사람이야'라는 조건이 붙은 감정과 완전히 다르다.

사랑의 유형에 따라 사랑을 얻는 방법도 다르다. 그러니 어느 방법을 선택할 것인지 찬찬히 생각해 보자. 인간의 삶은 유한하니까 말이다.

사랑을 즐기고
상처를 감당하는 마음

현실 검증 능력

사랑을 주는 능력도 없고 받는 능력도 없는 사랑 무능력자들이 있다. 그들은 사랑을 주는 걸 어려워할 뿐만 아니라 감정을 교류할 때조차 내가 더 많이 희생하는 건 아닌지 속 좁게 따지고 든다. 또한 사랑받고 싶어 하면서도 마음을 활짝 열고 사랑을 받아들일 줄 모른다.

본격적으로 사랑에 대해 이야기하기 전에 친밀감이 어떻게 생기는지 알아 보자. 어떤 일을 할 때 당신이 서투른 모습을 보이면 누군가가 도움의 손길을 내밀어 주기도 한다. 뭐든 잘하는 팔방미인 '엄친아', '엄친딸'은 남들이 우러러보기만 할 뿐이고, 문제를 풀지 못해 끙끙대는 평범한 소년, 소녀는 사랑의 대상이 된다. 전구를 척척 갈아 끼울 줄 아는 사람은 존경의 대상이 되지만, 병뚜껑을 열지 못해 낑낑대는 사람은 사랑의 대상이 된다.

감정도 마찬가지다. 당신이 혼자 소화할 수 없는 감정에 괴로워하고, 도저히 받아들일 수 없는 자신의 모습에 실망하고, 살아갈 용기가 없어 좌절하고, 감정을 정확하게 표현하지 못해 답답해할 때 누군가가 당신에게 도움의 손길을 내밀어 당신 대신 감정을 소화하고 포용하고 격려하고 이해할 수 있다. 이럴 때 당신은 그에게 친밀감을 느낀다. 완벽하지 않은 우리는 타인의 도움이 필요하다. 그래서 누군가가 나 대신 뭔가를 해 주면 그에게 친밀감을 느낀다.

친밀감을 어떻게 정의 내릴 수 있을까? 친밀감은 타인과 융합되는 것이다. 내가 혼자 할 수 없는 일을 상대에게 맡기고 상대가 나 대신 그 일을 완성해 주는 과정을 통해 서로의 경계가 조금씩 흐려져 우리는 하나가 된다. 친밀한 관계는 서로를 점유하는 배타적인 관계다. 그래서 친밀한 관계라면 우정을 나누는 친구든, 사랑하는 가족이든, 연인이든 나의 일부분이 된 상대방을 남에게 내어 주려고 하지 않는다. 엄마의 사랑을 받으려고 친형제들이 서로 싸우는 것처럼 말이다. 따라서 당신이 뭐든지 잘할 줄 알고 부족한 것 하나 없는 팔방미인이라면 그 누구도 당신을 사랑하기 쉽지 않다. 당신의 세계에 비집고 들어가 도움의 손길을 내밀 틈이 없으니 말이다.

완벽한 사람이라고 해서 사랑받는다는 보장은 없다고 여러 차례 강조한 바 있다. 당신이 난처할 때 '짠' 하고 나타나 자신의 멋진 모습을 당신에게 보여 주려면 당신에게 서툴고 모자란 부분이 있어야 한다. 그래서 완벽하지 않은 사람에겐 타인의 포용뿐만 아니라 사랑받을 가능성까지 생긴다. 반면 완벽한 사람이라면 타인의 도움은 물론 사랑을 받을 필요도 없을 것이다.

당신은 완벽하지 않은 존재이고 당신도 잘 알고 있을 것이다. 그런데 남들도 알고 있을까? 당신은 남들이 당신의 진정한 모습을 이해할 기회를 줬는가? 친밀감은 만족감에서 비롯되고, 만족감은 자신의 진정한 모습을 타인에게 드러내야 얻을 수 있다. 내 진정한 모습을 보여 주면 타인이 내게 도움의 손길을 내어 줄 가능성과 도움을 통해 만족감을 얻을 가능성이 생긴다. 자신을 드러내는 것, 그것만으로도 당신에겐 사랑받을 가능성이 생긴다.

상처받을까 봐 두려운 마음

자신을 드러내는 것으로는 만족감을 얻을 기회와 가능성밖에 얻지 못한다. 기회와 가능성에 불과할 뿐 반드시 만족감을 얻을 수 있다는 뜻은 아니다. 또한 자신을 드러내는 것엔 위험이 따른다. 타인이 내게 도움의 손길을 내밀 수도 있지만 상처를 줄 수도 있다. 우리는 자신을 드러내는 과정에서 마음 깊은 곳에 숨겨 둔 상처, 슬픔, 자기 비하, 약점, 고통 등의 감정을 보여 주면 상대방이 내 마음을 보듬어 주고 감정을 소화해 주고 나를 아껴 줄 거라고 기대한다. 마음이 약해졌을 때 상대방이 내게 도움의 손길을 내밀면 그에게 완전히 푹 빠지고 만다. 반대로 이때 상대방이 도움의 손길을 내밀지 않으면 우리의 마음은 상처 입는다.

상대방의 무관심한 태도나, 내 상처에 공감하지 못하는 태도나, 공격하거나, 놀리거나, 부정하는 태도에 우리는 상처받는다. 당신이 누군가에게 힘든 감정을 토로하고 있는데 상대방이 귀 기울여 듣기는커녕 말을 끊거나 다른 일을 하는 등 무시하는 태도를 보이면 일마나 슬플까?

나도 예전에 여자 친구에게 요즘 날 힘들게 하는 일에 관해 말을 꺼낸 적이 있다. 그런데 그녀는 내 슬픈 감정보다는 주변 사람 험담에 더 큰 관심을 보였고 남들 이야기와 다른 일만 질문해 댔다. 결국 나는 남의 험담을 하고 싶어 하는 그녀의 욕구를 만족시켜 주고자 내 슬픔을 억누르는 수밖에 없었다.

독자들도 비슷한 이야기를 내게 자주 털어놓곤 한다. 배우자에게 열등감이 들었던 일이나 실패했던 경험을 이야기해도 "네가 행동을 바꿔 봐, 네가 잘못했네, 더 열심히 해 봐" 같은 답만 돌아오기 때문에 다시 마음의 문을 닫고 속마음을 털어놓지 않게 된다는 독자들이 많았다.

내 약한 부분, 열등감, 슬픈 감정을 보여 줬는데 상대방은 심드렁해 하거나 "문제는 너한테 있네" 등의 말을 하며 날 공격하면 그것만큼 상처받는 일이 또 없다. 사이비 심리학자의 말을 빌려 표현하자면 "적보다 두려운 건 한심한 전우다"라고 말할 수 있다. 내 슬픔을 이해받지 못하는 일이 자주 벌어지면 마음의 문을 조금씩 닫는다. 비록 외롭지만, 이게 더 안전하다. 자신을 남에게 드러내지 못하는 이유는 상처받는 걸 무엇보다 두려워하기 때문이다.

당신이 부정적인 감정을 토로하며 약한 부분을 드러낼 때 타인이 받아 주는 게 꼭 좋은 것만은 아닐 수도 있다. 당신을 사랑하는 사람은 당신이 슬플 때 위로해 주고, 열등감을 녹여 주고, 당신에게 세상과 다시 맞설 힘을 준다. 그런데 당신은 그에게 마음의 문을 열 수 있는가?

언젠가 어떤 여자가 자기는 다정한 남자가 제일 무섭다고 말한 적이 있다. 상대방의 다정함에 녹아 자아를 잃어버리지 않을까, 감정이 걷잡을 수 없는 상태가 될까 봐 걱정된다는 것이었다. 이 두려움의 이면엔 상대방에게 지나치게 의존할지도 모른다는 감정이 숨어 있다.

누군가가 나의 부정적인 감정을 받아 주면 그에게 의존하기 시작하고, 그가 받아 주면 받아 줄수록 의존성은 커진다. 특히 성장하는 동안 친밀감을 느껴 본 적이 별로 없는 사람이라면 친밀감이 익숙하지 않다. 그래서 상대방이 자신의 전부가 된 듯 착각하고, 스스로 처리해야 하는 감정도 전부 상대방에게 미뤄 버리곤 한다.

과도한 의존은 자아를 잃어버리는 무서운 결과를 초래할 수 있다. 의존이란 날 타인에게 전이하고 전이받은 사람이 날 대신해 내 자아를 만드는 걸 뜻한다. 우리가 컴퓨터와 휴대 전화에 의존하는 것과 같다. 나는 컴퓨터와 휴대 전화에 과하게 의존하다 보니 손글씨를 쓰고 말하는 능력이 점점 퇴화하는 걸 느낀다. 휴대 전화와 컴퓨터에 탑재된 기능이 내 능력보다 훨씬 뛰어나 무의식 중에 기계에 더 의존하게 됐기 때문이다.

하지만 차이점이 있다. 나는 내가 컴퓨터와 휴대 전화를 통제할 수 있다는 걸 알고 있기에 기계에 의존하는 게 두렵지 않다. 그렇다면 사람은 어떨까? 내가 의존하던 상대방이 어느 날 갑자기 날 떼어 내 버리면? 기분이 상해 나를 떠나 버리면? 떠나 버리면 내 자아의 일부분도 가지고 떠나 버리는 것인데 말이다. 그래서 실연당한 사람은 고통에 몸부림치며 차라리 죽고 싶다고 말한다. 자아를 뺏긴 건 그 무엇보다도 고통스러운 일이기 때문이다.

타인에게 의존했다가 버림받았을 때 느끼는 고통을 피하는 방법도 있을까? 가장 좋은 방법은 처음부터 의존하지 않고 날 드러내지 않는 것이다. 날 드러내지 않으면 상대방에게 날 보듬어 줄 기회를 주지 않아도 되고, 보듬어 주지 않았으니 의존할 필요도 없으며, 의존하지 않으면 상실감을 느낄 필요도 없다.

누구나 다 친밀한 관계를 감당할 수 있는 건 아니다. 친밀한 관계를 맺으려면 용기가 필요하다. 그래서 외로움을 견디기보다 더 어렵다. 그러나 나 혼자 독립적으로 살기보다 더 어려운 게 바로 상대방에게 의존하는 것이다. 의존하지 않으면 외롭지만, 그래도 상처받지 않으니까 안전하기는 하다.

누구에게나 감정 수용 한도가 있다

인간은 참 재밌는 존재다. 사랑받으려면 감정을 보여 줘야 하지만, 부정적인 감정을 보여 주면 상대방이 받아 주지 않아 내가 상처받진 않을까 두려워하고 상대방이 받아 주면 과도하게 의존할까 봐 두려워한다. 또 자신의 진정한 모습을 아예 보여 주지도 않으면서 외로움에 괴로워하기도 한다. 어찌 됐든 인간은 만족할 줄 모른다.

그러면 어떻게 하면 좋을까? 다행히 심리학자들에게 해결책이 있다. 모든 사람에겐 부정적인 감정을 너그럽게 받아 줄 수 있는 능력이 있다. 다만 장소, 시간, 수준에 따라 달라질 뿐이다. 당신의 모든 부정적인 감정을 다 받아 줄 수 있는 사람도 없지만, 당신의 모든 부정적인 감정을 다 무시하는 사람도 없다.

당신이 다리는 짧고, 나이는 많고, 열등감에 가득 차 있지만 애인이 단점들을 다 잘 포용해 준다고 해 보자. 그렇지만 당신이 몸무게가 엄청 불어난 후에도 여전히 음식에 대한 집착을 버리지 못한다면, 그때도 애인이 당신을 포용해 줄 거란 보장은 없다. 서로 완전히 다른 내용의 단점이기 때문이다.

또 당신이 상사 욕이나 불만을 쏟아 내도 애인이 기분이 좋을 때는 받아 줄 수 있지만, 그도 기분이 나쁠 땐 당신을 나무라며 "문제는 너한테 있네, 좀 고쳐"라고 말할 수 있다. 상황이 다르기 때문이다.

또 당신이 열흘 중 딱 하루만 우울해했다면 애인이 득달같이 달려와 당신을 위로해 줄 것이다. 하지만 당신이 하루 동안 10번 우울해하며 그때마다 애인에게 마음을 털어놨다면 그는 당신을 부정적인 에너지로 가득 찬 사람이라고 생각할 수 있다. 수준이 달라진 것이다.

따라서 당신의 부정적인 감정을 보여 주기 전에 상대방이 감당할 수 있는 내용, 상황, 수준을 알고 있어야 한다. 그래야 상대방이 당신의 부정적인 감정을 받아 줄 수 있다. 너무 어려운가? 난이도는 당신에게 이 능력이 있는지에 따라 달라진다. 바로 '현실 검증 능력'이다. 우리는 사람과 사람 사이의 관계 속에 살아간다. 그래서 우리는 우리의 욕구만이 아니라 상대방의 수용 능력도 생각해야 한다.

현실 검증 능력이란 현재의 내 욕구 수준과 상대방의 수용 능력 수준을 정확하게 파악하는 것이다. 나의 부정적인 감정을 얼마나 포용할 수 있는지, 어느 정도까지 의존해도 되는지 등 상대방의 수용 능력을 알아야 한다.

사람의 수용 능력은 계속 바뀐다. 현재, 이 시간, 이 자리에서 갖고 있는 수용 능력은 다른 시간과 장소에서 달라질 수 있다. 현실 검증 능력을 키우면 상대방의 수용 능력을 파악할 수 있다. 그래서 상대방의 수용 한도 내에서 부정적인 감정을 드러내고, 상대방이 수용할 수 없는 수준이라면 마음의 문을 잠시 닫아 둘 줄 알게 된다. 또한 칼로 무 자르듯 상대방을 전부 부정하고 '저 사람에겐 내 감정을 드러내면 안 되겠어', '뭐든지 다 털어놓으면 안 되겠어'라고 생각하며 내 마음을 알아주지 않는다고 비난하는 일도 멈출 수 있다.

현실 검증 능력이 있으면 상대방이 나의 의존을 받아들일 수 있을 땐 의존하고 그렇지 않을 땐 독립적으로 행동할 수 있다. 칼로 무 자르듯 '나는 평생 혼자 지낼 거야', '나는 평생 친밀한 관계를 맺지 못하겠지'라는 회의적인 생각도 하지 않게 된다. 상대방에게 과도하게 의존하지 않으며, 의존을 받아 주지 않았다고 비난하는 일도 멈추게 된다. 상대방이 당신의 감정을 받아 주지 않았다는 이유로 '더는 믿을 만한 사람이 아닌가 봐'라는 생각을 하지 않게 된다. 또 상대방이 당신을 떠날지도 모른다는 가능성 때문에 '더는 기댈 가치가 없는 사람이야'라고 상대방을 재단하는 일도 하지 않게 된다.

보여 줘도 되는 감정이라면 가능한 선에서 보여 주고 친밀함을 즐기면 된다. 보여 주기 힘들다면 혼자 참으면서 외로움을 받아들이면 된다. 친밀하면서도 독립적이고 건강한 친밀한 관계는 이렇게 만드는 것이다.

현실 검증 능력은 당신을 현실에 더 가까이 다가가게 만들어 줄 순 있지만, 현실에 완전히 녹아 들어가게 해 줄 순 없다. 잘못된 방법으로 부정적인 감정을 드러내면 상처받을 수 있다는 점, 누군가와 친밀한 관계가 되면 마음의 상처를 받을 가능성이 생긴다는 점을 알아야 한다.

한 운동선수에게 "당신은 부상당한 적이 있나요?"라고 물어본 적이 있다. 그리고는 "부상낭한 경험이 있는데 왜 운동선수로 계속 활동하나요?"라고 질문했다. 그러자 그는 "저는 운동을 사랑하기 때문에 부상을 감수합니다. 또 제 몸의 회복력도 믿기 때문에 부상당해도 운동을 계속하지요"라고 대답했다.

인간의 마음도 그렇다. 모든 인간의 마음에도 회복력이 있다. 대부분의 사람이 슬픔을 극복하고 다시 일어서는 이유다. 그러니 우리에게도 부상을 감수할 능력이 있다는 걸 기억하자.

운동선수는 운동하기 전에 다음의 두 가지를 철저히 준비한다.

• 부상을 방지하기 위한 최대한의 보호 조치
• 부상을 당할 수도 있다는 것에 대한 심리적 준비

사람과 관계를 맺을 때도 마찬가지다. 보호 조치란 현실 검증을 뜻한다. 상대방이 어디까지 감당할 수 있는지를 확인한 후에 부정적인 감정을 드러내거나 기대야 한다. 그러나 의존은 상처를 입힐 가능성이 있으니 상처를 입거든 묵묵히 받아들일 줄도 알아야 한다.

따라서 우리는 마음의 회복력을 강화해야 한다. 친밀한 관계를 만드는 건 모험이 뒤따르니 상처받지 않는 관계가 있을 거라는 기대는 버려야 한다. 상처와 사랑은 관계를 맺는 데 필수적인 요소다. 중요한 건 사랑이 찾아왔을 때 사랑을 즐길 줄 알고, 상처받았을 때 상처를 감당할 줄 아는 것이다.

언젠가 한번 나는 짝사랑하던 예쁜 여성에게 메시지를 보냈지만, 그녀는 내 생각을 전혀 하지 않았는지 답장을 하지 않아 조금 슬펐다. 하지만 나는 계속 슬퍼하지도 않았고 모든 사람에게 마음의 문을 닫아 버리지도 않았다. 비록 그녀의 답장을 받고 싶은 마음은 계속 있었지만 말이다. 참 소중한 경험이었다. 조금의 상처에도 마음의 문을 닫아 버렸던 예전의 나와 비교하면 훨씬 더 좋은 상태가 됐기 때문에 가능했다.

고등학교 때까지 나는 남들에게 절대 내 마음을 먼저 내보이지 않았다. 그래야 나를 보호할 수 있다고 생각했다. 하지만 나는 더욱 내향적인 사람이 돼 갔고 내 안에 부정적인 감정이 쌓여만 갔다. 심리학을 배우고 난 후 생각과 방법을 바꿀 수 있었다. 내가 원하는 게 있으면 적극적으로 나서되 내 마음대로 되지 않았을 땐 용감하게 불편함을 감수하기로 말이다.

나는 내 생각보다
괜찮은 사람이다

자기 긍정감

인간이 가진 심리적 문제의 절반 이상은 스스로를 미워하는 마음 때문에 생긴다. 우리는 매일 내 모습을 보며 '나는 왜 여기도 별로고 저기도 별로일까?'라고 생각한다. 그렇게 열등감과 불안감에 시달리면서 이상적인 나의 모습으로 거듭나고자 노력한다.

내가 진행하는 수업에서는 학생을 앞으로 불러내 자신의 장점을 말하도록 하는 '장점 말하기 연습'이라는 걸 한다. 그런데 대부분은 쭈뼛쭈뼛하며 남보다 먼저 앞으로 나와 말하길 주저하고, 억지로 장점을 쥐어짜 내선 "저는 착해요"라고 말하곤 한다. 반면 단점 말하기 연습을 할 땐 다들 하나같이 자신의 단점들을 줄줄 늘어놓는다.

언제부터 자신을 미워하는 게 일상적인 일이 됐을까? 하루라도 자신을 미워하지 않으면 끼니를 거른 것 같은 허한 기분이 들 때도 있다. 그래도 자신에게 한번 물어보자. 나의 단점은 무엇일까? 나의 장점은 무엇일까? 나의 장단점을 종이에 써 내려가면서 장점을 쓸 때와 단점을 쓸 때 어떤 느낌이 드는지, 차이가 있는지 살펴보자.

사이비 심리학자들은 '우리는 우리 자신을 좋아하고 예뻐하고 인정하고 사랑해야 한다'고 주장한다. 나도 심리학을 갓 배우기 시작했을 땐 이런 주장에 가슴 한편이 따뜻해지면서 '아, 행복의 비결은 자기 긍정감에 있었구나'라고 생각했다. 인생의 빛을 찾은 기분이었다. 매일 스스로 "너는 이미 충분히 대단해"라고 말했고, 그 말이 더 진짜처럼 느껴지도록 남과 날 비교하며 '봐, 넌 쟤나 쟤보다 훨씬 대단해. 넌 이미 많은 걸 성취한 대단한 사람이야'라고 생각했다. 내가 얼마나 대단한지에 대한 증거도 찾아다녔다.

그런데 거울을 볼 때마다 삶에 대한 회의감이 몰려들었다. 거울 속 날 볼 때마다 '넌 별로 잘생기지도 않고, 부자도 아니고, 똑똑하지도 않아. 그런데 노력도 안 하고, 부지런하지도 않고, 친절하지도 않고 심지어 생각마저 배배 꼬여 있구나'라는 생각이 들었다. 삶이 날 힘들게 하는데 "나는 날 좋아해"라고 말하는 건 날 속이는 일에 불과했다. 나는 다시 '왜 넌 널 좋아하지 못하니!'라며 자신을 미워하기 시작했다. 날 좋아하는 과정에서 고통과 좌절감만 맛봤다. 어딘가 틀린 건 아닐까 곰곰이 생각해 보니 정말 그런 것 같았다. 내 삶을 더 편하게 만들어 주지 못하는 심리학은 사이비 심리학이라는 생각도 들었다.

나는 타인의 호감을 먹고 산다

자기 긍정을 위해 내가 날 치켜세우다 보면 중요한 사실을 간과하고 만다. 타인도 스스로를 중요하게 생각한다는 사실 말이다.

내가 무인도에 사는 유일한 인간이고 다른 생물은 돼지, 호랑이, 사슴, 물고기 같은 동물밖에 없다고 가정해 보자. 내가 매일 '난 진짜 대단해, 너무너무 대단한 사람이야'라고 생각한다 한들 무슨 의미가 있을까? 또 날 대단한 사람이라고 스스로 치켜세우고, 나는 날 사랑한다고 말하지만 주변 사람들은 모두 날 나쁘게 본다면? 나쁜 평가에 전혀 신경 쓰지 않는다고 해도 그게 정말 좋은 일일까? 봐 주는 사람이 없어도 자기 긍정이 의미 있을까?

내가 날 좋아하느냐 여부는 중요한 문제가 아니다. 중요한 건 타인이 날 좋아하느냐다. 인간은 관계를 맺으며 살아가고, 우리는 모두 타인의 호감을 먹고 살아간다. 우리 내면엔 타인의 호감을 얻고 싶어 하는 에로스적 욕구가 있다. 동시에 인간의 잠재의식은 약육강식의 논리를 믿는다. 그래서 우리는 버림받는 걸 두려워하고, 많은 시간을 들여 자신을 향상하고 변화시킴으로써 타인의 호감을 더 많이 얻고자 한다. 동물은 하지 못하는 인간만의 지혜로운 행동이다.

모든 사람이 날 싫어하는데, 나만 내게 푹 빠져 헤어 나오지 못하는 사람이 있다. 전형적인 자기애성 인격 장애 증상으로 사회적 기능을 상실한 상태라 사회에서 제대로 살아갈 수 없다.

우리가 우리 자신을 좋아하기 위해선 우선 외부로부터 확신을 얻어야 한다. 우리를 둘러싼 외부 환경은 우리를 최면에 빠지게 하고, 자기 최면보다 훨씬 더 강력한 힘을 지니고 있다. 그래서 주변 사람들 모두가 날 좋아하기 시작하면 나도 '아, 나는 사실 정말 괜찮은 사람이었나 봐'라고 생각하게 되고, 타인의 긍정적인 시선으로 내가 좋은 사람이라는 믿음을 계속 가질 수 있다. 서서히 자신이 정말 좋은 사람이라고 믿게 되는 것이다. 반면 아무리 내가 날 좋아해도 날 둘러싼 외부 환경이 나의 존재를 계속 부정하고 형편없는 사람이라고 비난하면 나의 가치에 대한 의심이 싹트고, 오랜 시간 다른 곳에 있어도 의심을 멈출 수 없게 된다. 심리학 용어로 '동조 심리'라고 부른다.

인간은 어느 정도까지 자신을 의심할 수 있을까? 이를 검증한 동조 심리 실험이 있다. 한 명의 피실험자를 대상으로 여섯 명이 20미터짜리 끈과 10미터짜리 끈의 길이가 똑같다고 주장했다. 일곱 번째 사람이 나타나 피실험자에게 똑같은 말을 하자 그는 자신의 시력을 의심하기 시작했다. 이처럼 사람은 객관적인 사실에 대해서도 자신의 능력을 의심한다. 따라서 '나는 좋은 사람일 거야'라는 주관적인 생각은 더 흔들리기 쉽다.

아기는 자신의 존재를 인식하지 못한다. 그래서 아기가 자라나는 동안 부모님이 반복해 '넌 정말 멋진 존재이고 모두가 널 사랑한다'라는 믿음을 심어 주면 아기는 자신에 대해 확신이 생긴다. 자신이 정말 멋진 존재라고 믿게 되며 안정적인 자기 긍정감을 갖게 된다. 아기가 어른이 돼 그의 존재 가치를 부정하는 외부 환경에 노출돼도 한동안은 버틸 수 있다. 하지만 만약 외부 부정 수준이 자기 긍정 수준을 넘어서면 자신의 존재 가치에 대해 의심하기 시작할 수밖에 없다.

반면 자라나는 동안 부모가 아기의 단점을 꼬집고 계속해서 넌 형편없는 존재이고 누구도 널 사랑하지 않는다는 개념을 심어 주면 아기는 자신이 형편없는 존재라고 믿어 버린다. 아이는 커서 외부의 부정적인 평가를 감당하지 못하고, 누구든 조금이라도 그의 존재 가치를 부정하면 철저한 자기 부정에 빠져 버리고 만다. 이들에게 보통 수준의 긍정을 해 줘 봐야 '나는 형편없는 존재야'라는 자기 인식을 절대로 깨트릴 수 없다.

자기 인식을 새로 세워 '나는 좋은 사람'이라는 자아 개념을 확립하기 위해선 타인으로부터 엄청난 수준의 긍정을 받는 수밖에 없다. 자기 인식은 다음의 두 가지 방법으로 만들어진다.

- 긍정적인 부모님을 통해 어렸을 때 스스로 만들어 낸 방법
- 어른이 된 후 주변의 긍정, 부정으로 스스로 만들어 낸 방법

두 가지 방법 모두 타인이 없으면 안 되는 것처럼 우리는 타인의 시선을 통해 우리가 어떤 사람인지 알게 된다. 어렸을 땐 별다른 도리 없이 남이 주는 평가를 그대로 받아들일 수밖에 없기 때문에 어른이 된 후가 더 중요하다. 어른이 된 후엔 어떻게 자기 인식을 새롭게 하고 자기 긍정감을 얻을 수 있을까? 답은 더 많은 사람이 날 인정하도록 만드는 것에 있다.

"저의 어떤 점이 마음에 드세요?"

해답을 얻은 당신은 인간이 얼마나 똑똑한 존재인지 새삼 느꼈을 것이다. 사실 이 해답은 우리의 잠재의식 속에 이미 숨어 있기 때문에 더 많은 사람으로부터 인정받고자 자신을 바꾸고 더 좋게 변하려고 한다.

자신을 미워하는 사람들에겐 한 가지 공통점이 있다. 마구잡이로 노력한다는 점이다. 마구잡이로 노력하고도 인정받지 못하는 사람은 불안감을 느낀다. 내가 너무 게으르고 노력을 제대로 하지 않아서 인정받지 못하는 것 같아 힘이 빠진다. 바꾸고 싶어도 바꾸지 못하니 더 큰 불안감을 느낀다. 자신을 바꾸려고 노력하는 사람은 항상 불안감 속에 빠져 허우적거린다. 잠시 멈춰 남들이

정말 나라는 존재를 싫어하는 건지, 나 혼자 남들이 날 좋아해 줄리가 없다고 생각하는 건지 스스로에게 물어볼 시간조차 없다.

분명 당신에겐 남의 호감을 사는 부분이 많을 것이고 또 당신을 좋아하는 사람도 많을 것이다. 단지 스스로 자신의 장점에 눈 뜰 시간과 마음과 에너지가 없었을 뿐이다. 항상 남의 호감을 사려고 자신을 바꾸는데 급급하다 보니, 잠시 멈춰 서서 남들이 정말 날 좋아하는지 아닌지에 대해선 생각할 겨를이 없었던 것이다.

자신을 바꾼다고 해서 무조건 남의 호감을 얻을 수 있는 건 아니다. 도리어 지금껏 남들이 날 좋아해 줬다는 사실을 깨닫곤 남의 호감을 살 수도 있다. 이 세상엔 당신을 좋아하지 않는 사람도 있을 것이고 비호감이라고 손가락질당하기도 했겠지만, 그래도 다음의 두 가지 사실엔 그 어떤 영향도 끼치지 못한다.

- 누군가가 당신을 좋아한다는 사실
- 당신에게도 타인의 호감을 사는 부분이 많다는 사실

아마도 당신은 당신의 생각보다 타인이 당신의 장점을 훨씬 많이 보고 있다는 사실을 몰랐을 것이다. 물론 특별히 가까운 사람은 제외해야 하는 게 맞다. 사이가 너무 가까우면 단점만 보이기도 하니 말이다.

물론 타인의 시선에 신경 쓸 필요도 있다. 타인의 시선에 신경을 쓰지 않으면 내가 좋은 사람이라는 걸 어떻게 알 수 있는가? 다만, 당신에 대한 긍정적인 평가보다 부정적인 평가에 신경을 좀 덜 쓰면 된다. 그도 어렵다면 부정적인 평가에 신경 쓰는 버릇을 버리고 균형 잡힌 시선을 가지도록 하자.

타인이 아무리 날 칭찬해도 내가 칭찬을 받아들일 준비가 돼 있지 않으면 무용지물이다. 그러니 우리는 타인이 보내는 긍정적인 신호를 받아들이는 방법을 배워야 한다.

자신이 너무 싫고 또 실패자처럼 느껴진다고 말한 내담자가 있었다. 나는 그녀에게 "당신이 얼마나 대단한 사람인데요. 이렇게나 이뤄 낸 게 많잖아요"라고 말했지만, 그녀는 "아니에요, 저는 매일 일을 미루는 게으름뱅이예요"라고 대답했다. 분명 나는 그녀에게 '당신은 A급의 멋진 사람이에요'라고 칭찬했는데, 그녀는 구태여 '아니에요, 저는 B-급 인간이에요'라고 덧붙인 것이다.

잘 들을 준비가 돼 있어야 타인이 날 칭찬할 때 금방 알아차릴 수 있다. 그렇지 않으면 칭찬을 받아도 칭찬을 받는지 잘 모른다. 어떻게 준비하면 좋을까?

한마디 문장으로 간단하게 해결할 수 있다. 이 문장을 반복해 연습하면 자신이 좋아질 것이다. 물론 자신을 좋아하고 긍정하는 일은 하루 이틀 내에 되는 일이 아니다. 그래서 더욱 오랫동안 이 문장을 반복해 연습해야 한다. 다이어트처럼 조금씩, 차곡차곡 쌓아가는 과정이 필요하다. 정말 간단하지만, 반복적으로 연습하기만 하면 분명히 효과를 볼 수 있다.

"저의 어떤 점이 마음에 드세요?"

스스로에게 "난 정말 좋은 사람이야"라고 말하는 게 아니라 타인에게 "저의 어떤 점이 마음에 드세요?"라고 물어보자. 타인이 당신에게 먼저 말할 때보다 당신이 먼저 질문을 던지면 들을 준비를 훨씬 더 잘할 수 있다. 당신이 주도적으로 나서서 물어봐야 한다. 그래야 효과가 좋다. 갑작스럽게 이런 질문을 툭 던지는 게 무리라고 생각된다면 사전 작업을 해도 좋다. "질문 하나 해도 괜찮을까요? 저를 어떻게 생각하세요? 저한테 어떤 장점이 있는 것 같아요?"라고 물어보며 대화를 이어 나가거나, 자연스럽게 이런 질문을 할 수 있는 상황을 만들어 보는 것이다. 그러면 상대방은 당신에게 '귀여워요', '똑똑해요', '용감해요', '노력을 게을리하지 않아요', '독립적이에요', '진취적이에요', '외모가 뛰어나요'와 같은 말을 해 줄 것이다.

당신은 이런 말을 들어도 '나하고 무슨 상관이람?', '날 위로하려는 거겠지', '그냥 하는 소리겠지'라고 생각하며 믿지 않을 수도 있다. 그러면 "예를 들어 설명해 줄 수 있어요?"라고 한층 더 깊이 물어보자. 상대방은 왜 당신에게 그런 장점이 있다고 느꼈는지 사례를 들어 확인시켜 줄 것이며 이런 과정을 통해 당신은 더 큰 확신을 가질 수 있게 될 것이다. 한두 명에게 물어봤을 땐 당신도 의심의 끈을 놓지 못할 것이다. 하지만 100명의 지인이 100번 똑같이 말한다면 당신도 서서히 그렇다고 믿게 된다. 이런 과정을 거쳐 자기 긍정감을 내면화할 수 있다.

"당신은 제 어떤 부분을 좋아하세요?", "너는 내 어디가 좋아?"라는 말을 한 명이 아니라 100명에게 물어보자. 한 명에게 100번 질문하는 방식은 조사 표본 수가 충분치 않기 때문에 나의 장점을 확인하기 어렵다. 어떤 사람은 당신의 장점을 말하지 못할 수도 있다. 그러나 꼭 기억하라. 그건 당신에게 문제가 있어서가 아니라 그에게 문제가 있어서다.

이 방법에는 딱 하나 어려운 점이 있다. 먼저 나서야 한다는 점이다. 칭찬 좀 해 달라고 나서는 것처럼 느껴지기 때문에 조금 부끄럽기도 하다.

옛날 사람들은 우리에게 타인의 의견을 많이 물어보고 또 겸손한 마음으로 그 의견을 받아들이라고 가르쳤다. 이때 타인이 단점을 지적하고 비난하는 건 다 당신이 잘됐으면 하는 마음에서 그런 거라고도 가르쳤다. 하지만 우리에겐 타인의 입을 통해 나의 단점뿐만 아니라 장점이 무엇인지 듣는 시간도 필요하다.

마음속 숨겨진 사랑을
발견하는 이해의 힘

이해

모든 인간은 삶, 죽음, 사랑이라는 인생 최대의 3대 사건을 겪는다. 삶과 죽음이 인생의 시작이자 끝이라면 사랑은 인생의 과정이자 인생 그 자체다. 모든 인간은 사랑을 통해 외부 세계와 연결되고, 사랑 덕분에 살아남아 아름다운 존재로 거듭난다.

세상을 살아가는 한 우리와 사랑은 떼려야 뗄 수 없는 관계다. 우리는 우리 자신을 사랑함으로써 더 행복하고 밝고 희망차고 자신감 넘치는 사람이 되고자 하고, 우리 곁의 사람들을 따스하게 감싸 주는 평온하고 너그러운 마음을 가지고 싶어 한다. 우리는 타인의 사랑을 받으며 내가 약해졌을 땐 위로받고, 상처받았을 땐 힘을 얻고, 기댈 곳이 없을 땐 '내가 있잖아'라는 말 한마디를 듣고 싶어 한다.

하지만 세상은 우리 마음과 같지 않아서 큰 벽이 우리와 사랑 사이를 가로막고 있는 것 같은 답답함을 느낄 때가 많다. 아직 사랑에 대한 이해가 부족해서 그렇다.

이해 없는 사랑은 강요에 불과하다

우리는 자신을 제대로 사랑할 줄 모른다. 그래서 자신에게 베풀 줄 모르고 비난하길 즐긴다. 그러면서도 머릿속으로 아름답고 멋진 이상적인 나의 이미지를 만들고, 그런 사람이 되길 주저하며 망설인다. 우리가 스스로에게 인색한 건 나에 대한 이해가 부족해서 그렇다. 나의 내면 세계에 대한 이해가 없고 내가 누구인지 파악하지 못한 상태에서 외부의 '좋은 사람'이라는 기준을 받아들이고, 그 기준에 맞추려고 자아를 버려 가며 노력한다. 좋은 사람에 대한 세상의 기준은 알아도 나에 대한 이해가 없으니 결국 고통 속에서 허우적거린다.

당신은 누구일까? 당신에겐 무엇이 어울릴까? 당신에게 정말로 필요한 건 무엇일까? 당신은 무엇을 통해 당신 자신의 가치를 증명하고 또 가치를 실현할 수 있을까? 자신을 잘 아는 사람만 이 질문의 해답을 찾을 수 있다. 그리고 해답을 찾아야만 무조건 노력하고 애쓰기만 하는 삶에서 벗어나 행복과 성공의 문을 열 수 있는 열쇠를 얻어 내 삶을 풍요롭게 만들 수 있다.

나를 알면 나와 사이좋게 지낼 수 있고, 내가 필요할 때 내 욕망을 스스로 충족할 수 있다. 그리고 나의 욕망을 충족할 줄 알아야 원만한 사람이 되고, 타인에게 선을 넘는 요구를 해서 난감해질 필요도 없으며, 원하는 걸 얻지 못해 실망하거나 무기력한 감정을 느낄 필요도 없어지기 때문에 타인도 당신을 위험하지 않은 사람이라고 생각한다.

타인에 대한 사랑 역시 마찬가지다. 아마도 지금까지 타인을 수없이 도와줬어도 돌아오는 건 냉대뿐이었을 것이다. 쉽게 갈 수 있는 길을 어렵게 가는 가족과 친구를 보며 마음 졸이고, 지인이 실수라도 하면 큰소리로 혼도 내며, 끊임없는 말다툼과 설교를 통해 그들을 도와주려고 했을 테다.

심지어 내 모든 걸 내 주며 돌봐 주고 행복하게 해 주려고 했지만 실패로 끝난 경우가 성공한 경우보다 훨씬 많아, 결국 '마지막에 감동한 사람은 나밖에 없었다'는 식의 결말을 맞이하곤 했을 것이다. 성을 함락시키려는 장군처럼 타인의 마음의 문을 열고자 당근과 채찍을 번갈아 가며 사용해 봤지만 결국 실패만 맛볼 뿐이다. 이런 과정을 거치는 동안 우리의 좌절감은 더욱 심해지고, '나는 이렇게 잘해 주는데 저 사람은 나한테 왜 이러지? 왜 내 호의를 몰라 주지'라는 생각이 든다.

그러나 사랑은 주는 게 전부가 아니다. 받을 줄도 알아야 한다. 그래서 《손자병법》에 "적을 알고 나를 알면 백번 싸워도 위험하지 않지만, 적을 모르고 나를 알면 한 번은 이기고 한 번은 지며, 적도 모르고 나도 모르면 매번 위험한 싸움을 하리라"라는 문장이 있는 것이다.

상대방에 대한 이해 없이 사랑을 주기만 하면 상대방은 50퍼센트밖에 받아들이지 못하고 '나도 네가 나 좋아지라고 그런 건 알아, 하지만 이제 더는 못 참겠어!'라고 받아치는 상황이 된다. 따라서 자신이 어떤 방식으로 타인을 사랑하는지, 타인은 어떤 방식으로 사랑을 받아들이는지에 대한 이해가 전혀 없다면 당신의 사랑은 물거품이 될 가능성이 크다.

더 끔찍한 사실은 타인에 대한 이해가 부족하면 당신이 아무리 사랑을 줘도 상대방은 전혀 받아들이지 못한다. 나아가 자신에 대한 이해도 부족하니 자신의 사랑 방식도 전혀 자각하지 못한다. 결국 당신의 사랑은 상대방에게 전혀 전달되지 않았는데 사랑에 대한 보상을 강요하는 사람이 돼 상대방에게 스트레스를 준다. "아니에요. 저는 보상 따위 바라지 않고 주기만 했을 뿐이에요"라는 말은 하지 말자. 상대방이 당신 말에 따르고 사랑을 받아들이고, 아끼고, 감사하는 마음을 가지길 바라는 것 역시 보상을 바라는 것과 마찬가지다.

상대방을 이해하기 위해선 그가 원하는 것, 사랑하는 방식, 마음속 소리, 내면적 경험, 민감하게 생각하는 부분, 삶의 가치, 신경쓰는 일, 그가 선호하는 방식, 받아들일 수 있는 수준, 안정감과 자존심에 관한 생각뿐만 아니라 지금 그가 가장 필요로 하는 게 뭔지까지 알아야 한다.

이 과정에서 당신 생각대로 그를 판단해선 안 된다. 당신의 세계에서 빠져나와 그의 세계로 걸어 들어가 그의 내면세계를 들여다볼 줄 알아야 한다.

이해라는 이름의 안경을 쓰자

타인에 대한 이해가 부족하면 내게 찾아온 사랑을 막아 버리는 슬픈 결과를 초래한다. 어떤 이들은 내게 "이 세상은 정말 무서워요. 이 세상 사람들은 자신과 이익, 딱 이 두 가지만 생각하더라고요"라고 말한다. 이들은 세상 사람들이 자신의 호의를 저버리는 일이 반복돼 절망했고, 자신에게 상처를 주는 이들 때문에 마음의 문을 서서히 닫아 버렸다고도 했다. 또 인간의 마음은 세상 그 무엇보다 무섭다며, 그 누구와도 속마음을 터놓고 사귈 수 없고 사랑 따위도 믿지 않는다고 했다.

그러나 사랑은 항상 우리 곁에 있다. 타인에 대한 이해가 부족하면 그만큼 사랑에 대한 이해도 부족해진다. 우리도 그렇지만, 타인도 자신의 틀 안에서만 세상을 보고 경험한다. 그래서 그들도 타인에 대한 사랑보다 자신을 보호하는 걸 먼저 생각하고, 자기 보호에 성공한 후에야 조심스럽게 사랑을 시도한다. 타인이 우리에게 온 마음을 바쳐 사랑을 주지 않는다고 해서 이 세상에 사랑이 존재하지 않는다고 해석하면 안 된다. 우리와 다른 방식으로 사랑할 뿐이지 우리를 사랑하는 마음이 없다는 뜻이 아니다.

우리는 타인에게 뭔가를 기대하기 때문에 실망한다. 그들도 내 방식으로 날 사랑하고, 위로하고, 응원하고, 이해하고, 감정을 보살펴 주기를 바라지만 이런 기대를 충족시켜 줄 수 있는 사람은 세상에 엄마밖에 없을 것이다.

오로지 이해를 통해서만 우리는 사랑을 발견할 수 있다. 그렇기 때문에 타인의 능력과 시야에도 한계가 있다는 걸 이해해야 한다. 그래야 그들이 내게 준 게 내가 원치 않는 것이었다 할지라도 사랑을 감싸고 있는 두꺼운 방어막을 벗겨 내 잠자고 있는 진짜 사랑을 발견할 수 있다. 또 상대방의 세상을 이해해야 그가 자신만 사랑하는 이기적인 사람이 아니라 자신을 사랑하는 동시에 당신도 사랑할 줄 아는 사람이라는 사실을 이해할 수 있다. 나아가 그가 당신에게 어떤 사랑을 나눠 줬는지 깨닫고, 그의 사랑에 감사하고 감동하는 법도 깨닫게 될 것이다.

이해를 가로막는 가장 큰 장애물은 독선이다. 어떤 건 쉽게 이해되지만, 어떤 건 갈피조차 잡기 어렵다. 이 세상엔 보이는 수준의 이해와 보이지 않는 수준의 이해 그리고 진정한 사랑의 눈으로만 볼 수 있는 이해 등 세 가지 유형의 이해가 있기 때문이다.

첫째, 그가 어떤 도움과 지원을 원하는지 현실적인 욕구를 이해해야 한다.

형태가 있는 욕구는 쉽게 파악하고 충족시킬 수 있다.

둘째, 형태가 없는 걸 이해해야 한다.

그가 자존심을 지키는 방식, 그가 필요로 하는 감정적 지원이 뭔지 파악하는 것이다. 이런 욕구는 형태가 없어 소홀히 하기 십상이지만, 엄청난 영향력을 가지고 있다.

셋째, 이 유형의 이해는 그를 진정으로 사랑하는 사람만 할 수 있다.

그가 어떤 방식으로 자신의 영혼을 당신과 공유하고, 당신과 함께하려 하는지를 깨닫는 것이다. 세 번째 유형의 이해를 할 수 있다면 당신이 이떤 형태로 그를 사랑하든 그는 항상 잘 받아들일 것이다.

우리 자신에게도 마찬가지다. 우리는 우리 자신의 현실적인 욕구를 쉽게 파악하고 채우기 위해 노력한다. 반면 타인이 아무 생각 없이 한 행동이 날 어떻게 자극했는지, 왜 쉽게 상처받았는지, 내 콤플렉스는 무엇인지, 내 행동 방식은 무엇인지 등 감정적인 욕구에 대한 이해가 부족해 고통스러워한다.

감정적인 욕구를 이해해야만 나의 약점과 허점을 피힐 방법을 찾을 수 있고, 그래야 쉽게 상처받지 않을 수 있다. 내가 나의 영혼을 돌보고 내면 깊은 곳에 어떤 생각이 자리 잡고 있는지 깨닫는 순간 자신과 즐겁게 마주하며 진정한 만족감을 느낄 수 있을 것이다.

자존감은 흔들리지 않는 믿음에서 자라난다

자신에 대한 믿음

여자에게 이성과의 사랑을 통해 가장 얻고 싶은 게 뭐냐고 물어보자. 되돌아오는 답은 사랑이 아니라 안정감일 가능성이 크다. 사랑을 원한다고 말하는 여자도 안정감을 이미 손에 넣었기에 사랑을 추구하는 경우가 많다. 여자들은 "저는 안정감이 없어요"라는 말을 하곤 한다. 안정감이란 도대체 뭘까? 한번 이야기해 보자.

보호받을 수 있다는 믿음

이 세상에 안정감을 원하지 않는 사람은 없고, 여자들은 더더욱 그렇다. 인간은 타의에 의해 탄생한 이래 줄곧 안정감 부족에 시달려 왔다. 그렇다. 인간은 자의가 아닌 타의에 의해 탄생한다. 아기는 이 세상에 태어나면서부터 어떻게든 살아남고자 생존 방법을 배운다. 세상은 엄마 배 속과 달라 알아서 숨 쉬고 음식물을 씹어야 하며 직접 먹을 걸 찾아야 하는 때도 있다.

수없이 많은 불확실성이 도사린 이 세상에서 아기의 능력은 제한적이기 이를 데 없다. 그래서 갓 태어난 아기는 자기를 잘 이해하고 충족시켜 줄 수 있는 강한 힘, 즉 엄마의 보호가 필요하다. 아기가 엄마를 통해 얻는 보호받는다는 느낌, 이것을 '안정감'이라고 부른다.

언제든지 조건 없이 자신을 보호해 주고 욕구를 충족시켜 주길 바라는 아기의 바람과 달리 엄마가 엄마 노릇을 잘 해내지 못하면 아기는 불안정한 생존 환경에 놓였다는 생각에 공포를 느끼고 안정감을 상실한다. 나의 욕구를 충족시켜 줄 거라는 확신이 없기에 안전하지 못하다는 생각이 든다. 아기가 울었을 때 엄마가 달려와 아기의 욕구를 잘 충족시켜 주면 아기는 노력하면 원하는 걸 얻을 수 있다는 사실을 배운다. 울어도 소용없다면 아기는 노력해도 얻을 수 없는 게 있다는 사실을 배우는 건 물론 자신은 원하는 걸 얻을 만한 가치가 없는 존재라는 생각도 하게 된다. 이 시기의 아이에게 엄마란 세상과 마찬가지다. 이런 환경에서 자라난 아기는 '이 세상은 무조건 날 보호해 주고 원하는 걸 얻게 해 주는 곳이 아니구나'라는 생각을 품은 어른이 된다.

두려움이야말로 안정감 결핍을 일으키는 본질적인 원인이다.

버림받을까 봐, 위험해질까 봐, 존재 가치를 부정당할까 봐 두려워하지만 세상에 맞설 만한 힘은 없기 때문이다. 어른이 되면 엄마는 더는 욕구를 충족시켜 줄 수가 없다. 그래서 여자는 직장, 남자 또는 다른 것으로부터 욕구를 충족하려고 한다.

하지만 아무리 강인한 여자라도 현재와 같은 사회적 환경에선 남자보다 약한 존재가 되기 마련이다. 결국 여자는 자신의 욕구를 충족하기 위해 타인과 환경에 더 의존한다. 그래서 여자들은 공무원처럼 안정적인 직업을 원하고, '날 영원히 사랑해 줄 수 있는' 남자에게 끌린다. 모두 여자를 잘 보호해 줄 수 있는 조건이다. 특히 남자를 볼 때 여자들은 주머니가 두둑한 남자는 물질적인 안정감을 주고, 변치 않는 사랑을 약속하며 또 약속을 잘 지키고 표현할 줄 아는 남자는 정신적인 안정감을 준다고 생각한다.

그런데 이런 조건들이 자신을 보호해 줄 수 있다고 믿는 여자는 이미 어느 정도 안정감을 갖고 있다. 정말로 안정감이 없는 여자는 이런 조건들이 자신을 보호해 줄 수 있다고 믿지 않는다. 그래서 그들은 불의의 사고에 대비하기 위해 돈을 저축하고 물건을 쌓아 두고 노심초사하며 살아간다. 또 남자가 자신에게 선물을 사주는지, 생일을 기억하는지 등 다양한 방법으로 남자의 마음을 떠보며 정말로 자신을 사랑하는지, 여전히 사랑하는지를 검증하려고 한다. 그들은 사람도 물건도 그 자리에 항상 있으리라는 걸 믿지 않는다.

하지만 안정감을 향한 과도한 집착은 자신을 피곤하고 지치게 만들며 외롭게 만든다. 자신을 보호하고자 외부 세계의 안정감 수준을 테스트하고 마음 한편에 자신을 보호하기 위한 벽을 쳐 놓는다. 그래서 진정한 내 모습을 보여 주고 나답게 살며 삶을 즐기는 일 따윈 할 수 없다. 테스트가 실패로 돌아가면 상대방을 미워하며 사랑하는 남자를 떠나거나 마음의 문을 닫아 버린다.

그렇게 그들은 '쉽게 상처받지 않는 냉담한 사람', '실망하지 않기 위해 기대하지 않는 사람'이 돼 시간이 갈수록 안정감과 타인에 대한 믿음을 상실하고, '나 말고는 아무도 날 보호해 주지 못해'라는 생각을 굳혀간다.

현실적으로 보자면 아무리 그녀를 사랑하는 남자라도 끊임없이 되풀이되는 테스트를 이겨 낼 재간이 없다. 사랑을 증명하기 위해 애썼던 남자는 결국 "날 이렇게까지 못 믿다니, 이제 진짜 나도 널 떠나 버릴 거야"라며 지쳐 떨어지고 만다. 심리학에서는 이런 행동을 '투사적 동일시 행위'라고 부른다. 타인이 특정한 행동 방식으로 반응하도록 유도하는 걸 뜻한다. 즉 당신에 대한 상대방의 사랑이 영원하지 않다고 믿기에 상대방이 정말로 당신을 사랑하지 않도록 만들어 버리는 것이다.

안정감은 내가 내게 주는 것

나는 이런 여자들을 아주 많이 봤다. 남자가 오늘은 집에 늦게

들어간다는 문자를 남기거나 다른 여자 동료와 문자를 주고받기라도 하면 그녀들은 걱정에 휩싸여 남자를 계속 들들 볶는다. 결국 남자 입에서 "당신 자꾸 이러면 이혼하는 수밖에 없어"라는 말이 나오게 만든다. 그리고 이 말은 다시 여자의 '버림받을지도 몰라'라는 심리적 불안을 자극한다.

혹시 당신이 이 사례를 보고 '남자가 무심했네. 여자가 불안해하면 좀 더 신경을 써 줘야지'라고 생각했다면 너무 주관적으로 판단한 것이다. 안정감에 과하게 집착하는 여자를 위해 몇 년이고 에너지를 쏟고, 엄마처럼 시시각각 그녀의 상태를 확인하고 보살펴 주는 섬세한 남자는 거의 없다. 연애할 땐 가능할지도 모른다. 그러나 평생 이런 식으로 사는 건 불가능하다. 그래서 안정감 없는 여자는 행복한 삶을 살기 어렵다고들 한다. 걱정을 안고 살기 때문에 큰 업무적 성과를 거두기도 어렵고, 사랑에서도 의심의 눈초리를 거두지 못하고 언제나 상대방이 날 버리지 않을까, 사랑이 식지 않을까 걱정하니 말이다.

좋은 일자리나 이상형의 남편은 진정한 안정감을 가져다줄 수 없다. 아무리 '철밥통' 같은 직업을 가지고 있어도, 아무리 그 남자가 당신을 매우 사랑한다고 해도, 아무리 그를 철석같이 믿고 있다고 해도 당신의 안정감에 대한 욕구 충족 수준이 50퍼센트 아래로 떨어지면 위태로운 상태가 된다. 이런 상태에서 조금이라도 상대방이 '나는 네가 원하는 대로 해 줄 수 없어'라는 제스처를 취하면 곧바로 내 인생은 이제 끝났다며 좌절감에 빠진다.

당신은 안정감에 대한 욕구를 충족하기 위한 다른 방법을 배워야 한다. 당신 자신으로부터 안정감을 얻는 방법 말이다.

안정감은 자신감에서 비롯된다. 그런데 자신감이란 가질 수 있는 물건이 아니다. 하지만 기술을 배운 사람이 취업을 하지 못할까 봐 걱정하지 않고, 매력 넘치는 사람이 연애를 하지 못할까 봐 걱정하지 않는다. 이렇듯 자신의 배우자를 잘 알고 또 배우자를 위해 희생할 줄 아는 사람은 자신이 버림받을까, 배우자가 불륜을 저지를까 걱정하지 않는다. 배우자에게 자신이 얼마나 중요한 존재인지 알고 있기에 자신감을 갖고 있는 것이다.

이런 종류의 자신감은 출중한 외모를 갖고 있다고 해서 저절로 무조건 얻어지는 건 아니다. 아무리 예쁘게 꾸미고 차려입어도 이 세상엔 당신보다 아름다운 여자들이 항상 존재하고, 언제든지 당신을 대체할 수 있다. 외모만으론 심리적 안정감을 얻을 수 없는 것이다.

이런 종류의 자신감은 이 세상에 당신보다 더 그를 잘 알고 마음을 보듬을 줄 아는 사람은 없기에 그가 절대로 당신을 떠나지도 않고 떠나지도 못할 거라는 확신에서 비롯된다. 또한 이런 종류의 자신감은 사랑에 대한 믿음에서 비롯된다. 사랑은 증명한다고 얻어지는 게 아니고, 우리를 찾아왔다가 언제든지 떠나 버릴 수 있다. 그러나 아무리 높은 장벽에 부딪히더라도 사랑과 선량함이 존재한다는 걸 믿어야 한다. 내가 올바른 방식으로 누군가를 사랑했다면 언젠간 보상받을 수 있다고 굳게 믿는 마음, 그게 바로 사랑이다.

나아가 안정감은 감사하는 마음에서 비롯된다. 내게 절대적인 안정감을 선사할 수 있는 존재도, 날 절대적인 위험에 빠뜨릴 수 있는 존재도 오로지 나밖에 없다. 그래서 우리는 감사하는 마음으로 내가 가진 건 즐기고, 가지지 못한 건 연연하지 않아야 한다. 그래야 안정감이 생기고 삶이 더 풍요롭고 행복해질 수 있다.

안정감은 남이 아니라 내가 내게 주는 것이다. 나야말로 날 가장 잘 보호할 수 있기 때문이다. 안정감은 실체가 없는 느낌에 불과하다. 당신 안에 항상 있는 그 느낌, 한 번도 당신을 떠난 적이 없었던 그 느낌을 믿어 보자.

4장

자존감이 인생의
모든 것을 결정한다

나를 지키면서 감정, 관계, 일에 편안해지기

마음의 보호막은
선입견이 아닌 자존감이다

가설 설정

　대인 관계에도 패턴이 있다. 당신이 누군가에게 아부하기도 하고, 두려운 마음을 갖기도 하고, 돌보기도 하고, 강하게 밀어붙이기도 한다면 그게 당신의 대인 관계 패턴이다. 대인 관계 패턴은 상대방이 어떤 사람인가에 따라 달라지는 게 아니라 상대방을 어떻게 인식하느냐에 따라 달라진다.

　우리는 상대방과 상호 작용하기 전부터 상대방에 대한 가설을 세운다. 그리고 내가 세운 가설에 따라 그를 무서워할 것인지, 신뢰할 것인지, 돌볼 것인지, 요구할 것인지를 결정한다. 상대방이 내 요청을 거절할 거라는 가설을 세웠다면 그에게 뭔가를 선뜻 요구할 수 없게 된다. 상대방이 날 항상 만족시켜 줄 거라는 가설을 세웠다면 적극적으로 상대방에게 요구할 수 있게 된다. 타인에 대한 내 가설은 내 경험에 따라 결정되고, 날 대하는 타인의 태도를 해석하는 방식 역시 내 유년기 경험에 따라 결정된다. 어른이 됐음에도 당신은 여전히 타인이 부모님과 똑같은 사람이라고 착각하며 유년기에 부모님을 대하던 태도로 타인을 대한다는 뜻이다.

어린 시절이 결정하는 나의 신뢰도

편의상 부모님과 여러 중요한 부양 의무를 가진 사람들을 '엄마'라고 부르자. 엄마의 양육 스타일에 따라 아이들은 강한 엄마, 약한 엄마, 평등한 엄마가 있다고 생각한다. 또 엄마의 양육 태도에 따라 차가운 엄마, 위험한 엄마, 든든한 엄마가 있다고 생각하기도 한다. 각기 다른 스타일의 엄마 아래서 아이들은 제각기 다른 생존 방법을 익혀 나간다.

당신에게 강하고 위험한 엄마가 있다고 가정해 보자. 엄마가 당신을 자주 혼내고 비난하고 미워하면 언제 또 혼날지 모른다는 두려움을 마음속에 저장하게 된다. 훗날 어른이 돼 대인 관계를 맺을 때도 상대방이 날 비난하거나 혼내지 않을까 걱정하게 된다. 그래서 상대방은 전혀 그럴 생각이 없는데도 당신은 그의 태도에서 비난, 비판, 미움의 신호를 읽어 낸다. 그리고 상대방이 조금이라도 비난하거나 미워할 기색을 보이면 '어떻게 이럴 수 있지?' 하며 과장해 생각하고 크게 상처받으며 민감하게 반응한다.

이처럼 당신은 아주 조금이라도 타인의 비난과 미움을 견디지 못하고, 100퍼센트 다 받아 주고 인정해 주는 사람이 앞에 나타나기만 바라는 사람이 된다.

당신에게 아이를 통제하고 억압하고 지나친 요구를 하는 유형의 엄마가 있다면, 엄마의 부정적인 태도를 마음속에 저장하고 훗날 누군가가 당신을 억압하려 하거나 지나친 요구를 할 때 민감하게 반응한다. 그는 지나가는 투로 말했을지도 모르고 별다른 행동을 하지 않았을 수도 있는데, 자신이 억압당하는 것 같아 그에게 심한 반감을 품기도 하는 것이다. 또 다른 이는 아무 말도 하지 않았는데 뭔가를 요구당할지 모른다는 생각에 긴장하곤 한다. 우리는 타인이 내게 뭔가를 기대한다는 가설을 세운다. 그래서 사람들을 만날 때마다 긴장하고 불안해한다. 상대방의 기대를 저버릴까봐 두렵기 때문이다.

내 수업에도 이런 학생이 있었다. 관심을 두지 않을 땐 활발하게 이야기하다가 그에게 관심을 보이면 긴장하기 시작했다. 뭐가 문제인지 분석해 봤더니 그는 자신에게 관심이 집중되는 순간 모든 이가 자기 입에서 기발한 이야기가 나올 거라고 기대한다는 느낌이 든다고 말했다.

그의 엄마는 아이에게 관심을 보일 때마다 뭔가를 요구하는 유형이었다. 그래서 그는 어른이 돼서도 타인이 자신에게 관심을 갖는 이유가 요구하고 싶은 뭔가가 있기 때문이라고 생각하게 된 것이다.

당신에게 자기주장이 강하고 성격이 거칠고 정서적으로 불안정하고 아이를 때리기도 하는 강한 엄마가 있다면 '나는 작고 약하지만, 남들은 다 크고 강해'라는 생각을 저장한다.

언제 혼날지 모르는 불안한 환경에서 자란 어른은 대인 관계에 두려움을 갖게 된다. 특히 권위 있는 존재나 자기주장이 강하고 말다툼에 능한 성격 드센 사람에겐 공포심까지 느낀다. 설령 자신과 별 관계가 없는 사람일지라도 그들의 존재만으로 겁을 먹는다. 잠재의식이 그들을 자신을 혼낼지도 모르는 위험한 존재라고 판단하기 때문이다. 그렇게 당신은 자신도 모르는 새에 '나는 약하고 작지만 남들은 강하고 크다'는 가설을 세운다. 그래서 타인으로부터 자신을 보호하고자 괜스레 강한 척하거나 상대방에게 아부하거나 대인 관계를 피하는 등의 보호 전략을 쓴다.

강한 척하기 전략을 쓰는 사람은 자신을 보호하고 나약한 모습을 감추려고 일부러 큰소리치며, 괴롭힘당하지 않기 위해 남에게 힘을 과시하고, 공격당하지 않기 위해 먼저 공격하는 방법을 택한다.

반면 아부하기 전략을 쓰는 사람은 자신의 안전을 위해 눈앞에 있는 거대하고 위험한 존재를 달래고 보살피는 방법을 택한다.

여러모로 당신의 손길이 필요한 약한 엄마가 있고 당신의 도움과 참여가 없으면 집안 관리, 동생 돌보기, 아빠 도와주기 등의 일을 잘 끝내지 못한다고 가정해 보자.

엄마의 '엄마' 역할을 맡아야 하는 당신은 어렸을 때부터 강한 척하는 방법을 익히고, 가족들을 잘 돌봐 줘야 살아남을 수 있다는 생각을 저장한다. 점차 잠재의식 속엔 '남들은 다 약하지만 나는 강해'라는 인식이 형성된다. 어른이 돼서 타인과 교류할 때 자기도 모르게 나서서 남을 돌봐 주고, 대신 생각해 주고, 일을 처리해 주고, 걱정해 주게 된다. 타인에겐 스스로를 돌볼 능력이 없는 것처럼 말이다. 그러면서도 자신은 큰형이나 큰언니 같은 존재니까 타인의 도움이나 사랑은 필요치 않다고 생각한다.

당신에겐 정말 도움과 사랑이 필요하지 않을까? 그렇지 않다. 그러나 당신은 자신보다 강한 존재가 있다는 것도, 누군가 당신을 돌봐 줄 수 있다는 것도 믿지 않는다. 설령 그런 존재가 있다고 해도 그들의 돌봄을 받을 만큼 자신이 가치 있는 사람이라는 생각도 하지 못한다. 돌봄을 받는다고 해도 그 느낌이 너무 어색해 밀쳐 내고만 싶어진다.

당신에게 아이를 뒷자리로 밀어내고 업무, 집안일, 자기 일을 우선순위에 두는, 심지어 다른 집에 맡겨 둘 만큼 중요치 않게 생각하는 냉담한 엄마가 있다고 가정해 보자.

이런 엄마는 의식주를 잘 챙겨 주고 돌봐 주지만, 입으로만 사랑을 말할 뿐 감정적으론 아무런 관심이 없고 냉담하기만 하며 자기만의 세계 또는 다른 세계에 푹 빠져 산다. 이런 환경에서 자란 당신의 잠재의식 속엔 '남들은 다 냉담해, 나는 아무것도 아닌 존재야'라는 생각이 저장된다.

그래서 어른이 돼 대인 관계를 맺을 때도 상대방이 당신을 우선순위에 둘 리가 없으며 언제든지 떠나 버릴 수 있다고 생각한다. 아무리 당신에게 사랑한다고 표현해 주고 중요한 존재라고 알려 줘도 아랑곳하지 않고 언제든지 그가 떠나갈 거라고 생각한다. 사랑도 세상도 믿지 않는 당신은 언젠가 이 세상으로부터 버림받을 거라고도 생각한다.

당신에게 강하고 든든한 엄마가 있다고 가정해 보자. 당신에게 엄마란 안전하고 마음을 안정시켜 주는 존재다. 필요한 게 있으면 흔쾌히 주고 위험하면 보호해 주며 슬퍼하면 위로해 준다. 그래서 당신은 저절로 '엄마는 정말 큰 힘을 가진 사람이야, 나한테는 든든한 버팀목이 있어'라는 생각을 한다.

이런 환경에서 자라나면 세상 사람들이 전부 엄마 같은 존재일 거라 생각한다. 그래서 누군가와 관계를 맺기 시작할 때부터 상대방을 든든하고 강한 존재라고 판단하고, 자연스럽게 그도 당신의 욕구를 충족시켜 줄 거라고 믿는다. 그리곤 내가 필요한 걸 줄 수 있는 사람이라는 생각에 적극적으로 상대방에게 의존하고 도움을 구한다.

형제자매처럼 자주 싸울 만큼 평등하고, 때로는 당신이 이기기도 하고 때로는 엄마가 이기기도 하는 권위 없는 엄마가 있었다고 해 보자.

이런 환경에서 자라나 어른이 된 당신은 이 세상엔 수많은 장애물과 눈에 거슬리는 인간들이 있다는 사실을 깨닫고도 겁을 내기는커녕 장애물을 극복하고 용감히 도전하려고 한다. 당신에게 엄마란 싸워 이겨야 하는 존재였기 때문이다. 그래서 남들도, 장애물들도 모두 싸워 이길 수 있다고 믿어 의심치 않는다.

또한 당신에게 친구처럼 평등하고 든든한 엄마가 있었다면 부드럽고 상냥한 엄마와 당신은 어떤 이야기든 나누며 깊은 유대 관계를 맺게 된다. 어른이 돼서도 당신은 세상 사람들이 전부 엄마와 같은 존재일 거라 생각하며 남들과 장난도 치고 수다도 떨 줄 아는 사람이 된다.

이처럼 타인에 대한 신뢰도는 어린 시절 당신에게 신뢰할 만한 사람이 있었는지에 따라 달라지는 것이다.

우리를 둘러싼 다양한 가설들

타인은 안전한 존재라는 가설을 세운 사람은 타인에게 적극적으로 다가가는 능력을 갖춘 어른으로 성장한다. 그들은 모두가 자신의 욕구를 흔쾌히 충족시켜 주고 응원해 주고 인정해 주리라고 믿는다. 자신의 엄마가 그런 성향의 사람이었기 때문에 어른이 돼서도 모든 사람이 엄마처럼 행동하리라 생각하는 것이다.

타인은 위험하고 냉담한 존재라는 가설을 세운 사람은 타인에게 다가가지 못하는 소극적인 어른으로 자라나고, 모두 그를 밀쳐내고 미워하고 부정하고 시시한 존재로 취급하리라 생각한다. 자신의 엄마가 그런 유형의 사람이었기 때문에 어른이 돼서도 모든 사람이 엄마처럼 행동하리라 생각하는 것이다.

자신이 강한 존재라는 가설을 세운 사람은 자신감과 용기가 넘치는 어른이 된다. 자기 앞의 장애물이나 남들은 나보다 약하다며 뭐든지 극복할 수 있다고 보는 도전적인 사람이 되기도 한다. 이렇게 자신감 넘치는 사람이 될 수 있었던 이유는 엄마가 아이의 말에 귀 기울이며 든든하고 성공의 경험을 많이 맛볼 수 있도록 해 줬기 때문이다.

자신이 약한 존재라는 가설을 세운 사람은 열등감과 겁이 많은 어른이 된다. 타인이나 인생의 장애물을 극복하기 어렵다고 생각하기에 도전 앞에서 주저하기도 한다. 아이에게 절대로 양보하지 않는 엄마를 경험했기 때문이다. 엄마와의 싸움에서 번번이 지기만 했기 때문에 그는 세상 모든 사람과 일도 마찬가지로 어렵고 힘들 거라고 지레짐작해 버린다.

타인이 자신을 비판하고 비난하고 적의를 갖고 있다는 가설을 세운 사람은 누군가를 만날 때마다 심하게 긴장한다. 반면 누구를 만나도 여유로운 사람은 타인은 포용성 있고 우호적이라는 가설을 세웠다.

이처럼 어렸을 때 어떤 대접을 받았느냐에 따라 날 대하는 타인의 태도를 다르게 판단한다. 어른이 돼 대인 관계에서 큰 상처를 받은 경험이 없다면 어린 시절 만들어진 대인 관계 패턴이 평생 함께하기 마련이다.

누군가와 만나기 시작하거나 상호 작용을 시작했을 때 당신은 상대방에 대해 어떤 가설을 세웠는지 한번 돌아보자.

그는 강한 존재거나 약한 존재일까? 당신과 대등한 존재일까? 둘 중 누가 더 큰 힘을 지니고 있을까? 그는 비난하고 무리한 요구를 하고 통제하고 미워하고 억누르는 사람일까? 하나부터 열까지 당신의 보살핌, 배려, 보호가 필요한 아이 같은 사람일까? 그는 위험한 존재거나 냉담한 존재일까? 든든한 존재일까? 그는 당신에게 상처를 주는 사람일까? 보호해 주는 사람일까? 아무래도 상관없는 존재일까? 그가 당신에게 어떻게 행동할 것 같은가? 당신을 어떻게 대할 것 같은가?

자신이 어떤 가설을 세웠는지 살펴보고 그 가설을 따라 거슬러 올라가면 어린 시절에 어떤 대접을 받았는지 알 수 있고, 나아가 어른이 된 후 타인에 대해 어떤 가설을 세웠는지도 알 수 있다. 또한 타인이 당신의 생각만큼 그렇게 나쁘지 않다는 걸 깨닫게 될지도 모른다. 당신이 생각했던 타인의 모습은 어린 시절 경험에서 비롯된 이미지일 뿐이며 그들의 진짜 모습이 아니라는 걸 깨달아야 한다.

타인은 부모님과 다르다. 타인이 당신에게 엄격한 잣대를 들이밀지도 모르지만, 당신의 생각처럼 그렇게 사납고 무서운 사람들은 아닐 수 있다. 또 타인이 무능할지도 모르지만, 당신의 생각처럼 그렇게 약하지 않을 수 있다. 사람들이 당신을 차갑게 대할지도 모르지만, 당신의 생각처럼 그렇게 무정하고 잔인하지 않을 수 있다.

그렇다면 타인의 진실한 모습은 어떻게 발견할 수 있을까? 자신이 세운 가설을 한쪽으로 치우고 상대방을 진지하게 이해하려고 노력해야 한다. 그 순간부터 우리는 상대방의 진실한 모습을 발견하고 진정한 유대감을 형성하며 감정의 싹을 틔울 수 있게 된다. 누군가를 사랑하고 싶다면 가장 먼저 그의 진실한 모습을 볼 줄 알아야 한다.

사소한 대화가
말다툼으로 번지는 이유

다차원적 사고

말다툼은 대개 잘잘못을 따지는 것에서 시작된다. 처음엔 상대방의 실수나 부당한 행동을 비난함으로써 내가 옳다는 걸 증명하려고 했을 뿐인데, 어느새 말다툼으로 번진다. 그러다 상대방의 잘못을 증명하는 게 힘들어지고 말다툼의 수준도 높아져 간다.

사실 말다툼의 원인은 별것도 아니다. 귀가 시간과 같은 일상적인 일이 원인이 되기도 하고, 자신의 잘못을 알지만 인정하기 싫어 상대방의 잘못을 찾아내려고 하는 것이 원인이 되기도 한다. 이런 일이 반복되면 화해를 해도 그때뿐이다. 부부, 부모와 자녀 등 복잡한 관계로 이뤄진 가정에서도 다양한 말다툼이 벌어지지만, 사회에선 얽히고설킨 관계 때문에 더 많은 말다툼이 벌어진다.

모든 사람이 말다툼할 때면 자기는 맞고 상대방은 틀렸다고 생각한다. 판사도 판단하기 어려운 문제를 심리학자가 판단하긴 더더욱 어렵다. 우리는 분명히 서로 사랑하는데, 사랑의 은혜를 왜 말다툼으로 갚으려고 할까?

옳고 그름, 좋고 나쁨은 변한다

며칠 전 한 내담자가 날 찾아와 질문을 던지고 갔다. 그녀의 질문은 마른하늘에 날벼락처럼 느닷없이 내게 깨달음을 줬다. 덕분에 가족 갈등이 왜 생기는지, 사람들이 왜 잘잘못을 가리기 위해 말다툼하는지, 수많은 연인이 왜 가치관 차이로 헤어지는지를 이해할 수 있게 됐다.

그녀는 내게 질문했다.

"선생님, 여자가 독립적으로 살 줄 안다는 건 좋은 일이에요, 나쁜 일이에요?"

이 질문을 받고 나는 말문이 콱 막혔다. 심리학 전문가로서 나는 좋은 일이라고 대답해야 할까? 나쁜 일이라고 대답해야 할까? 어떤 답변을 하더라도 나는 아마추어 같아 보일 것이었다. 영화 속 폭탄 해체 장면에서 빨간 전선을 자르든 파란 전선을 자르든 상관없이 폭발하고 마는 것과 같은 상황이었다. 이 질문엔 그 자체로 함정이 있다. 일차원적 사고의 결과인 '거짓 명제'이기 때문이다.

여자가 독립적으로 산다는 건 좋은 일이다. 남에게 의지할 필요 없이 자유롭고 거리낌 없이 마음대로 살며, 존엄성을 갖춘 새로운 시대의 표상이 될 수 있다는 장점들이 있다. '나다운 삶', 얼마나 아름다운가?

반대로 여자가 독립적으로 산다는 건 별로 좋은 일이 아니기도 하다. 남에게 의지하지 않으니 어떤 일이든 혼자 견뎌 내야 하는 단점이 있다. 그러다 불안감, 무기력감, 막막한 느낌, 외로움이 밀려들어 오며 암흑 속에 길을 잃고 혼자 걷는 듯한 느낌을 받는다. 자유롭기는 하나 얼마나 더 오래 자유를 즐길 수 있을까? 남에게 의지할 줄 몰라 친밀한 관계도 맺지 못하고, 타인도 다가오지 못한다. 어쩌면 결혼을 하더라도 외로움으로 가득한 결혼 생활만 하다가 생을 마칠 수도 있다.

옳고 그름, 좋고 나쁨은 상황과 보는 사람의 시각에 따라서 달라진다. 기댈 만한 사람이 있을 땐 기대고, 기댈 만한 사람이 없을 땐 독립적으로 산다면 그것도 좋다. 그런데 기댈 만한 사람이 있는데도 기대지 않으면 그건 에너지 낭비다. 반면 기댈 만한 사람이 없는데도 독립적으로 살지 못한다면 신세 한탄만 하게 된다. 그래서 여자가 독립적으로 산다는 건 좋은 일이기도 하지만 나쁜 일이기도 하다.

좋을 수도 있지만 나쁠 수도 있다는 결론은 이차원적 사고를 통해 얻을 수 있다. 그러나 이 결론도 한계점이 있다. 질문을 둘러싼 상황을 제대로 평가해야 정확한 결론을 내릴 수 있기 때문이다.

'독립적으로 사는 여자'에 관한 질문이 정말 이 문제에만 국한된 질문이었을까? 그녀는 언제부터 '독립적으로 사는 게 옳은 걸까?'라는 문제를 생각하게 됐을까? 누군가에게 미움을 받아서? 좋아하는 사람이 생겨서? 연애하고 싶어져서? 배우자를 찾지 못할 거라는 걱정이 생겨서? 그녀는 왜 이런 질문을 던지게 됐을까? 이 질문을 통해 그녀가 정말로 물어보고 싶었던 건 무엇이었을까?

문제 자체를 뛰어넘어 배경과 동기 등 주변 내용에 대해 생각하는 것이 바로 '다차원적 사고'다.

일차원적 사고의 폐해

일차원적으로 생각하면 문제를 옳고 그름, 좋고 나쁨으로만 나누고 단 하나의 모범 답안만 도출해 낸다. 모든 말다툼, 특히 가족 간의 말다툼은 전부 일차원적 사고 때문에 빚어진다.

"방은 무조건 깨끗이 치워야지", "숙제는 오늘 안에 해야지", "일찍 일어나야지", "설거짓거리가 있으면 오늘 안에 해야지", "친척들한테 웃음거리가 되지 말아야지", "전등이 나갔으면 제때 갈아야지" 등 말다툼을 할 때 자주 듣는 말들이다. 잔소리할 땐 속사포처럼 말을 얼마나 잘도 쏟아 내는지 사랑에 발목 잡혀 우리 곁에 머무르기로 하지 않았다면 분명 대단한 판매 사원이 됐을 것이다.

일차원적 사고를 할 때 우리는 단 하나의 기준, 즉 나의 기준만으로 문제를 바라본다. 나의 기준이 세상의 보편적인 기준이라고 생각하기 때문에 뭐든 내가 기대하는 방향으로 일이 진행돼야 옳고 그렇지 않으면 틀리다고 생각한다. 심지어 내가 원하는 방향으로 일이 진행되는 것만으론 성에 차지 않고, 내가 생각해 놓은 기준에 맞춰야 좋고 옳으며 마땅히 그렇게 해야 한다고 주장하기도 한다.

상대방이 방을 열심히 치웠더라도 깨끗함에 대한 내 기준을 맞추지 못하면 방은 더러운 것이고, 아무리 열심히 일했더라도 내가 생각한 업무량을 달성해야 부지런한 사람인 것이다. 그렇지 못하면 게으른 사람이다. 또 내 기준에 맞춰 일을 진행하지 않으면 상대방은 잘못한 것이고, 나쁜 것이니까 반드시 고쳐야 하고 벌을 받아야 마땅하다고 생각한다.

서로 다른 기준을 가진 두 사람이 일차원적 사고를 하면 매일같이 전쟁 영화를 방불케 하는 말다툼이 펼쳐진다. 결국 힘이 더 센 사람의 주장을 따르는 걸로 전쟁은 끝난다. 가정에선 말씨름을 하거나 싸워서 이기는 사람의 주장을 듣는 걸로 말다툼이 끝난다. 더 강한 쪽이 '옳은 주장'이라는 훈장을 가질 수 있기에 우리의 잠재의식 속엔 '힘센 사람의 말이 옳다'라는 생각이 자리 잡기도 한다. 그래서 일차원적 사고를 하면 '내가 옳으니까 넌 무조건 내 말만 들어'라는 생각에 사로잡힐 수밖에 없다.

이차원적 사고의 깨달음

한편 자기 성장을 게을리하지 않는 사람은 같은 문제라도 두 가지 측면에서 볼 줄 안다. 그래서 같은 문제에 대해서 맞을 수도 틀릴 수도, 좋을 수도 나쁠 수도 있다고 생각한다. 다른 시각에서 같은 문제를 바라보는 이차원적 사고 방법이다. 옳고 그름에 집착하지 않고 이 세상엔 절대적인 게 없으며 모든 일엔 좋은 점과 나쁜 점이 있다는 걸 인지할 수 있는 것이다. 가령 성적표를 받았을 때 A도 A-도 각각의 좋은 점과 나쁜 점이 있다고 생각하는 사람이 이차원적 사고를 할 줄 아는 사람이다.

설거지를 하면 좋지만, 안 해도 괜찮다. 설거짓거리를 모았다가 해도 되니까. 그래도 설거지를 하기 싫다면 인류의 위대한 발명품인 식기세척기를 사면 그만이다. 그도 아니면 전부 일회용품으로 바꿔서 설거짓거리를 아예 만들지 않는 것도 한 가지 방법이다. 방 청소도 하면 좋지만, 안 해도 괜찮다. 어떻게 보면 깔끔한 체하는 사람들은 불안증, 조증, 강박 증상이 있는 사람들이라 마음을 차분히 가라앉히고 인생을 돌이켜 보거나 공부에 전념하지 못한다. 반면 인류 역사를 돌아보면 더러운 방을 가진 사람들이야말로 위대한 발명품을 탄생시킨 발명가들이었다.

태양이 뜨는 것에도 장단점이 공존한다. 자연 만물에는 좋은 일이지만, 침대에서 일어나고 싶지 않은 내게는 좋은 일만은 아니니까 말이다.

이차원적 사고를 하게 되는 순간부터 당신은 모든 사람이 각자 자신만의 관점이 있으며 그 관점들이 모두 옳다는 사실을 깨닫게 될 것이다. 모두 자기 관점에서만 문제를 보기 때문에 자기가 옳다고 생각하고 자기주장을 밀고 나간다. 이렇듯 두 사람의 주장이 모두 옳다는 걸 인식하고 다른 관점에서 문제를 바라보는 방법을 익히면, 기존에 말다툼을 벌이곤 했던 문제들도 이해와 공감을 통해 얼마든지 해결할 수 있다는 걸 알게 될 것이다. 그뿐만 아니라 당신이 상대방의 주장에 공감하면 상대방도 마음을 차분히 가라앉히고 당신과 소통하려고 할 것이다.

이 세상은 '너는 맞고 나는 틀렸어' 또는 '나는 맞고 너는 틀렸어'라는 이분법적인 논리로 돌아가지 않는다. 너도 나도 모두 맞고 옳다.

다차원적 사고의 매력

이외에도 다차원적 사고 방법이 있다. 다차원적 사고로 우리는 문제 자체에 얽매이지 않고 다른 시각에서 문제를 다룰 수 있다.

상대방이 당신에게 "설거지 왜 안 했어?"라고 비난하는 건 그가 일차원적 사고를 하기 때문이다. 이때 당신도 일차원적 사고로 대처하면 '내가 하기 싫으면 안 하는 거지'라고 생각하기 때문에 말다툼이 벌어진다.

반면 이차원적 사고를 하면 너그러운 마음으로 "맞아, 아직 안 했어"라고 인정할 수 있다. 당신이 보기에 설거지를 안 한 건 잘못한 일이 아니기 때문에 양심의 가책을 느끼거나 약점이 잡혔다는 생각도 하지 않는다. 그래서 상대방의 비난에 반박하고 싶은 마음이 들지 않는 것이다. 당신이 상대방의 말도 옳다고 인정했기에 그도 화를 내지 않고 소통할 가능성이 생긴다. 더 나아가 다차원적 사고를 하게 되면 설거지 문제에 대해 옳고 그름이 아니라 설거지 문제 자체에 담겨 있는 정보를 읽을 수 있게 된다. 예를 들면 이렇다.

1. '내가 오늘 밖에서 좌절감을 느껴 기분이 나빠. 집에서라도 트집거리를 잡아서 스트레스를 풀어야겠어. 뭐가 있을까나? 때마침 설거지를 안 했구나.'

2. '요즘 답답하고 외롭고 괴로운데, 누가 날 좀 위로해 줬으면 좋겠어. 네가 좀 알아서 위로해 줬으면 좋겠는데. 내가 먼저 굽히고 들어가서 위로해 달라고 하긴 싫단 말이야. 근데 너는 내게 위로가 필요하다는 것조차 모르네? 그러니까 난 트집거리를 찾아 못살게 굴 거야.'

3. "내일 친구들이 오기로 했는데, 혹시 친구들이 왔다가 설거짓거리가 쌓인 우리 집을 보면 어떻게 해? 내 체면은 뭐가 돼?

내가 이렇게 걱정하는데 왜 당신은 도와주지 않는 거야?"

4. "당신은 날 사랑하긴 하는 거야? 당신한테도 책임감이라는 게 있고, 집안일에 신경 쓴다면 설거지를 해서 증명해 봐."

다차원적 사고를 하면 문제를 한 가지 시선에서 바라보지 않고 문제에 담긴 더 많은 상징, 동기, 원인, 감정, 배경 등을 파악할 수 있다.

우리는 대개 특정한 사건 때문에 말다툼한다고 생각하지만, 다른 일 때문에 그런 경우도 있다. 말다툼의 주제가 된 특정한 사건은 그저 겉으로 보이는 문제일 뿐 내 신경을 건드린 건 내가 말하지 않거나 나조차도 의식하지 못한 문제일 수도 있다. 그래서 다차원적 사고를 하는 사람은 문제 자체에 초점을 맞추는 게 아니라 문제를 둘러싼 주변에 초점을 맞춘다. 당신도 다차원적 사고를 통해 문제를 다루는 법을 익히면 생각이 깊고 마음이 넓으며 독특한 생각을 할 줄 아는 사람이 돼 인간적 매력을 한층 업그레이드할 수 있다.

그렇다면 다차원적인 사고는 어떻게 하는 걸까? 상대방이 왜 당신과 이 문제의 옳고 그름을 두고 말다툼하는지 생각해 보자.

'그에게 무슨 일이 있었는지 그에게 관심을 가질 순 없을까?'

그다음 왜 상대방의 잘못을 비난하게 됐는지 생각해 보자.

'내게 무슨 일이 있었을까? 일치형 의사소통으로 내 의견을 표현할 순 없을까?'

옳고 그름을 다투거나 상대를 비난하거나 자책하고 싶어지면 지금 나는 어떤 차원의 사고방식을 하는지, 그 사고방식을 바꿀 순 없는지 내게 물어보자.

나를 건강하게
사랑해 주는 방법

욕구 충족

내가 꼭 필요로 하는 사람이 날 만족시켜 주지 않는다면 세상에 이보다 더 사람을 괴롭게 만드는 일이 또 있을까?

그가 날 사랑해 주고, 함께해 주고, 귀하게 여겨 주고, 관심을 보여 주고, 영적인 교류가 이뤄지는 '양질의 시간'을 보내고, 내가 생각하는 '나의 기본적인 욕구'를 충족시켜 주고, 내 말대로 해 주고, 내가 생각하기에 올바른 일과 꼭 해 줘야 하는 일을 해 줬으면 하고 바라지만, 상대방은 내가 요구하는 그 어떤 것도 해 주지 못한다고 가정해 보자.

심지어 그에게 화를 내고, 위협하고, 헤어지고, 싸우고, 자기 학대를 하는 등 갖가지 방법을 동원해도 여전히 내가 원하는 걸 주지 못한다면 어떨까? 겨우겨우 내가 원하는 대로 해 준다고 해도 여전히 내 마음속엔 서운함과 떨떠름한 느낌만 가득 차서 더 큰 괴로움만 느낄 뿐이라면?

욕구가 있다는 건 정상적이고 건강한 일이다. 우리는 살아가며 외부 세계와 연결되길 바라고, 타인이 우리에게 생존에 필요한 양식, 사랑 그리고 위로도 주길 바란다. 모든 걸 자급자족할 수 없기에 우리는 필연적으로 타인의 도움이 필요하다. 그런데 배우자나 연인이 나의 욕구를 충족시켜 주지 못한다면 우리는 포기하거나 회내는 것 말고 또 어떤 행동을 할 수 있을까?

욕구를 직접 표현하기

욕구를 충족하기 위한 네 가지 방법은 다음과 같다. 욕구가 있다는 건 아무런 문제가 없다. 문제는 잘못된 방법을 사용하고 있다는 점이다. 욕구를 적절하게 표현하는 네 가지 방법을 배우면 분명 원하는 걸 더 많이 얻을 수 있을 것이다.

첫째, 일치형 의사소통 방식을 사용한다.

분노를 통해 욕구를 표현하면 원하는 결과를 얻을 가능성이 아주 낮아진다. 물론 분노도 욕구를 표현하는 방식 중의 하나지만, 화를 내자마자 즉시 감춰진 욕구를 알아차릴 수 있는 '화풀이' 대상은 많지 않다. 화풀이를 당할 때 사람들은 대부분 자신을 보호하는 데 온 신경을 집중하기 때문에 상대방이 무엇을 원하는지 알아차리지 못한다.

따라서 "꽃다발 왜 안 사 왔어? 진짜 화나"라고 말하며 상대방을 비난하기보다 "당신한테 꽃다발 선물받고 싶어, 기쁠 것 같아"라고 직접적으로 표현하는 편이 훨씬 더 쉽게 원하는 걸 얻을 수 있다. 또 "왜 맨날 내 메시지에 답장 안 해"라고 상대방을 비난하기보다 "다음엔 내 메시지에 빨리 답장해 줬으면 좋겠어, 당신이 날 존중한다는 느낌이 들 것 같아"라고 직접적으로 표현하는 편이 훨씬 더 쉽게 원하는 걸 얻을 수 있다.

일치형 의사소통을 통해 욕구를 표현하면 원하는 걸 전부 얻진 못해도 원하는 걸 얻을 가능성은 커진다.

둘째, 교환을 활용한다.

"얻고자 하면 먼저 줘라" 이 고전적인 방법을 통해 당신은 원하는 걸 더 많이 얻을 수 있다.

인정받고 싶은 욕구를 갖고 있는 사람은 상대방을 칭찬하기보다 비난하는 경우가 더 많고, 존중받고 싶은 욕망을 갖고 있는 사람은 상대방을 존중하기보다 억압하는 경우가 더 많다. 따라서 인정받고 싶다면 먼저 상대방을 더 많이 인정해 보자. 또 배우자가 더 많은 시간을 함께해 줬으면 하고 바라는 사람은 오히려 배우자와 함께 시간을 거의 보내지 않는다. 둘이 함께한다는 건 한 공간에 함께 있다는 뜻이 아니다. 함께한다는 것의 진정한 의미는 내가 좋아하는 일을 우리 둘이 같이한다는 뜻이다. 자세히 살펴보면 이런 욕구를 가진 사람 중에 배우자가 좋아하는 일을 함께하는 경우가 거의 없다. 함께하고 싶다면 먼저 상대방과 함께해 보자.

뭔가를 얻고 싶다면 먼저 주고, 상대방을 위해 먼저 행동해 보자. 이런 방법을 통해 더 쉽게 원하는 걸 얻을 수 있다. 한편 상대방을 위해 뭔가를 해 줄 만한 능력이 없다면 상대방에게 뭔가를 요구할 때 '넌 당연히 나한테 이렇게 해 줘야지'라는 생각을 조금만 덜 해 보는 선 어떨까?

이보다 더 고급 과정의 방법도 있다. 상대방이 진정으로 원하는 걸 해 주는 것이다. 우선 그가 정말로 필요로 하는 게 뭔지 파악한 후 그의 욕구를 충족시켜 주면 된다. 상대방은 당신의 사랑을 느낄 수 있고, 나아가 그는 당신을 위해 더 많은 걸 해 주고 싶어 할 것이다.

셋째, 적절한 상황을 선택한다.

일반적으로 사람들은 상황을 가리지 않고 욕구를 표출하고 요구하는 경향이 있다. 심지어 배고픈 아기도 아닌데 지금 당장 욕구를 충족시켜 주지 않는다는 이유로 폭발적으로 분노하는 사람도 있다.

상황에 아랑곳하지 않고 요구를 해 대는 배우자와 함께하는 이가 있다고 가정해 보자. 그는 자신을 몰아붙이고 시도 때도 없이 잔소리하고 들러붙는 배우자 때문에 숨이 막힐 정도가 돼 도망가고 싶다고 생각할 정도로 곤혹스러워할 것이다.

이런 성향이 있는 사람들은 잠시 혹은 며칠만이라도 참았다가 상대방의 기분이 좋을 때나 이야기를 나누고 싶을 때 감정적 욕구를 표출한다면 원하는 걸 훨씬 더 많이 얻을 수 있다. 이런 능력을 '충족 지연 능력'이라고 부른다. 아기는 지금 당장 욕구가 충족돼야 하지만, 어른은 참았다가 욕구를 충족할 줄 안다.

넷째, 타인의 한계를 받아들인다.

'나는 내가 원하는 걸 다 얻을 거야'라며 고집을 부리면 쉽게 화를 내고 심지어 폭발적으로 화를 내는 사람이 된다. 고집을 부리면 자연히 '그는 왜 날 사랑하지 않지? 왜 내가 원하는 대로 해 주지 않는 거야?'라는 생각이 들기 때문이다. 나의 욕구를 100퍼센트 충족시켜 달라고 요구하는 행동은 절대적인 욕구 충족에 대한 편집증적인 행동이다. 편집증 상태에 빠진 당신은 '내가 원하는 걸 내 놔, 아니면 화낼 거야'라는 생각밖에 못한다. 하지만 얻을 수 있는 건 가슴 가득한 울화 말고는 아무것도 없다.

편집증적인 생각에서 빠져나오기 위해선 타인에게도 한계가 있다는 걸 이해하고 받아들여야 한다. 그러면 당신의 눈에 상대방이 해 준 많은 일이 들어올 것이다. 그는 당신이 요구했던 100퍼센트를 해 주지 못했을 뿐 30퍼센트, 심지어 60퍼센트를 해 줬을지도 모른다. 100퍼센트에 대한 집착을 내려놓아야만 이미 얻은 30퍼센트, 60퍼센트를 즐길 수 있다. 당신이 얻지 못한 나머지 부분은 정말로 얻을 수 없는 거라는 사실을 받아들여야 한다는 뜻이기도 하다. 100퍼센트에 집착함으로써 얻을 수 있는 건 '어쩌면 그가 내게 더 해 줄지도 몰라'라는 환상뿐이다. 어쩌면 아무것도 얻지 못하고 빈손으로 살아야 할 수도 있다.

여기서 어른과 아기의 두 번째 차이점을 알 수 있다. 아기는 절대적인 욕구 충족을 필요로 하지만, 어른은 반쪽짜리라도 받아들일 줄 안다.

제삼자를 찾아보기

배우자가 나의 욕구를 충족시켜 줄 능력이 없다고 생각된다면 '제삼자'를 통해 원하는 걸 얻는 것도 좋은 방법이다. '제삼자'라는 단어에 작은따옴표를 친 이유는 부부 관계를 깨트리는 인물이라서가 아니다. 모든 타인이 다 불륜의 대상이 되는 것은 아니니 말이다.

열애 중이거나 결혼한 두 사람의 머릿속은 상대방에 대한 생각으로 가득하다. 그런데 상대방의 욕구를 완벽하게 충족시켜 줄 수 있는 사람은 존재하지 않는다는 걸 모르는 위험한 공생 관계이자 융합 관계이기 때문에 욕구가 충족되지 않으면 애증의 관계로 발전하게 된다.

건강한 연인 관계는 함께하는 부분뿐만 아니라 독립적인 부분도 있어야 한다. 독립적인 부분이란 상대방이 끼어들 수 없는 나만의 친구와 세상을 뜻한다.

'제삼자'란 독립적인 부분과 타인 간의 교류를 통해 만들어지며 많은 욕구를 충족시켜 주는 요소다. '제삼자'는 친구나 가족 혹은 반려동물일 수도 있다. 당신이 상처 입었을 때, 위로가 필요할 때, 도움이 필요할 때 '제삼자'가 많은 도움을 준다. 좋아하는 게임이나 일인 경우도 있다. 좋아하는 일에 푹 빠져 있는 시간을 통해 당신의 욕구가 충족되기도 한다. 심리 상담사일 수도 있다. 심리 상담사와 이야기를 나누며 타인에게서 얻을 수 없는 이해와 동료애, 격려를 얻을 수 있다.

한편 타자를 통해 얻을 수 있는 만족감과 그것을 얻기 위해 필요한 에너지 사이에 균형을 잘 유지하고 자신, 배우자 그리고 타인이 모두 받아들일 수 있는 적당한 선을 유지하는 것도 필요하다.

결혼은 서로의 모든 욕구를 충족시켜 주기 위해 존재하지 않는다. 핵심적인 욕구만 충족할 수 있어도 좋은 결혼이라고 할 수 있다. 부차적인 욕구는 타인을 통해 충족하면 된다. 타인이란 사회적 지원 체계를 뜻한다. 사람에겐 결혼 생활 말고도 사회가 필요하다. 그런데 배우자 때문에 괴롭고 절망스럽고 더는 핵심적인 욕구조차 충족되지 못하는 상태라면 그를 떠나 당신을 만족시킬 수 있는 뭔가를 찾아 보는 것도 나쁘지 않다.

자기만족 추구하기

자기만족도 욕구를 충족하는 방식 중에 하나다. 자기만족은 두 가지 단계를 거쳐 얻을 수 있다.

첫째, 자신을 더 이상 괴롭히지 않는다.

때때로 세상으로부터 무시당하고 인정받지 못한다는 느낌이 든다. 그런데 그런 느낌이 든 그 순간 누구보다 날 무시하고 괴롭히는 존재는 자신이다. 최선을 다하지 않았다며 혼내고, 형편없다며 미워하는 마음이 드는 그 순간이야말로 사랑받고 인정받길 갈망하는 순간이다.

때때로 누군가가 나와 함께해 줬으면 좋겠다는 생각이 든다. 그 이유는 내가 날 너무 소홀히 대하고 있기 때문이다. 모든 시간을 집안일, 업무 등 바쁘게 돌아가는 일상에만 쓰고 날 위해선 남겨 놓지 않는다. 날 위한 시간을 남겨 놓지 않은 탓에 누군가 당신을 위해 시간을 할애해 주길 바라는 마음이 드는 것이다.

때때로 나도 존중받고 억압당하지 않고 싶다는 마음이 든다. 이런 마음이 드는 그 순간 날 억압하는 사람은 자신이다. '이건 이렇게 해야지, 저건 저렇게 해야지' 하며 요구하고 자신을 억누르다 보니 타인으로부터 존중받고 통제당하지 않았으면 하는 바람이 생기는 것이다.

누군가가 날 위해 뭔가를 해 줬으면 좋겠다는 생각이 떠올랐다면 잠시 그 생각을 멈추고 직접 행동에 나서 보자.

둘째, 내 기분이 좋아질 수 있는 일을 한다.

자신을 사랑한다는 건 거창한 일이 아니다. 내 기분이 조금 더 나아질 수 있도록 날 위해 뭐라도 해 보는 것이다. 낙담했을 땐 내 마음을 보듬어 주고, 인정받고 싶은 욕구가 생겼다면 뭔가를 사서 내게 상을 주고, 피곤하고 지쳤을 땐 잠시 멈춰 쉬어 가면 된다.

타인을 통해 내 욕구를 충족하려는 행동을 계속하다 보면 당신의 에너지는 바닥나고 원하는 것도 얻지 못한다. 그러니 잠시 멈춰 쉬어 가면 어떨까? 잠깐의 멈춤이 당신을 편안하게 만들어 줄지 모른다.

타인이 내게 뭔가를 해 줬으면 하는 바람이 들 때 스스로 해 보면 어떨까? 당신이 더 큰 만족감을 느낄 수 있도록 상황이나 환경을 직접 만들어 보면 어떨까?

욕구를 충족할 수 있는 세 가지 방법을 배웠다. 그런데 세 가지 방법 중 우리의 욕구를 영원히 충족시킬 방법은 없다. 이 세상에 절대적인 만족은 존재하지 않기 때문이다. 설령 있다 하더라도 연인이 뜨겁게 사랑하는 시기처럼 일시적이거나 단계적인 것에 불과하다. 그래서 우리는 욕구가 충족되지 못한 불만족스러운 상태와 사이좋게 사는 법을 익혀야 한다.

불만족스러운 상태와 사이좋게 살아가는 방법을 익히지 못하면 욕구를 충족하고자 갖은 수단과 방법을 동원하는 편집증적인 상태에 빠진다. 불만족스러운 상태에서 오는 적막감을 받아들이지 못하고, 채워지지 않은 욕망을 채우려고 한다. 결국 모든 시도가 실패로 돌아가면 쉽게 화내고 세상 모든 걸 원망하는 편집증적인 사람이 되고 만다.

이 세상은 불완전하고, 그중에서도 우리는 가장 불완전한 존재들이다. 우리가 아무리 배우자를 계속 바꿔도 욕구 충족 수준은 30퍼센트에서 40퍼센트로 아주 약간 더 늘어나는 수준에 그친다. 우리는 불만족스러운 감정을 배우고 익혀야 한다. 그렇게 해야 고통을 줄일 수 있다. 그래서 '상실감'과 화해해야 하는 것이다.

우리는 아기였을 때 무소불위의 권력을 가졌지만, 그 권력을 잃어버린 지 오래다. 우리는 필연적으로, 상실감으로 가득 차고 얻지 못한 것들에 대한 욕망으로 뒤범벅된 존재가 된다. 따라서 상실감과 화해한다는 건 자신의 한계와 불완전함을 받아들인다는 뜻이다.

자신에게 요구하기, 배우자에게 요구하기, 타인에게 요구하기 및 상실감과 화해하기 등 이 방법 중에 어떤 방법을 쓰면 좋을까?

마음이 헛헛하고 다른 사람의 도움이 필요하다는 생각이 들면 어떻게 행동해야 할까? 나의 욕구를 충족하고자 이 중에서 딱 하나만 선택해 행동으로 옮기는 건 비이성적인 선택이다. 이성적으로 내 감정을 평가하고 느끼고, 네 가지 방법을 적절히 조합하고 선택해 행동으로 옮기는 것이야말로 건강한 방법이다.

자신을 사랑하는 진정한 방법이란 무엇일까? 날 더 편하고 즐겁게 만드는 게 날 진정으로 사랑하는 방법이다. '나는 무조건 이 방법만 고수할 거야!'라며 틀에 박힌 방법이나 형식에 대한 고집을 버리고, 내게 도움이 되고 적절하고 편안한 방법으로 네 가지 방법을 조합하자.

자기만족만이 자신을 사랑하는 진정한 방법일까? 아니다. 꼭 그렇진 않다. 타인에게 요구하는 건 자신을 사랑하는 진정한 방법이 아닐까? 아니다. 꼭 그렇진 않다. 또 내 욕구를 충족시켜 달라고 요구하고 싶지만 참는 것도 자신을 사랑하는 진정한 방법은 아니다.

날 만족스럽게 만드는 또 다른 방법이 있다는 걸 알고 시도해본 후에도 여전히 욕구를 충족할 수 없다면, 집착을 내려놓고 또 다른 시도를 해 보는 게 자신을 사랑하는 진정한 방법이다.

나를 존중하고
상대를 객관화하기

내향성과 외향성

모든 사람이 사람을 만나고 사귀는 걸 원하진 않지만, 간절히 바라면서도 대인 관계에 어려움을 겪는 사람도 많다. 특히 낯선 사람을 만났을 때, 가슴을 뛰게 만드는 이성을 만났을 때, 나보다 더 강한 사람을 만났을 때, 대화에 침묵만 흐를 때, 타인에게 도와 달라고 부탁해야 할 때 더더욱 어려워한다.

사람마다 내향적 성향에 대한 이해가 다르기 때문에 사람 만나기를 즐기지 못하고 정상적으로 사람을 사귀지 못하는 성향의 사람을 내향적인 사람이라고 부르도록 하자. 외향적인 사람은 사람 만나기를 즐기지만, 내향적인 사람은 그렇지 못하기 때문이다.

대척점에 서 있는 내향인과 외향인

당신이 내향적인 사람이라면 다음과 같은 상황들에 자주 부딪혔을 수도 있다.

첫째, 사람과 만나면 주도적으로 화제를 꺼내기 어렵다.

내향적인 사람의 마음속에도 열정은 있다. 그럼에도 억지로 열정을 꺼뜨리고 변죽만 울리다 입 밖으로 꺼내지 못하고 우물쭈물하며 타인이 나서 주길 기다린다. 길 물어보기 같은 쉬운 일도 멋쩍어 제대로 하지 못할 때가 있다. 좋아하는 사람이 생겨 그에 대해 알고 싶지만, 선뜻 말을 붙이지 못하기도 한다. 누군가에게 신세를 져야 할 때도 쑥스러워 나서지 못하고, 모르는 사람에게 말을 붙이는 일은 할 수 없다.

외향적인 사람은 다르다. 처음 만난 사이임에도 주도적으로 대화를 이끌어 가는 등 사람 만나는 일에 전혀 부담을 느끼지 않는다.

둘째, 대화를 시작해도 금세 맥이 끊긴다.

내향적인 사람은 대화가 끊기거나 상대방의 말에 대답하지 못해 대화가 이어지지 못하면 당황해서 안절부절못하고 긴장한다. 그래서 곰곰이 생각하고 화젯거리도 찾아보지만 무슨 말을 해야 할지 모른다. 괜스레 손에 들고 있던 종이를 조각조각 찢거나, 손가락을 꾹꾹 눌러 보거나, 휴대 전화를 만지작거리기도 한다.

외향적인 사람에게 대화란 자동차 바퀴가 굴러가는 것처럼 자연스러운 일이며, 설령 잘 모르는 주제라도 화젯거리를 찾아내곤 한다. 너무 수다쟁이라서 사람을 귀찮게 하기도 하지만, 부러운 능력이다.

셋째, 겨우겨우 말문은 뗐지만 몸은 긴장의 끈을 놓지 못한다.

내향적인 사람은 타인 앞에 서면 철판처럼 뻣뻣해진다. 체격이 큰 사람이라면 그 자리에서 옴짝달싹하지 못하는 모습이 나무 그루터기 같기도 하다.

외향적인 사람은 대담하고 자연스럽고 자유롭게 자신을 드러낸다. 사람들 앞에서 노래도 부르고, 춤도 추고, 농담도 하는 등 다양한 재주를 부리는데, 딱히 잘하진 못해도 보는 사람을 흐뭇하게 만든다.

넷째, 타인의 부정, 거절, 불친절에 예민하게 반응한다.

내향적인 사람이 쭈뼛쭈뼛하며 뭔가를 요청하거나 자신의 참모습을 보여 줬을 때 상대방이 호의적이지 않은 태도로 반응하면 '유리멘털'은 부서져 버리고 만다. 또 거절이라도 당하면 뒤도 돌아 보지 않고 즉시 도망쳐 버리거나 사람 만나는 일을 아예 포기해 버리기도 한다.

외향적인 사람은 타인의 시선이나 부정, 거절 등을 별로 신경 쓰지 않는다. 누군가가 자신을 거절해도 '넌 진짜 쩨쩨한 사람이야'라고 놀릴 용기도 있다. 용기가 있는 척하는 건지 아닌지 모르겠지만, 용기 있는 척할 줄 안다는 것만으로도 충분히 대단하다.

왜 그럴까? 두 성향을 비교할 방법은 수도 없이 많지만, 한 가지 관점에서만 다뤄 보도록 하자.

두 성향의 사람에겐 각각의 장점이 있지만, 모든 내향적인 사람이 항상 자신의 내향성을 자랑스럽게 생각하진 않는다. 외향적으로 바꾸고 싶은 사람도 있다. 그래서 나는 심리 상담사들이 자신의 성향을 받아들이라며 "내향적인 것도 좋아요"라고 설득하기보단 삶의 방향을 잡아 줘야 한다고 생각한다.

사람을 만날 때 뇌는 여러 가지 생각을 만들어 현재 상황에 대한 가설을 세우고 판단한다. 이를테면 어떤 행동을 하는 게 좋겠다며 제안하고 평가하는데, 이를 '자동적 사고'라고 부른다. 자동적 사고는 뇌에서 큰 역할을 담당한다. 하지만 자동적 사고의 존재는 애써 깨닫지 않는 이상 알아차리기 어렵다. 익숙하고 안전하다고 느끼는 사람을 만나면 모두 다 외향형이 되고 자신의 참모습을 거리낌 없이 드러내기에 내향적인 사람이나 외향적인 사람의 차이점이 잘 드러나지 않는다. 하지만 낯설고 위험하다고 느끼는 상황에 놓였을 땐 내향적인 사람과 외향적인 사람의 자동적 사고에 큰 차이점이 나타난다. 다음의 두 가지 측면에서 그 차이점을 찾아볼 수 있다.

- 상대를 잘 모르는 상황에서 보이는 정보만으로 자동적 사고
  통해 만든 가설.
- 상대가 반응을 보인 후 자동적 사고를 통해 얻은 해석.

내향적인 사람은 보통 상대방을 잘 알지 못하는 상황에서 가설
을 세운다.

'나 같은 사람이 저 사람의 관심을 받을 수 있겠어? 저 사람은
자기만의 세상이 더 재미있어서 내게 관심을 갖고 흥미를 느낄 리
가 없어.'

'나는 저 사람에게 아무것도 아니니까 절대 환영받을 리 없어.'

'지금 내가 나서서 말을 걸면 저 사람은 방해를 받았다고 생각
하고 화를 낼지도 몰라.'

'저 사람은 나 같은 사람을 싫어할 수도 있어. 사실 저 사람이
날 알고 싶어 할 만큼 내게 장점이 많지도 않지.'

'내가 뭔가를 요청하면 거절할지도 몰라. 또 내가 적절하지 않
은 말을 하면 예의 없는 사람이라고 생각할지도 몰라.'

'나한테 관심도 없는데 먼저 나서서 내 이야기를 늘어놓았다가
는 자기중심적인 사람이라고 생각할 수도 있어. 그렇다고 내가 다

가가서 저 사람에 관해 이야기하면 자기 공간을 침범당했다고 느낄지도 몰라.'

'저 사람은 날 평가하고 비웃고 트집 잡고 미워하고 하찮은 존재로 취급하며 귀찮아할 거야.'

'내가 먼저 나서서 저 사람에게 가까이 다가가려고 하면 비위 맞추는 구차한 사람처럼 보이겠지?'

반대로 외향적인 사람은 이런 가설을 세운다.

'다른 사람이랑 대화하는 거야 식은 죽 먹기지. 저 사람은 내가 방해된다고 생각하지 않을 거야. 그리고 설령 방해된다고 해도 별로 개의치 않을 걸?'

'이 정도 부탁은 해도 괜찮을 거야. 손해 볼 것도 없으니 분명히 날 도와준다고 나서겠지. 혹시 내 요청을 거절한다면, 그건 특별한 사정이 있어서 그런 걸 거야.'

'진짜 내 모습도 저 사람은 받아 줄 거야. 그러니까 나는 내 진짜 모습을 저 사람한테 보여 줘도 괜찮아.'

'나와 대화하면 분명 내게 좋은 반응을 보일 거야. 그리고 내가 먼저 나서서 내 이야기를 하면 그는 날 더 잘 알게 돼서 좋아하고 재밌어 할 거야. 반대로 내가 먼저 저 사람에 관해 이야기하면 내게 자기 이야기를 더 알려 주고 싶어 하겠지.'

'저 사람이 침묵했다면 그건 저 사람이 어수룩한 사람이거나 낯을 가리는 사람이라서 그런 거지, 내게 흥미가 없어서 그런 건 아닐 거야.'

'우리는 평등한 존재지. 그렇지만 지금 이 순간 내가 저 사람에게 말을 걸면 나는 저 사람에게 중요한 존재가 될 거야. 그리고 저 사람은 분명히 기본적인 인내심, 관용, 포용력을 갖췄을 거야.'

내향적인 사람은 타인을 차갑고, 남을 싫어하고, 무관심하고, 엄격하고, 관용 없고, 방해받고 싶지 않아 하고, 부탁을 잘 거절하고, 인내심이 없는 사람이라고 상상한다. 자신은 하찮고, 중요하지 않고, 볼품없고, 단점밖에 없고, 환영받지 못하는 존재라고 생각한다.

반대로 외향적인 사람은 타인을 친절하고, 적극적이고, 사교적이고, 도움 주는 걸 좋아하고, 적당히 관용을 베풀고, 수용할 줄 알고, 자신의 감정을 책임질 줄 아는 사람이라고 생각한다. 자신과 타인의 사이는 평등하고, 자신은 누구나 친구로 삼고 싶어 할 중요한 존재라고 생각한다.

내향적인 사람은 타인에 대해 적의를 품은 가설을 세우고, 외향적인 사람은 호의적인 가설을 세우는 것이다. 두 가지 다른 가설 때문에 각기 다른 행동 반응이 나타난다. 내향적인 사람은 나서서 대화하거나 대화하는 것 자체를 꺼리지만, 외향적인 사람은 나서서 상대방과 대화하는 건 물론 대화를 쉽게 시작한다.

우리는 타인이 어떤 사람이라는 확신이 있을 때만 그를 잘 안다고 확신하고, 확신이 없으면 그가 어떤 사람인지 갈피를 잡지 못한다. 특히 낯선 사람을 상대할 때 더욱더 그렇다. 그가 어떤 사람인지, 어떤 태도를 취할지, 현재 어떤 상태인지 알 방법이 없다. 그래서 우리는 잘 모르는 타인의 특성을 내 경험에 비춰 상상하고 채워 나간다.

어떻게 세상을 바라보고 타인을 대하는가

타인이 우리를 어떻게 대하는지는 그와 직접 부딪쳐 봐야 알 수 있다. 우리를 차갑게 대할지도 모르지만 다정하게 맞아 줄지도 모른다. 어떤 반응을 보이든 우리의 잠재의식은 나의 경험에 비춰 판단한다.

• 타인의 냉담한 태도에 대한 판단

내향적인 사람은 타인이 냉담한 태도를 보여도 의아해하지 않는다. 그리고 '별일 아냐, 나한텐 흔한 일이잖아? 사람이 다 그렇지 뭐. 나처럼 별로 중요하지도 않은 사람한테 남들이 흥미가 없을 수밖에'라는 기존의 생각을 더 강화해 나간다. 마음의 준비를 해 뒀기 때문에 전혀 놀라지 않고, 자신이 형편없는 사람이기 때문에 타인의 냉담하고 까칠한 태도가 필연적일 수밖에 없다고 받아들인다.

외향적인 사람은 타인의 냉담한 태도가 본인이 세운 가설과 달라 인지 부조화가 생긴다. 그래서 현재 상황에 따라 정보 처리 방식과 행동을 바꾸는 '인지 조절'을 통해 현실과 인지 간의 균형을 맞춘다. 타인의 불친절한 태도를 '지금 이 사람은 기분이 좋지 않아서 불친절한 걸 거야. 무슨 일 있나? 수줍음이 많거나 멋쩍어서 그럴까?'라고 생각하거나 '뭐야, 왜 불친절해? 이상한 사람 아니야? 뭐 이런 사람이 다 있어'라고 해석한 후 그를 용서하거나 화를 내는 방식으로 내응한다. 문제의 원인이 상대방에게 있다고 생각하며 현재 상태를 비정상적인 상태라고 판단한다.

• 타인의 다정한 태도에 관한 판단

내향적인 사람은 불편하고 적응이 안 돼서 안절부절못하며 긴장한다. 예상과 다른 결과 때문에 인지 부조화가 생겨 어떻게 반응할지 모르는 상태가 되는 것이다. 또한 이 상황을 '오늘은 좀 특별한데? 이 사람은 왜 나한테 과하게 친절하지?'라고 해석하며 어떻게 하면 더 좋은 사람처럼 보일까, 상대방에게 보답하고 더 잘해 줄 수 있을까를 고민한다.

외향적인 사람은 타인의 호의를 당연하게 받아들이며 전혀 특별하지 않은 정상적인 상황이라고 판단한다. 호의를 보인 사람도 자신도 극히 정상적이니 서로가 서로에게 호의를 보여 주면 된다고 생각한다.

상대방이 어떤 사람인가를 아는 건 중요하지 않다. 중요한 건 우리가 상대방에 대해 어떤 가설을 세우고, 어떤 시선으로 이 세상을 바라보느냐다. 우리는 타인과 상호작용을 할 때도 다음의 두 단계를 거친다.

1. 자동으로 가설 세우기
익숙하지 않은 타인에 대해 상상하고 가설을 세운다.

2. 자동으로 해석하기
상대방의 참모습이 어떤가와 상관없이 나의 인지를 고치려 하기보다 내 마음대로 그를 해석해 기존의 인지와 조화를 이루려고 한다. 익숙하지 않은 누군가를 만날 때 둘 사이에 많은 상호 작용이 이뤄져야 익숙하지 않던 사람이 익숙해진다. 또 상대방이 좋아하거나 싫어하는 것, 나에 대한 호감 등을 알아가며 인지를 조금씩 수정할 수 있다.

그러나 우리는 세상에 대한 나의 가설은 전혀 바꾸지 않은 채 상대방에 관한 인지만 바꾸기 때문에 또 다른 낯선 사람을 만나면 기존의 행동을 되풀이하기 마련이다.

내향적인 사람과 외향적인 사람은 왜 다른 가설을 세우게 됐을까? 우리는 경험에 바탕을 두고 타인에 대한 가설을 세우고 인지

하는데, 가장 크고도 깊은 영향을 끼치는 게 바로 태어나고 자란 원가족이다.

어렸을 때 부모님이 아이에게 차갑고, 관심 없고, 아이보다 일이나 집안일을 우선시하고, 자기 아이는 형편없다며 남의 아이를 더 예뻐하고, 부모를 귀찮게 한다고 짜증 내고 혼내고, 실수나 무례한 행동을 눈감아 주는 법이 없었다고 해 보자. 그 아이는 모질고, 차갑고, 적의로 가득 찬 대상을 잠재의식 속에 내면화한다. 그리고 아이는 그 대상을 바탕으로 가설을 만들어 어른이 된다. 타인과 교류할 때마다 사용하고 상대방이 어떤 사람인지 잘 알지도 못하면서 마음속의 부정적인 이미지를 투사하고 움츠러든다.

반대로 아이를 항상 응원하고, 너그럽게 포용하고, 인정하고, 서투른 점을 용서하고, 수용하고, 도움이 필요할 때 따뜻한 손길을 내밀고, 아이의 존재를 긍정하는 부모가 있다면 아이는 긍정적인 이미지 대상을 잠재의식 속에 내면화한다. 타인은 모두 착하고 좋은 존재라는 가설을 세우고 대인 관계에 적극적인 어른이 된다.

유년기에 어떤 대상을 내면화하느냐에 따라 다른 성향을 가진다. 내향적인 사람은 자신에게 무관심하고 존중하지 않으며 적의를 품은 대상을 내면화한다. 반면에 외향적인 사람은 평등하고, 너그럽고, 존중하고, 조화로우며 호의를 품은 대상을 내면화한다.

모든 사람이 적의를 품고 있다는 가설을 세우면 상처받기 전에 자신을 잘 보호할 수 있지만, 많은 사람의 호의는 보지 못하고 놓치기도 한다. 반면 모든 사람이 호의를 갖고 있다는 가설을 세우면 거절과 반대 때문에 낙담할 순 있지만 많은 사람의 호의를 받아들일 수 있다.

이 두 가지 가설에 따라 내가 사람을 만날 때 취하는 태도가 달라지기에 날 대하는 타인의 태도도 달라진다. 그래서 외향적인 사람과 내향적인 사람의 인생은 시간이 흐르면 흐를수록 더 큰 차이가 난다. 당신이 어떤 태도로 인생을 사는지, 타인이 당신을 어떻게 대하는지가 세상을 보는 당신의 시선을 결정한다.

아주 간단하게 내 생각을 바로잡을 수 있다. 유년기 인지를 수정하면 된다. 어린 시절 우리에게 부모의 존재는 이 세상 전부이기 때문에 타인과 깊이 있는 접촉을 할 기회가 적다. 하지만 이제 어른이 된 이상 기억해야 할 게 있다. 비록 이 세상은 차갑지만, 당신이 생각한 것만큼 차가운 곳은 아니라는 사실 말이다.

누구나 당신에게 관심이 있지도 않고 당신의 요구를 들어주지도 않지만, 당신이 생각하는 것만큼 모든 사람이 인색하진 않다. 당신은 특별하지도 않고 단점도 많지만, 당신이 생각하는 것만큼 형편없는 사람도 아니다. 더군다나 당신이 생각하는 것만큼 당신이 남의 관심을 받지 못할 만큼 별 볼 일 없는 사람도 아니다.

자신을 존중하는 법과 타인을 이상화하지 않는 법을 배워야 한다.

함께하면 좋은 사람,
함께하면 고통스러운 사람

동행

함께하기, 가장 아름다운 일 중 하나다. 세상에서 가장 다정한 사랑의 속삭임은 '사랑해'가 아니라 '그래도 내가 있잖아'다.

함께하면 좋은 사람에겐 치유 효과가 있다. 그저 함께 있을 뿐인데 따스함, 안정감, 편안함을 느낄 수 있다. 더 가까이 다가가고 싶고 기대고 싶어진다. 함께하면 좋은 사람과 있을 땐 마음의 문이 활짝 열리고 감춰 왔던 두려움, 외로움, 슬픔이 녹아내린다. 지금까지의 삶은 진정한 삶이 아닌 것 같다는 생각이 들고, 삶의 의지도 다시 다지게 된다. 하루하루가 즐겁고 에너지로 넘친다. 아무리 슬퍼도 슬픔과 담담히 마주하며, 두려움이나 걱정이 생겨도 좌절하지 않고, 도리어 두려움으로부터 에너지를 찾아낸다.

이 모든 게 내 옆의 또 다른 사람 덕분이다. 그를 떠올리면 용감해질 수 있다. 함께하면 즐거운 사람 덕분에 외로움도 무력감도 더는 느끼지 않게 된다. 그런데 둘이 함께한다는 것만으로 함께하면 좋은 사람이 되는 건 아니다. 내 곁에 분명히 누군가가 있는데도 함께하는 게 곤욕스럽게 느껴지기도 한다.

함께하면 고통스러운 사람은 당신을 해칠 수 있다. 함께하면 고통스러운 사람과 있을 땐 압박감, 억압감과 부자연스러움을 느낀다. 함께 있는 것만으로도 피곤해서 차라리 혼자 있었으면 하고, '나는 혼자 있는 걸 훨씬 좋아하는 사람이야' 하며 자신을 속이기도 한다. 어색하고 긴장되고 말하기 어려운 부자연스러운 감정이 느껴져서 '나는 원래 내향적인 사람이잖아' 하며 자신을 속이고 아예 사람 만나는 걸 꺼리기도 한다. 옆에 누군가가 없는 것도 아닌데, 혼자 있는 걸 좋아한다고 말하는 사람이 돼 버린다.

그렇다면 누군가와 함께하는 시간이 좋은지 나쁜지를 어떻게 판단할 수 있을까? 당신에게 어떤 느낌이 드는지를 보면 알 수 있다.

지금, 그가 있어 당신은 즐겁고 편안한가? 답답하고 억눌려 있는가?

함께한다는 것의 진정한 의미

곁에 누군가가 있다고 또 둘이 한 지붕 아래 산다고 함께한다는 뜻은 아니다. 둘이 함께하는 상태는 다음의 세 가지로 분류할 수 있다.

- 상대방이 나와 함께해 주는 상태.
- 내가 상대방과 함께해 주는 상태.
- 서로가 함께하는 상태.

둘이 함께할 때도 주는 사람과 받는 사람이 있다. 가장 좋은 상태는 둘 모두가 주는 사람이자 받는 사람이 되는 서로 함께하는 상태다. 둘이 득성한 영화, 연예인, 일을 좋아한다면 함께하고 경험을 나눔으로써 서로를 보완해 주고 함께 성장할 수 있다.

그러나 사람은 모두 다르기에 언제나 같은 취미를 갖거나 같은 욕구를 느끼거나 항상 함께하는 건 불가능하다. 남자가 수다, 드라마, 쇼핑을 좋아하긴 쉽지 않고 엄마가 레고, 애니메이션, 점토 놀이를 좋아하기 쉽지 않은 것처럼 말이다. 그럼에도 둘이 계속 함께한다면 함께하기 상태는 '내가 상대방과 함께해 주는 상태' 또는 '상대방이 나와 함께해 주는 상태'가 된다.

'내가 상대방과 함께해 주는 상태'는 상대방이 좋아하는 일을 함께해 주거나, 좋아하는 화제로 함께 수다를 떨어 주면서 그의 욕구를 충족시켜 주는 상태다. 이때 나의 목표는 그가 편안하게 자신의 참모습을 드러 낼 수 있도록 도와주는 것이며, 내 도움 덕분에 그는 더 자신답게 행동하게 된다. '상대방이 나와 함께해 주는 상태'의 경우도 마찬가지다. 이것이 '함께한다는 것'의 진정한 의미다.

누군가와 사랑에 빠지면 그와 함께하는 시간이 기쁘게 느껴진다. 하지만 상대방이 무서워 함께한다면 상대방과 억지로 함께해 주는 상황이 된다. 때때로 우리는 함께해 달라는 상대방의 요구를 거절할 용기도, 함께해 줄 필요 없다고 거절할 용기도 없어 억지로 함께하며 스트레스를 받고 고통스러워하기도 한다. 상대방이 내 곁에서 함께해 주는 상태지만, 오히려 내가 상대방과 함께해 주는 상태가 된 것 같다. 함께 이야기하고 뭔가를 함께하는데도 나를 귀찮게 생각하진 않을까, 미워하진 않을까, 주책이라고 생각하진 않을까 걱정하면서 상대방의 기분을 상하게 하지 않고자 나도 모르는 사이에 움츠러드는 것이다. 결국 상대방의 기분이 상하지 않게, 나한테 실망하지 않게 상대방의 욕구를 충족시키는 걸 지상 목표로 삼는다.

상대방에게 상처를 줄까 두렵기 때문에 내 욕구를 억누르며 상대방을 욕하거나 탓하지도 못한다. 내가 하고 싶은 말을 입 밖으로 꺼내기 전에 꼭 이성적으로 생각하고 또 거듭 생각하는 과정을 거치고도, 말할지 말지 또 어떻게 말할지 고민하며 상대방이 얼마나 받아들일 수 있을지 혹은 상처받진 않을지 걱정한다.

뭔가 잘못하거나 말실수를 해서 상대방이 나를 떠나 버리거나 화내고 공격하지 않을까 두려워 참고 견디며 나를 보호하는 데 집중한다. "내 모든 행동과 말은 널 편하고 즐겁게 하기 위해서야. 그래야 내가 안전해지니까. 널 먼저 생각해야 내가 안전해질 수 있으니까"라고 말하는 것과 같다. 에너지를 갉아먹는 관계를 지속하다 보면 차라리 혼자 있는 게 낫다는 생각이 든다. 적어도 자신을 보호할 순 있으니 말이다.

함께할 때 좋은 사람이 되는 법

어떻게 하면 함께할 때 좋은 사람이 될 수 있을까? 어느 정도 해야 할까? 다음의 네 조건을 충속해야 함께할 때 좋은 사람이 될 수 있다.

첫째, 받아 준다.

사람은 누군가가 자신을 받아들여 줘야 마음의 문을 열고, 마음의 문이 열려야 진정으로 함께할 가능성이 생긴다. 그래서 우리는 자신을 잘 받아 준다는 느낌이 드는 상대방 앞에서 하고 싶은 행동과 말을 거리낌 없이 하고 나의 개성도 표출할 수 있는 것이다.

한편 당신이 상대방을 받아 주고 또 하고 싶은 대로 허락해 줬다는 게 상대방도 당신에게 받아들여졌다고 느낀다는 뜻은 아니다. 어렸을 때부터 뭔가 하고 싶을 때마다 엄마한테 혼나고, 강요당하고, 금지당한 경험이 허락과 격려받은 경험보다 많다면 아이는 엄마가 자신을 잘 받아 주지 않는다는 느낌을 많이 받는다. 그렇게 어른이 된 아이는 세상이 날 잘 받아 주지 않는다고 생각하고, 당신도 똑같을 것이라고 판단한다. 그리고 결국 그는 당신 앞에서 자신의 참모습을 감추고 억지로 꾸며 낸 모습을 보여 줄 것이다.

대부분의 엄마가 자신이 아이를 잘 받아 준다고 생각한다. 하지만 그런 엄마 아래서 자라난 아이들은 엄마의 표현 속에 허락과 격려가 아닌 금지만 가득했기에 엄마가 자신을 잘 받아 주지 않는다고 느낀다.

따라서 누군가와 함께하기 위해서 우리는 행동으로 상대방에게 신뢰감을 줘야 한다. 그의 장점이든 단점이든 상관없이 내가 모든 걸 받아들여 줄 수 있다는 믿음을 줘야 한다.

둘째, 상대방 위주로 생각한다.

둘이 함께 지내도 각자의 취미와 욕구가 있기 마련이다. 그런데 누군가와 함께할 땐 잠시 자신의 욕구, 자아, 생각은 내려놓고, 상대방이 원하는 일을 함께하면서 그의 감정과 욕구 충족을 우선시해야 한다.

타인의 비위를 잘 맞추는 사람에겐 쉬운 일이지만, 자존심이 강한 사람에겐 몹시 어렵다. 특히 상대방이 더 잘됐으면 하는 마음에서 자기 생각을 표현했다고 해서 그도 좋아하리라 생각하진 말자. 내 생각을 듣고 불편해한다면 아무리 도움되라고 한 말이라도 기분 좋게 해 주기는커녕 마음을 상하게 할 뿐이다.

셋째, 참여한다.

어른이 된 후엔 내 곁에 누군가가 있는데도 자주 외로움을 느꼈다. 나중에 심리 상담사와 상담하던 중 어렸을 때부터 내 곁에 아무도 없었다는 사실을 깨달았다.

나는 친구가 거의 없는 아이였다. 너무 멍청해서 다른 아이들은 나와 놀고 싶어 하지 않았다. 형제자매도 없이 엄마하고만 놀아야 했다. 엄마는 나와 있을 때 엄마로서 해야 하는 의무를 다하며 내가 배고프지 않은지 춥지 않은지 살펴보고 돌봤지만, 내가 즐거운지 여부엔 전혀 관심이 없었다. 놀이 시간엔 엄마도 나와 놀아 줬지만, 영혼 없는 인형처럼 엄마의 마음은 놀이에 참여하지 않는 게 느껴졌다.

규칙과 옳은 것만을 절대시하는 초이성형 배우자나 엄마는 누군가와 함께 있을 때 책임과 의무를 다한다. 그래서 겉으로는 멋진 배우자나 엄마 같아 보인다. 하지만 정작 그들의 마음은 다른 곳에 있다.

육체적, 형식적으로 함께하거나 꼭 해야 할 의무를 다하는 건 진정한 의미의 함께하기가 아니다. 누군가가 내 일을 자기 일처럼 생각하고 문제가 생겼을 때 내 편이 돼 주면 바로 그 순간 우리는 그가 내게 얼마나 큰 존재인가를 느낀다. '아, 뭐다 놓은 보릿자루처럼 가만히 있는 사람은 아니었구나' 하고 말이다.

넷째, 격려한다.

우리 마음속 깊은 곳엔 여러 가지 불확실성이 자리하고 있다. 그래서 때로는 '이걸 말할까 말까?', '이렇게 할까 말까?' 생각하며 주저한다. 말하기 싫거나 하기 싫어서가 아니라 '이렇게 해도 괜찮을까?', '이게 옳은 걸까?', '이렇게 하면 상처 주지 않을까?', '이렇게 하면 내 이미지를 망치지 않을까?' 하는 걱정과 두려움이 앞서서 그렇다.

함께했을 때 좋은 사람이 되려면 상대방을 지지하고 격려할 줄 알아야 한다. "이렇게 해도 괜찮아"라고 알려 주고 응원해 주는 것이다. 격려와 지지를 통해 우리는 에너지와 용기를 얻고 더 나답게 행동할 수 있다.

함께한다고 누구나 다 좋은 사람이 되진 못한다. 내면의 결핍이 심한 사람은 상대방과 함께하는 순간에도 속으로 '너는 나한테 그렇게 해 주지도 않으면서 나는 왜 해 줘야 해?', '너무 어려운 일이야, 나는 절대 못 해', '이러면 나는 뒷전으로 밀려나잖아? 싫어, 아주 잠시라도 널 위해 내가 뒷전으로 밀려나긴 싫어'라며 불만을 품는다. 누군가를 위해 24시간 내내 완벽하게 함께했을 때 좋은 사람이 되기란 불가능하다. 우리에게도 욕구와 약점이 있다. 아무리 사랑하는 상대가 원하는 걸 뭐든지 해 주고 싶어도 내 모든 걸 바쳐 사랑하고 함께하기란 불가능한 법이다.

당신이 누군가를 사랑하고 싶어질 때나 함께하고 싶어질 때 그를 위해 24시간을 다 쓸 순 없어도 내 시간의 일부만이라도 할애해 그와 함께하자. 당신의 자아는 잠시 내려놓고 상대방 위주로 생각하자. 그가 어떤 감정과 욕구를 갖는지를 살펴보고 그가 원하는 일을 함께하며 그를 받아들이고 격려해 주자. 이것이 가장 이상적으로 함께하는 상태다.

누군가가 당신과 함께해 줬으면 할 때 그런 사람을 찾으면 된다. 당신이 원하기만 하면 찾을 수 있다. 당신과 24시간 내내 완벽히 함께할 수 있는 사람은 없지만, 시간의 일부를 기꺼이 내줄 사람은 많을 것이다. 우리를 사랑하는 사람은 사랑을 표현하는 방법을 모를 뿐 우리를 사랑하지 않아서 함께하는 걸 꺼리는 게 아니다. 그런 사람에겐 아무리 짧은 시간이라도 진정으로 함께하며 큰 용기와 에너지를 줄 수 있다는 걸 당신이 먼저 나서서 가르쳐 주면 된다.

함께할 만한 사람이 없다면 당신이 먼저 함께했을 때 좋은 사람이 되면 된다. 당신의 행동을 통해 다른 사람들도 함께했을 때 좋은 사람이란 어떤 사람인지 배울 수 있다.

함께했을 때 좋은 사람이 되는 법을 배우지 못해도 괜찮다. 마음의 상처가 있는 사람은 자신과 함께하는 것에도 서투르지만, 타인과 함께하는 건 더 어려워한다. 그래서 누군가가 자신과 함께해 주길 간절히 바란다. 당신이 그런 사람이라면 마음의 상처를 치유하고 자신과 함께 시간을 보내는 방법을 배운 후 진심으로 사랑하는 사람과 함께해 주자.

마음이 다치지 않게
거절하는 법

거절 수준

거절하는 건 예술적인 행위다. 당신이 타인의 요청을 능숙하게 거절할 줄 알면 이 글을 계속 읽을 필요가 없다. 대단한 능력을 갖추고 있으니 말이다. 하지만 거절하는 데 어려움을 겪는다면 거절 능력 수준이 얼마나 되는지 체크해 보고 거절 공부로 거절 능력을 업그레이드해 보자.

살아가다 보면 누군가가 내게 부탁하는 일이 생긴다. 때로는 은근하게, 때로는 불쌍하게, 때로는 강하게 몰아붙이면서 내 거절을 받아들이지 않고 끈질기게 부탁을 시도하며 날 불편하게 만든다. 부탁하고 말고는 그의 사정이지만, 거절할 수 있느냐 없느냐는 내 문제이기에 거절하는 법을 배워야 한다. 타인의 부탁 때문에 불편함을 느꼈을 때 자신을 보호하는 가장 좋은 방법이 거절하는 것이기 때문이다.

거절은 다섯 가지 단계로 나눌 수 있다.

1. 거절하지 않는다.
2. 손해가 나도 거절하지 않는다.
3. 핑계를 대고 거절한다.
4. 이유 없이 거절한다.
5. 원하는 걸 부탁한다.

거절하지 않는 단계

'거절하지 않는 것'은 가장 낮은 수준이자 가장 높은 수준의 거절이다. 이 방법을 선택하면 타인이 편할 수 있도록 내가 서러움과 불편함을 참아야 한다는 단점에도 많은 사람이 이 방법을 선택한다. 아주 흔한 거절 방식인 것이다. 자신이 손해를 봐야 한다는 점에서 가장 낮은 수준의 거절이지만, 타인이 잘되도록 도와준다는 점에서 가장 높은 수준의 거절이다. 따라서 이 거절 방식은 자세히 다루지 않겠다.

손해가 나도 거절하지 않는 단계

"저는 거절을 못해요"라고 말하는 사람들이 있다. 하지만 거절을 못하는 사람은 없다고 단언할 수 있다. 우리는 모두 거절을 잘한다. 내가 "저한테 1억 원만 입금해 주세요"라고 부탁하면 당신은 "그런 돈 없어요"라고 대답할 것이고, 내가 "1억 원은 없다고요? 그러면 100만 원이라도 입금해 주세요"라고 부탁해도 마찬가지로 대답할 것이다. "없어요"라는 이유로 당신은 날 거절할 수 있다. "아까워서 어떻게 줘요" 역시, 당신이 날 거절할 때 쓸 수 있는 이유이기도 하다.

이처럼 당신은 거절을 못하는 사람이 아니다. 잠재의식 속에 '내가 할 수 있는 일이라면 도와줘도 큰 손해는 없는 한 도와줘야 해'라는 믿음이 있어서 거절을 못하는 것뿐이다.

가령 엄마가 당신에게 매주 최소 한 번은 통화를 해 달라고 부탁했다면 당신은 거절하지 못한다. 하지만 엄마가 억지로 돈 많은 사람에게 시집 가라고 한다면 단칼에 거절할 것이다. 또 상사가 야근을 부탁했을 때 퇴근 후 밀린 드라마 보기, 데이트 하기, 고양이와 놀아 주기, 운동하기 등 그리 중요하진 않은 할 일이 있다면 거절하기 어렵다. 하지만 갑자기 발목이 삐어 병원에 가야 한다면 딱 잘라 거절할 것이다.

전자의 경우는 별로 중요하지 않은 이유로 거절을 해야 하고 또 내가 한 번 참아도 큰 손해가 없지만, 후자의 경우는 객관적인 이유로 거절하고 또 거절하지 않으면 큰 손해를 감수해야 한다는 차이점이 있다.

당신은 정말로 거절을 못하는 사람일까? 거절을 어려워하는 이유는 당신에게 타인의 욕구를 충족시켜 줄 능력이 있기 때문이다. 그러나 타인의 욕구를 충족시켜 주기 위해 내가 큰 손해를 감수해야 한다는 사실을 깨달으면 거절의 명수가 될 수 있다.

또한 타인을 도와줄 수 있는 능력에도 한계가 있다는 걸 깨달아야 부탁을 받았을 때도 진심을 담아 거절할 줄 알게 되고 나아가 죄책감을 느끼지 않을 수 있다. 이때 당신의 거절에도 상대방이 끈덕지게 부탁한다면 당신은 화도 낼 수 있게 될 것이다.

핑계를 대고 거절하는 단계

내게 타인의 욕구를 충족시켜 줄 수 있는 능력도 있고, 감수할 만한 수준의 손해라면 더더욱 거절하기 어려워진다. 마음은 상대방의 부탁을 들어주기 싫다고 말하지만, 머리는 입을 막아 거절하지 못하게 한다. 그래서 우리는 핑계를 찾아 상대방의 부탁을 거절한다. 핑계는 거짓말이 아니지만, 거절의 진짜 이유는 아니라는 걸 당신도 알고 있을 것이다.

가령 밥 한번 같이 먹자는 상대의 제안에 같이 밥을 먹고 싶지 않지만 거절하진 못한다. 그래서 오늘도, 내일도, 다음 주에도 시간이 없다며 수없이 많은 이유를 댄다. 직접적으로 말하지 못한 말은 딱 한마디, '너한테 관심 없어, 싫어'라는 말뿐이다. 또 운동하러 오라는 헬스 트레이너의 요청에 운동하러 가기 싫어 발목이 삐었다고 핑계를 댔다고 해 보자. 그런데 헬스 트레이너로부터 "괜찮아요, 오늘은 팔 운동만 합시다"라는 대답이 돌아오면 이번엔 회원 카드를 잃어버렸다는 핑계를 댄다. 그러자 헬스 트레이너가 "괜찮아요, 회원님 얼굴 기억하니까요"라고 대답하는 바람에 평생 할 수 있는 핑계를 전부 동원해 이유를 만들어 내지만, 진짜 하고 싶은 말인 '가기 싫어요'라는 말만큼은 하지 못한다.

어느 날 결혼 정보 업체 행사에 다녀 온 친구가 자신의 경험을 이야기해 준 적이 있다. 영업 사원이 할인 중이라며 300만 원짜리 회원권을 사라고 두 시간 동안 영업해 친구는 짜증이 났지만, 거절하지 못하고 붙잡혀 있었다고 한다. 나는 궁금해졌다.

"두 시간이나? 짜증 나는데 왜 거절도 안 하고 그렇게 오래 있었어? 영업하는데 왜 듣고만 있었어?"

친구는 자기도 거절을 하기는 했다고 말했다. 벌이가 시원찮아 돈이 얼마 없다는 핑계를 대자, 영업 사원은 신용 카드도 되고 할부도 된다고 대답했다. 지금은 누굴 만날 생각이 없다는 핑계를 대자 영업 사원은 빨리 배우자감을 구하지 않으면 안 되는 이유와 회사의 장단점을 줄줄 늘어놨다. 고향에 내려가 선을 보면 된다는 핑계를 대자 영업 사원은 시골에서 보는 선이 좋으면 얼마나 좋겠냐고 일장 연설을 늘어놨다고 한다.

결국 주거니 받거니 하면서 두 시간을 끌었다는 거다. 친구는 갖은 핑계를 다 댔지만, 딱 한마디 '가입하기 싫어요'라는 말은 하지 못했다.

부탁받았을 때 가장 어려운 건 거절하는 게 아니다. 애써 거절할 이유를 만들어 내는 게 더 어렵다. 우리가 쉽게 거절하지 못하는 이유는 잠재의식 속에 가둬진 또 다른 믿음, '부탁을 거절하려면 적당한 이유가 있어야 해. 아무 이유 없이 거절하면 안 돼'라는 믿음이 있어서 그렇다. 그래서 내가 생각해도 거절할 이유가 마땅치 않다고 판단되면 타인의 부탁을 거절할 때 양심의 가책을 느끼기 때문에 거절을 어려워하게 되는 것이다.

따라서 핑계를 대고 부탁을 거절하는 건 한계가 있다. 머리가 지끈지끈 아파지는 건 둘째 치고, 핑계를 대는 순간 상대방에게 공격당할 가능성이 생긴다. 내가 아무리 방어해도 상대방은 계속 다른 방식으로 공격해 오기 때문에 내 방어 시도는 수포가 되고 더는 거절할 핑계를 찾을 수 없어 상대방의 말에 따르고 만다. 부탁을 거절할 이유가 주관적이라서, 객관적인 이유가 아니라서 그렇다.

한편 핑계를 대고 부탁을 거절하는 것에도 장점은 있다. "나는 네가 싫어서 거절하는 거야"라고 말하지 않음으로써 죄책감을 느끼지 않는 것이다. 그래서 우리는 이런 방식으로 부탁을 거절하며

'부탁을 들어주지 못하는 이유는 내가 하기 싫어서가 아니라 현실적인 문제가 있어서야', '내가 널 거절하는 게 아니라 상황이 안 좋아서 그래'라는 의사를 성공적으로 전달했다고 생각한다.

두 번째 장점은 부탁을 들어주지 않고도 내 입장을 이해시켰다는 느낌이 드는 것이다. '나름의 이유가 있어서 그러니까, 너도 날 좀 이해해 줘. 날 탓하지 말아 줘'라고 말한 셈이라고 생각한다. 그러나 상대방은 거절을 거절로 받아들이지 않고 '나는 너의 욕구를 충족시켜 주고 싶어. 그러니까 널 도와야 할 이유를 만들어 주면, 네 말에 따를게'라는 신호를 준다고 받아들일 뿐이다.

이유 없이 거절하는 단계

부탁을 거절할 때 이유가 충분할수록 더 거리낌 없이 거절할 수 있다. 특히 객관적인 한계를 거절의 이유로 삼을 수 있을 때 부탁을 단호하게 거절할 수 있다. 반면 가장 힘이 들 땐 내가 생각해도 거절의 이유가 타당하지 않아서 양심의 가책이 느껴질 때다.

거절에 꼭 이유가 필요할까? 적당한 이유를 찾아서 거절하기도 어렵고, 거절하면 안 될 것 같은 일도 많다. 하지만 그래도 내가 기분 나쁘고 하기 싫을 땐 어떻게 해야 할까?

고양이를 키우지 말라고 강요하는 시어머니와 남편에 어떻게 대처해야 하는지를 인터넷에 질문해 큰 화제가 됐던 사건을 이야기해 보자. 고양이를 키우면 안 되는 이유를 조목조목 대는 시어

머니 때문에 여자는 기분 나빴지만 반박할 수가 없었고, 하는 수 없이 친정 엄마에게 하소연했다. 그러자 친정 엄마는 "그럼 넌 고양이 한 마리 때문에 이혼할 셈이니?"라고 물었고, 반박할 수 없었던 여자는 어쩔 수 없이 고양이를 입양 보냈다. 그들의 말이 모두 맞았기 때문이다. 이 이야기가 이렇게 결론 난 이유는 여자가 "맞아요. 이혼하더라도 저는 고양이 못 버려요. 다른 이유는 없어요"라고 말하지 못했기 때문이다.

친한 친구가 당신에게 도움을 요청하거나 지인이 당신에게 물건을 판매하려고 할 때도 마찬가지다. 거절하면 안 되겠다는 생각도 들고, 거절할 이유를 찾았다가는 의리도 정도 없는 사람처럼 보일까 봐 걱정돼서 거절할 만한 이유를 찾지 못한다. 또 부탁을 들어주며 '이번 한 번만이야', '별일 아니야', '사람 사는 게 다 그렇지'라고 자신을 위로하곤 한다. 때로는 부탁을 들어주겠다고 대답해 놓고 번복할 방법은 없을까 고민하기도 한다. 부탁을 들어주긴 싫지만, 번복할 이유를 찾았다간 신용 없는 사람처럼 보일까 봐 걱정돼 번복할 만한 이유를 찾지 못하고 울며 겨자 먹기로 부탁을 들어주고 만다.

하지만 거절엔 이유가 필요하지 않다. 직접적으로 "난 하고 싶지 않아", "싫어", "안 할래", "번복하고 싶어"라고 말해도 괜찮다. 이유가 꼭 필요하다면 "난 하기 싫어, 별다른 이유는 없어"라는 이유를 대면 그만이다.

네 번째 수준의 거절은 진심을 담아 "하기 싫어"라고 표현하는 것이다. 아무 이유 없이 거절하기의 핵심은 거절의 주체를 '현실'이 아닌 '나'로 옮겨 오는 것이다. 이때 나는 현실적인 이유로 거절하는 게 아니기에 상대방은 내 방어막을 뚫고 다시 공격하진 못한다. 아무 이유 없이 거절하는 게 어려운 이유는 잠재의식 속에 '내 감정과 의지는 중요하지 않아'라는 믿음이 숨어 있어서다.

하지만 아무 이유 없이 거절하면 대가가 따른다. 상대방에게 내 입장을 이해시킬 가능성이 사라지고, 내 자존심이 상처를 입는다. 또 아주 착한 사람은 아무 이유 없이 거절하는 행동을 하면 자신이 냉혹하고, 무정하고, 인정머리 없고, 신용할 수 없고, 자기밖에 모르는 이기주의자가 돼 사람을 해친 가해자가 된 것 같아 죄책감을 느낀다.

죄책감을 느끼는 사람의 잠재의식 속엔 '거절은 타인을 상처 주는 일이야. 타인을 상처 주면 안 돼'라는 가둬진 믿음이 존재한다. 왜 상처 주면 안 되는 걸까? 내 거절 때문에 상대방이 상처를 받았으니 그 감정을 내가 책임져야 할까?

그렇지 않다. 그는 내게 뭔가를 요구했을 때 거절당할 수도 있다는 가능성을 인지해야 했다. 또한 그의 감정에 책임지는 건 내가 아니라 그여야 한다. 내 최우선 순위는 날 잘 돌보는 것이어야 한다. 따라서 하고 싶지 않을 땐 상대방에게 그렇다고 말하면 된다.

더 깊은 잠재의식 속에 가둬진 '타인이 내게 뭔가를 요구하면 그 요구에 반드시 책임지고 응해야 해'는 믿음을 깨뜨려야 한다.

원하는 걸 부탁하는 단계

마음 가는 대로 "싫어"라고 말하는 사람들이야말로 대단하다고 생각한 적이 있다. 또 다른 스타일의 사람을 만나고 난 후에야 나는 직접적으로 "싫어"라고 말하는 것보다 더 현명한 방법이 있다는 걸 알게 됐다.

앞서 거론한 거절의 방식은 모두 방어적 성격을 띤다. 그런데 다섯 번째 거절의 방식은 거절 자체를 할 필요가 없다. 주객을 전도시켜 상대방에게 내 요구 사항을 제시해 상대방이 내 부탁을 어떻게 거절할까 고민하게 만들거나 또는 거절하지 못하게 만드는 방법이다.

이 거절 방식을 사용하면 상대방은 내게 어떻게 요구할까를 걱정하는 게 아니라 어떻게 하면 날 거절할 수 있을까 고민하며, 발등에 떨어진 불 끄기에 급급해한다. 내 부탁을 거절할 만한 말이 생각나지 않아 그대로 받아들였다면 나는 '떡 본 김에 제사 지내면' 그만이다.

다섯 번째 수준의 거절을 통해 나는 상대방의 욕구를 충족시켜 주지 않아도 될 뿐만 아니라 내 욕구를 충족시켜 달라고 요구할 수 있다.

"네 요구야 내가 들어줄 수 있지. 하지만 먼저 내가 제시하는 더 어려운 부탁을 네가 좀 들어줘야겠어. 네가 먼저 날 도와주지 않을 거면 무슨 낯으로 나한테 부탁하는 거야?"

상대방의 욕구를 충족시켜 주지 못했다는 죄책감에서 벗어날 수 있을 뿐만 아니라 상대방의 요구도 성공적으로 거절할 수 있다.

나는 한 친구의 부탁 거절 일화를 듣다가 무릎을 치며 감탄한 적이 있다. 그는 보험에 가입해 달라는 지인의 부탁을 듣자마자 다음과 같이 말하며 보험 가입을 주제로 한 대화의 맥을 끊어 버렸다.

"야, 나 오늘 기분 좋은 일 있는데, 이런 이야기는 하지 말자. 자, 차나 마셔. 근데 말이지, 너희 집 아이 일은 어떻게 됐어?"

그 한마디로 친구는 "이런 이야기는 하지 말자", "차나 마시자", "네 이야기 하자"라며 상대방에게 세 가지를 요구한 것이다. 보험 가입을 권유했던 상대방은 보험 이야기는 하지 말라는 요구를 받아들일지, 차를 마심으로써 스스로 말문을 막아야 할지, 개인적인 어려움에 대해 털어놓을지 고민해야 하는 세 가지 함정에 빠지고 말았다.

친구는 상대방의 말을 끊는 방법을 통해 화제의 중심을 상대방에게 옮긴 후 다시 '차 마시기'를 제시함으로써 살짝 방향을 틀어 상대방이 공격 태세를 버리고 방어 태세를 취하게 했다.

또 다른 친구는 지인의 보험 가입 권유에 "나도 가입하고 싶긴 하지. 그런데 얼마 전에 내가 집을 샀잖아. 안 그래도 너한테 돈 좀 빌리려고 했는데, 혹시…"라며 반전을 선사했다고 한다. 결국 친구가 돈을 써 달라고 부탁받는 처지에서 돈을 빌리는 사람으로 태도를 바꾸는 바람에 껄끄러워진 지인은 보험에 가입하라는 말을 더는 꺼내지 않았다고 한다.

거절하기 어려워하는 사람들은 어떻게 거절할까를 고민한다. 하지만 다섯 번째 수준의 거절을 능수능란하게 할 줄 아는 사람들은 다르다. 잠시 뒤에 있을 공격을 위해 한발 물러서서 '네 욕구를 내가 충족시켜 줄 순 있어, 하지만 조건이 있어'라는 의사를 전달해 상대방이 스스로 물러나게 만든다.

그렇지만 주객을 전도시키는 방법을 쓰긴 쉽지 않다. 잠재의식 속에 '나는 타인에게 뭔가를 요구하면 안 돼'라는 믿음이 숨어 있기 때문이다. 우리는 요구를 할 줄 몰라서 거절을 못한다.

다섯 가지 거절 방식 중에 어떤 방식이 더 높은 수준이라고 정해진 건 없다. 가장 높은 수준의 방식은 적절히 융통성 있게 사용하는 것이다.

거절하면 안 되는 상황도 있다. 그럴 때 당신은 자신을 억누르고 희생해 타인의 욕구를 충족시켜 주고, 이익 혹은 안정감을 얻으면 된다.

부탁을 들어줄 수 없는 상황도 있다. 진심을 담아 어려운 상황을 알리고, 상대방에게 정말 도와주고 싶은 마음이 있다고 전해 보자. 비록 상대방을 만족시킬 순 없겠지만, 진심은 전달될 것이다.

핑계를 찾아 거절해야 할 때도 있다. 완곡하게 부탁을 거절함으로써 모두의 체면도 실리고 어색함도 느끼지 않고 관계를 지속할 수 있다.

때로는 나답게, "싫어"라고 말해 보자. 다만, 관계를 잃을 수도 있고 상대방이 상처를 받을지도 모른다는 가능성에 준비해야 한다.

때로는 꾀도 써야 한다. 이성과 감성을 동원해 매력적이고 아름다운 방법으로 거절해 보자.

사람에 따라 거절의 방식도 달라지는 것, 그게 바로 융통성 있는 거절 방식이다. 우리는 다섯 가지 수준의 거절 방식을 융통성 있게 쓰는 방법을 배워야 한다. 내가 다섯 가지 거절 방식을 '수준'에 따라 분류한 이유는 사람이 지혜로워지면 지혜로워질수록 더 높은 수준의 융통성을 발휘할 수 있기 때문이다.

한편 거절 능력을 업그레이드하고 더 융통성 있게 만드는 방법은 잠재의식 속에 있는 가둬진 믿음을 깨트리는 것이다. 누군가의 부탁을 거절할 때 내가 어떤 수준의 거절 방법을 사용하는지 자세히 관찰해 보자.

실망감이 오히려
성숙한 마음을 만든다

타자의 이상화

어떤 형태의 관계든 갈등은 생기기 마련이다. 상대방에게 실망해서 분노와 불만이 생길 때도 있고, 말싸움하고 화내고 싶은 마음이 들 때도 있으며, 조용히 아무 말도 하지 않고 떠나 버리고 싶을 때도 있다. 그중에서도 가장 슬프고 고통스러운 때는 상대방에게 실망했을 때다.

내 온라인 수업에 참여한 한 학생은 자신이 아플 때 가장 친한 동료가 관심을 전혀 보이지 않아 그와 멀어지게 됐다고 한다. 학생은 그가 얼마나 이기적이고 냉정한지 알게 됐다며, 슬프지만 거리를 두기로 했다고 한다. 또 내 사티어 의사소통 교육 수업을 듣는 한 아버지는 아이를 정말 사랑하지만 체벌하고 싶을 때가 있어

자기도 모르게 큰소리를 낸다고 고민을 털어놨다.

주변에서 흔히 볼 수 있는 일들이다. 연인의 특징, 행동, 성격에 실망해서 헤어지고 싶은 마음이 들기도 하고, 친한 친구라도 견딜 수 없는 부분이 있어 점점 소원해지기도 한다. 상대방에게 여전히 관심이 있고 사랑해도 실망감은 멀어지고 싶다는 생각을 충동질한다.

이상적인 존재는 없다

우리는 왜 사람에게 실망할까? 가끔 나는 이 문제를 고민하곤 한다. 어렸을 땐 친구도 참 많았는데, 어른이 되면 왜 외로워지는 걸까? 왜 시간이 흐를수록 기댈 사람도 없고, 날 알아주는 사람도 없고, 나와 함께하는 사람도 없다는 생각이 드는 걸까? 우리는 자신과 같은 가치관을 가진 배우자나 친구를 꿈꾸면서 가치관이 다르다는 이유로 곁에 있는 사람을 점점 멀리하곤 한다.

고민을 거듭한 결과, 사람에게 실망할 줄 안다는 게 대단한 능력이라는 결론을 얻었다. 화를 내고 갈등을 표출하고 슬퍼하고 조용히 떠나 버릴 줄 아는 능력이 있다는 것, 그것만으로도 대단하다. '정서적 단절'이라는 방어 기제를 능숙하게 사용할 줄 아는 사람만 할 수 있기 때문이다. 타인의 감정에 공감하는 능력을 버릴 줄 안다는 뜻이기도 하다.

우리에겐 타인의 감정에 이입하고 공감하는 본능이 있다. 고통스러워하는 사람을 보면 불쌍하다는 생각이 들고, 주사 맞는 사람을 보면 안타깝고, 오들오들 떠는 고양이를 보면 보살펴 주고 싶고, 예쁜 사람과 예쁜 꽃을 보면 형언할 수 없는 기쁨을 느낀다. 우리는 만물의 존재에게서 기쁨을 발견하는 공감 능력을 타고 났고, 덕분에 삶은 훨씬 더 아름다워진다.

그래서 실망하기 전에 감정적으로 단절돼야 한다. 그래야만 안타까워하지 않고 상대방이 느끼는 슬픔, 무력감 그리고 분한 감정을 모른 척할 수 있다. "그가 얼마나 매정하고 이기적이고 차가운데요, 슬퍼하기나 화낼 리 없어요"라는 말은 하지 마라. 생면부지의 사람이 "당신에게 실망입니다"라고 말해도 마음이 상할 텐데, 매일 함께한 사람은 더하지 않겠는가?

정서적으로 단절되면 상대방의 감정을 느끼지 않고 죄책감 없이 상대방을 멀리할 수 있다는 장점이 있다. 만약 내가 상대방에게 화내기, 멀리하기 같은 '벌'을 내렸는데 상대방의 고통스러운 감정이 고스란히 내게 전달된다면 나는 벌을 내릴 수 없다. 그런데 정서적 단절은 마취제처럼 곧 다가올 '수술'을 훨씬 더 쉽게 만들어 준다. 그렇다. 우리는 상대방에게 '손'을 쓰기 위해 정서적 단절이라는 마취제를 활용한다.

우리는 정서적 단절을 감행해야만 상대방의 감정과 참모습을 무시할 수 있다. 우리는 이상적인 존재가 함께하길 갈망한다. 그러나 우리 곁엔 그런 존재가 없기에 이상적인 존재의 이미지를 상대방에게 투사한다. 이렇듯 상대방을 내가 생각하는 이상적인 존재라고 가정하며 환상을 실현하는 과정을 '타자의 이상화'라고 부른다.

우리는 욕구를 충족시키고자 이상적인 존재를 만들어 낸다. 타인보다 날 먼저 생각하고, 언제 어디서나 내 감정을 돌보고, 제때 생각을 알아차리고, 뭐가 필요한지 알고 있고, 모든 심리적 욕구를 충족시키고, 엄마 뱃속에서 느꼈던 따스함을 느끼게 해 줄 수 있거니와, 온 우주가 날 중심으로 돌아간다는 거대한 환상을 충족시킬 존재 말이다.

누군가와 감정을 공유한다는 건 그의 품속에 뛰어 들어가 그의 보호와 돌봄을 받는 것과 마찬가지다. 그런데 이런 보호와 돌봄은 내가 가진 이상적인 존재에 대한 욕심을 자극하고, 곧 내 모든 욕구를 다 충족시켜 줬으면 좋겠다는 탐욕스러운 생각을 하게 만든다. 그리고 환상이 현실로 이뤄지지 않으면 그에 대한 정서적 단절을 감행한다. '미안해. 그러니까 왜 이렇게 가까이 다가와 감정을 공유했어. 벌을 주지 않을 수가 없잖아'라는 논리로 말이다. 이런 유형의 정서적 연결은 흔히 찾아볼 수 있는데, 아기가 엄마에게 품는 감정이 대표적이다.

전언어기 아기는 엄마를 이상화하고 또 이상적인 존재로 여긴다. 이 시기에 엄마가 절대적인 관심을 주고 아기를 위주로 생각하지 않는다면 아기의 잠재의식 속엔 '엄마는 왜 날 충분히 사랑하지 않지? 나중에 갚아 줄 거야'라는 증오가 생긴다. 이들이 어른이 돼 엄마를 떠올리게 만드는 사람을 만나면 잠재의식 속의 보복 심리가 떠오른다.

우리는 상대방을 이상화한다. 상대방이 내가 원하는 건 뭐든 다 해 줄 거라고 믿지도 않으면서 정말로 얻을 수 있을지도 모른다는 기대를 마음 한구석에 품는다. 하지만 내가 원하는 것이라면 뭐든 해 줄 수 있는 사람은 없다. 결국 화를 내고 거리를 두는 방법으로 상대방에게 갚아 주려고 한다. 이때 상대방이 자녀거나 배우자라면 우리의 잠재의식은 더욱 강한 복수심을 불태우고 그들의 잘못을 절대 용서하지 않는다.

상대를 객관적으로 바라보자

누군가를 이상적인 대상으로 삼으면 객관성을 잃어버린다. 우리는 상대방에게 실망했을 때 정서적 단절을 감행했다가 원하는 걸 줄지도 모른다는 환상에 빠졌다가 그게 불가능하다는 걸 깨닫고 복수하겠다는 마음을 품는다.

이처럼 우리는 상대방에게 실망한 그 순간부터 그의 현실적인 장점을 모두 잊어버리고 만다. 그리고는 '네가 나한테 잘해 준 적도 있지만, 나도 잘해 줬으니까 비긴 거잖아', '한때 우리 사이에

애정이 있긴 했지만, 이젠 기억도 안 나', '내 눈엔 네가 나한테 저지른 실수만 보이고, 너라는 사람이 나쁘게만 느껴져', '네가 예전에 나한테 얼마나 잘해 줬든지 간에 기억 안 나는 척할 거야'라고 생각하며 마음 놓고 복수하려고 한다. 이런 편집성 조현병에 가까운 상태에 빠졌을 때는 진실은 눈에 들어오지 않는다. 자신의 감정에 매몰돼 객관적으로 판단할 능력을 상실한다. 하지만 객관적인 현실은 우리 생각과 다르다.

상대방은 좋은 사람이자 나쁜 사람이기도 하다. 상대방은 나와 감정을 나누기도 했지만 상처를 주기도 했다. 지금 그가 나쁜 행동을 하더라도 그 행동이 그가 착한 사람이 아니라는 걸 증명하지 않는다. 상대방은 100퍼센트 날 만족시키거나, 내 욕구를 실현해 주거나, 내 위주로 생각하고 행동하는 사람이 아니다. 나의 욕구를 충족시키기 위해 자신을 철저히 바꿀 사람은 더더욱 아니다. 상대방이 나와 관계를 맺고 내게 잘해 주는 것 자체가 행운이고 선물이다. 내가 그에게 잘해 줘서 얻은 것도 아니고, 그가 나한테 빚진 것도 없으니 말이다. 또 우리는 기껏해야 60퍼센트 수준의 감정적 교류를 했을 뿐 완벽하게 일심동체가 된 적은 없다.

객관적인 현실을 볼 수 있는 눈이 다시 생겼다면 성숙한 인간이 되는 길의 첫걸음을 뗀 셈이다. 그러나 성숙은 상실을 의미하기도 한다. 당신이 갈망한 이상적인 존재는 영원히 존재하지 않는다는 걸 깨닫고 나면 상실감이 밀려든다. 또 더는 이상적인 존재에 대한 환상을 타인에게 전이하고, 내 모든 욕구를 다 충족한 척하는 일도 할 수 없게 된다. 당신이 원했던 절대적인 보살핌과 사랑은 존재하지 않았다. 어렸을 때 엄마가 날 위주로 생각하고 행동하지 않은 탓에 평생 존재하지도 않는 이상적인 존재를 찾아다녔다니, 너무 슬픈 이야기 아닌가?

당신이 더 성숙한 사람으로 거듭나기로 마음먹으면 관계를 유지하는 힘을 얻을 수 있고, 환상이 아닌 현실에서 따스한 인정과 행복을 즐길 수 있을 것이다.

첫째, 받아들이자.

곁에 있는 이가 40점짜리라는 사실을 받아들이자. 우리가 만나는 모든 사람은 사실 다 나쁘다. 날 절대적으로 만족시키지도, 날 위주로 생각하고 행동하지도 않으니 말이다. 그래서 상대방이 날 위주로 생각하지 않을 때마다 실망하고 화내고 분한 마음이 든다. 하지만 그와 함께하기 위해 노력해야 한다. 그렇지 않으면 당신은 친구도 연인도 없는 외톨이가 된다. 상대방을 받아들인다는 건 그가 당신만을 위해 존재할 수도 없고 당신의 모든 욕구를 충족시킬 수도 없다는 사실을 인정하는 것이다. 상대방에게도 단점이 있다는 걸 받아들여라.

둘째, 상대방의 장단점을 따지는 버릇을 버리고, 나쁜 사람이자 좋은 사람인 상대방의 좋은 부분을 보려고 노력하자.

당신 곁의 그에게 좋은 부분이 있다는 것만으로도 충분히 행운이다. 그런데도 그에게 어떤 좋은 점이 있는지 나쁜 점이 있는지를 꼼꼼히 따져 보는 이유는 그가 날 위주로 생각하고 행동할 거라는 환상을 버리지 못하기 때문이다. 그러나 다시 한번 말하지만 좋은 점을 가진 그가 곁에 있다는 것만으로도 당신은 충분히 행운이다. 그러니 사람의 장단점을 따지는 버릇을 버려야 한다.

셋째, 용감하게 감정을 느껴 보자.

상대방에게 실망하면 금세 그와 정서적으로 단절하고 싶다고 생각한다. 그러나 그때야말로 상대방의 처지에서 감정을 생각해 보는 '정서적 관여'로 그를 이해하도록 노력해야 한다. 당신이 그에게 실망을 표시한 순간 그가 얼마나 큰 슬픔과 괴로움을 느끼고, 당신이 그 감정을 알아주길 원하는지 알게 될 것이다. 한층 성숙한 사람으로 성장하고 싶다면 '나는 무기력하고 의존적인 사람'이라는 생각과 당당하게 마주하고 상대방에게 다가가야 한다. 당신 곁엔 누군가가 항상 있다는 걸 당신이 갈망하던 모든 게 항상 존재했다는 걸 깨닫게 될 것이다. 당신 내면에 있는 선량한 존재의 도움으로 더는 잔인하고 무례하게 원하는 걸 내놓으라고 타인에게 보채지 않게 될 것이다.

넷째, 자신을 위해 행동하자.

지금 이 순간 타인이 당신의 욕구를 충족시키지 못했다면 스스로 해결하라. 어른이 된 당신이 보호와 관심을 갈망하는 내면의 아이를 위로해 주자.

당신은 관계의 즐거움을 느낄 수 있을 테고 상대방의 무시, 결점, 냉담함을 담담하게 받아들이고 단점을 참아 주며 상대방의 참모습에 눈 뜰 것이다. 나아가 그와의 관계를 지속하며 그의 장점에도 눈을 뜨게 된다. 고통을 주는 사람을 참아 낼 수 있어야 그가 당신에게 선사하는 기쁨을 누릴 수 있다. 상대방의 단점을 참을 수 없다면 장점을 찾을 때까지 어떻게 그와 함께할 수 있겠는가?

나를 움직이는 것은
사랑인가, 보상인가

내적 동기와 외적 동기

희생은 누군가를 위해 또는 어떤 일을 위해 뭔가를 해 준다는 뜻이다. 보상은 우리가 그 또는 그 일을 통해 뭔가를 얻는다는 뜻이다. 둘은 밀접한 관계인 것 같지만, 절대적인 연관성은 없다.

우리가 아무리 희생해도 보상받지 못해 직장이나 대인 관계에 불만이 많아지는 것만 봐도 그렇다. 상사, 연인, 친구는 왜 나한테 잘해 주지 않는지 불만이 쌓이고, 내 희생을 제대로 인정받지 못하는 느낌이 든다. 한편 아무런 희생도 하지 않았는데 누군가가 내게 보상해 주는 경우도 있다. 이럴 땐 내가 받아서는 안 될 것 같고 받으면서도 불안하다. 그러나 우리가 어떤 희생을 했는지 의식하지 못했을 뿐 모든 희생엔 보상이 따른다. 단지 희생보다 보상이 적을 뿐이다.

희생의 내적 동기와 외적 동기

많은 이가 희생의 외적 동기를 상대방 그 자체라고 생각한다. '널 위해 해 주고 싶다'는 마음 자체를 외적 동기라고 보는 것이다. 그리곤 상대방을 위해 희생하면 그에 따른 반응이 돌아올 거라고 기대한다. 이런 생각을 할 때 우리 머릿속에서 희생은 곧 보상을 의미한다. 두 가지를 동일시한다는 뜻이다.

가령 집안일을 하고, 상대방을 기분 좋게 하고, 돌보고 사랑했으니까 그만큼 내게 반응해 줬으면 좋겠다고 기대한다. 그리고는 기대만큼의 보상을 얻지 못하면 희생하길 그만둔다. 그래서 아주 조금만 희생하거나 전혀 희생하지 않고도 보상을 많이 받았으면 좋겠다고 생각하곤 한다. 상대방을 위해 희생하고도 기대했던 반응을 얻지 못하면 우리는 자기 보호 본능에 따라 분노하기, 불평하기, 실망하기 등의 방식으로 부정적인 감정을 표출하곤 '나는 너한테 이만큼이나 했는데, 너는 어떻게 그래'라는 생각을 한다.

이때 우리가 보여 주는 두 가지 모습 때문에 주변 사람들이 멀어진다.

첫째, 강요하는 모습 때문이다.

희생엔 기대감이 수반되는데, 기대가 만족되지 않으면 불만, 실망감 등의 감정이 생긴다. 한편 이런 감정에는 상대방에게 내 의사를 강요하고자 하는 마음이 숨어 있다. 내 기대와 달리 반응을 보이지 않았다는 이유로 상대방에게 분풀이하는 건 나의 정서적인 위협을 받아들이거나 날 떠나라는 의미를 담은 무언의 강요다. 당신의 강요에 맞서기 위해 대부분은 당신을 떠날 것이다.

둘째, 계산하는 모습 때문이다.

보상을 기대한 희생엔 계산하는 마음이 담겨 있다. 희생과 보상을 일일이 비교하는 행동이다. 업무의 양과 월급을 비교하고, 배우자를 위한 집안일과 내가 받은 칭찬을 비교하는 일 등이 그렇다. 비교한다고 말하지만, 사실은 계산하는 것이다. 그리고 속으로 계산하는 당신의 모습이 타인의 눈에도 빤히 보이기 때문에 사람들은 당신과 거리를 두고 싶어 한다.

내적 동기는 보상을 생각하지 않고 자신을 위해 뭔가를 하는 걸 뜻한다. '사랑하니까', '내가 하고 싶으니까', '내가 즐거우니까'라고 생각하며 희생할 때 존재하는 동기가 바로 내적 동기다. 이 때 보상을 얻었다면 생각지 못했던 선물이라고 생각하며 감사히 받아들인다.

내적 동기가 마음속에서 고개를 들 때 내 안의 힘이 날 움직이는 것 같은 느낌이 든다. 이런 힘에 의해 누군가를 위해 희생할 땐 기대하는 마음이 없는 건 불론이고 희생하고 있다는 깃조차 의식하지 못할 때도 있다. 그렇다. 우리는 희생하고 있다는 걸 의식하지 못하면서 희생할 때가 많다. 내적 동기가 우리를 이끌고 있기 때문이다.

우리는 타인을 위해 희생하지 않으면 불편한 감정을 느끼기도 한다. 사랑하는 사람이 고생하는 모습을 봤을 때, 폭설 때문에 고장난 차를 미는 사람을 목격했을 때 마음의 평안을 위해 주저 없이 행동에 나서곤 하는 것이다. 마음에 사랑의 감정이 존재하기 때문이다. 이때 우리가 얻는 인정, 사랑, 칭찬은 생각지도 않았던 선물과 같아서 큰 기쁨을 선사한다. 자신을 위해 행동에 나섰을 뿐 희생하려고 의도한 건 아니지만, 결과적으로 보면 희생적이라고 평가받는다.

나의 경우엔 글쓰기로 이런 경험을 하곤 한다. 독자가 내 글을 읽고 유익했다는 서평을 남기면 내 덕분인 것처럼 느껴지기 때문이다. 하지만 내가 글을 쓰는 건 글쓰기에 대한 내 열정을 충족하는 것일 뿐 독자를 만족시키려는 건 아니다.

우리가 타자와 상호 작용을 하는 과정 속에도 내적 동기와 외적 동기가 결합돼 있고 또 동시에 존재하기도 한다. 내가 희생을 감수할 땐 사랑해서, 하고 싶어서, 상대방을 위해서라는 마음도 있지만, 보상과 인정을 받고 싶은 마음도 존재한다.

문제는 두 개의 동기가 마음속에서 차지하는 비중에 차이가 날 때 나타난다. 희생의 대상이 일이냐 타인이냐는 중요하지 않다. 희생한 후 어떤 감정이 드느냐는 얼마나 큰 사랑과 보상이 돌아오리라 기대했는가에 따라 달라진다.

지어낸 이야기를 하나 들려드리고 싶다.

어린이들이 공터에서 공놀이를 하고 있었다. 공놀이가 끝나자 한 노인이 아이들에게 다가와선 "안녕, 꼬마들아. 너희가 여기서 놀아 준 덕분에 나는 정말 큰 기쁨을 느꼈단다. 정말 감동적이었어. 그래서 너희에게 보답으로 한 사람당 용돈 1,000원씩을 주려고 하는데, 매일 와서 공놀이해 줄 수 있니?"라고 말했다. 그런데 며칠 후 노인은 한 사람당 500원밖에 줄 수 없다며 용돈을 줄이겠다고 통보했고, 아이들은 마지못해 공놀이를 했다. 며칠이 지나자 노인은 용돈을 100원밖에 줄 수 없다고 말했다. 그러자 아이들은 "겨우 100원밖에 안 주면서 우리가 노는 모습을 보고 싶다고요? 어림도 없어요"라고 대답했다.

노인이 아이들이 노는 모습에서 기쁨을 느꼈다면 아이들의 공놀이는 노인을 위한 희생이라고 볼 수도 있다. 그런데 아이들은 순수한 내적 동기로 공놀이를 즐기다가 돈이 끼어들자 동기가 움직이기 시작했다. 결국 외적 동기가 내적 동기보다 더 많은 비중을 차지하게 되자, 희생에 대한 아이들의 동기가 완전히 바뀌었다. 행복하고 즐거웠던 공놀이가 피곤하지만 결과를 바라고 억지로 해야 하는 일로 전락해 버린 것이다.

아이들이 적은 용돈에도 불구하고 공놀이를 계속했다면 '우린 할아버지를 위해 희생하는데, 어떻게 용돈을 이거밖에 안 주지?' 라며 마음속의 불만을 키워 가고 결국 할아버지와 멀어졌을 것이다. 이야기 속 할아버지는 상사, 연인 등 희생의 대상을 상징한다. 이처럼 희생의 대상에게 불만을 품을수록 관계는 멀어진다.

난관을 함께 극복하려는 부부의 예를 들어 보자. 동고동락하는 부부는 꿈과 사랑을 위해 그리고 서로를 위해 희생한다. 그런데 형편이 좋아지자 각자의 길을 가기로 한다. 희생의 동기가 변질됐기 때문이다.

그렇다면 어떤 경우에 마음속에서 내적 동기는 사라지고 외적 동기만 남게 될까? 두 가지 경우가 있다. 사랑하지 않거나, 외적인 결핍이 심할 때 받아들이고 싶지 않은 결론을 두 가지 도출할 수 있다.

첫째, 충분한 내적 동기가 없는데도 희생을 감수하는 이유는 조금의 사랑도 남아 있지 않기 때문이다.

"내가 얼마나 많이 희생했는데!"라는 말을 입 밖에 내는 순간 진심으로 말하고 싶었던 건 "나는 널 사랑하지 않아!"라는 말이다. 그래서 상대방이 내 희생을 알아차리지 못할까 봐 굳이 내가 희생했다는 걸 강조하는 것이다. 왜 강조하려 할까? 내적 동기인 사랑이 부족하기 때문이다. "내가 널 사랑하니까 이만큼이나 해 줬잖아"라며, 부족한 나의 사랑을 감추려고 한다.

둘째, 나는 내가 사랑받을 수 있는 존재라고 믿지 않는다.

그래서 사랑받기 위해 희생이라는 수단을 동원한다. 상대방이 날 사랑한다는 것도, 내가 원하는 걸 얻을 수 있으리라는 것도, 그럴 자격이 있다는 것도 믿지 않기 때문에 희생이라는 방법을 쓰는 것이다.

우리는 상대방을 사랑하지 않기 때문에 상대방이 날 사랑한다는 사실을 믿지 못한다. 그럼에도 사랑받는 존재가 되고자 무슨 짓이든 하고 싶지만 남들이 날 이기적인 사람으로 보는 건 싫어서 가장 이기적이지 않은 행동을 하며 진심을 감추려고 한다. 희생이야말로 진심을 감추는 가장 좋은 방법이다. 이 두 가지 동기만으로도 주변 사람들을 충분히 멀리 밀어낼 수 있다.

진정한 희생의 세 가지 마음

사이비 심리학자들은 '당신은 사과를 좋아하고 상대방은 바나나를 좋아한다면, 바나나를 좋아하는 사람에게 사과를 주며 희생했다고 생각하지 말라'고 교훈을 설파하고 다닌다. 그런데 이 문장엔 문제가 있다. 나는 상대방을 사랑하지 않는데, 어디서 바나나가 생겨 선물로 준다는 걸까? 또 누가 나처럼 사랑이 부족한 사람한테 내가 원하는 사과를 줄까? 사이비 심리학자들 말처럼 내가 상대방에게 사과를 줬다면, 나는 내가 원하는 사과를 얻으려는 목적으로 상대방에게 사과를 주며 희생을 감수하는 것이다. 하지만 나한테는 사과조차 없는데 무슨 수로 바나나를 구해 선물할 수 있다는 걸까?

내면에 사랑이 없을 때 상대방의 존재를 보지 못하고 자신의 상실감에만 몰입하게 된다. 상실감에 눈이 가려진 내가 아무리 날 몰아세워도 상대방에게 줄 수 있는 건 내가 가진 것밖에 없다. 반면 내면에 사랑이 넘치면 상대방을 위해 진정한 희생을 할 수 있다. 나의 희생이 상대방의 행복을 의미한다는 걸 믿는 마음이 바탕되기 때문에 자기 만족감도 불러일으킨다.

진정한 희생은 상대방, 타인 및 내 일을 사랑하는 마음, 자신을 사랑하고 인정하고 존재 가치를 향상하려는 마음, 세상의 사랑을 받을 만한 자격이 있다고 믿는 마음, 이 세 가지 마음을 바탕으로 이뤄진다.

첫 번째 마음은 쉽게 생긴다. 사랑하는 감정은 사랑하면 생기고 사랑하지 않으면 사라지니 말이다.

두 번째 마음은 생기기가 조금 어렵다. 자신을 얼마나 사랑하고 좋아하느냐에 따라 달라지기 때문이다.

자신의 존재 가치를 믿는 마음도 타인을 위한 희생으로 볼 수 있다. 당신이 가치 있다고 믿는 당신의 특성, 경험, 상태 등이 타인에게 위로가 될 때도 있기 때문이다. 타인의 도움을 받아들이는 행동도 희생으로 볼 수 있다. 당신이 그의 도움을 받아들인 덕분에 그는 '나도 존재 가치가 있구나'라고 생각하며 외로움을 느끼지 않을 수 있고, 어떤 경우엔 그에게 성취감을 느끼게 하고 희생하고 싶은 욕구를 해소하는 대상이 되기도 하기 때문이다.

또 자신을 사랑한다는 말의 의미는 내 속에 담아 뒀던 꿈을 실현하려고 시도하는 것, 내 마음의 소리를 따라 사랑을 표현하는 것, 최대한 '의무적'인 희생을 줄여 날 위해 여러 가지 일을 하면서도 희생하고 있다고 생각하지 않는 것이다. 내가 하는 모든 행동이 내적 동기에서 유발되면 희생한다는 생각은 사라진다.

이런 마음으로 일을 마치면 뿌듯하고 편안해서 보답에 연연하지 않게 된다. 사과가 넘쳐 나는 사람이 돼야 사과에 대해 걱정하지 않고, 상대방이 원하는 게 바나나라는 사실을 깨달을 수 있는 것과 같은 이치다.

세 번째 마음은 나라는 존재 자체가 사랑받고 또 사랑받을 자격이 있다는 걸 흔쾌히 믿는 것이다. 이런 마음을 가지면 타인을 통해 내 존재 가치를 증명할 필요가 없어지고, 나도 타인의 사랑과 호의를 받을 자격이 있다고 믿게 된다. 나라는 사람이 세상에 존재하는 것만으로도 충분한 의미가 있기 때문이다.

희생에 이 세 가지 마음이 깃들어 있었는지, 희생이 누구를 위한 것이었는지 돌아보자. 그간 당신은 "내가 널 위해 희생했는데 왜 나한테 보답하지 않아?"라며 상대방을 탓해 왔는가? 아니면 "내가 희생한 덕분에 나는 마음속에 담아 둔 사랑을 많이 표현할 수 있었고, 그것만으로도 충분히 만족했어"라며 상대방에게 고마워했는가? 희생의 과정을 즐겼는지 결과를 바라고 희생한 것인지를 살펴보면 된다.

감정의 자유가
관계의 자유를 만든다

감정 해소

살다 보면 긍정적이거나 부정적인 감정을 느끼기 마련이다. 그러나 나는 모든 감정에서 긍정적인 의미를 찾을 수 있고 또 우리에게 도움이 되도록 사용할 수도 있다고 믿는다. 다만, 모든 사람이 언제 어디서든 감정 속에 감춰진 긍정적인 의미를 찾을 수 있진 않고 또 그 감정을 쉽게 자신에게 도움이 되는 방향으로 사용하진 못한다.

감정에는 정상, 비정상이 없다

내 온라인 수업에 참여했던 학생이 실연 스토리를 들려 줬다. 그녀는 짝사랑하던 사람이 밥 한번 먹자기에 나갔다. 그런데 그는 사전에 동의를 구하지도 않고 여자 친구를 데리고 나와 그녀 앞에서 꿀 떨어지는 모습을 연출했다. 그들 앞에서 그녀는 분하고 속상하고 화가 났지만, 아무렇지도 않다는 걸 증명하고자 화를 억누르고 눈물을 참으며 식사를 마쳤다고 한다. 속으론 '왜 나한테 여자 친구가 있다고 말하지 않았을까?', '왜 하필이면 내 앞에서 저러는 걸까'라고 남자를 탓하면서 말이다.

그녀와 함께 수업을 듣던 학생들은 "그렇게 괴로웠으면 그냥 그 자리를 박차고 나오지 그랬어요?"라고 물었고, 나도 "감정을 어떻게든 해소할 방법을 찾는 게 좋지 않았을까요?"라고 물어봤다. 그러자 그녀는 "어떻게 해소해요? 그렇다고 그 자리에서 제가 그한테 화낼 순 없잖아요"라고 답했다. 나는 그녀 말에 맞장구나 쳐주려고 "그렇게 혼자 속상해하는 것보다야 그 사람 뺨이라도 때려주는 게 낫잖아요"라고 농담하는 걸로 대화를 마쳤다.

이처럼 우리는 부정적인 감정에 대응하는 기제로 감정을 부정하며 억누르거나 복수심을 불태우며 분풀이하는 방법을 사용하곤 한다.

많은 사람 앞에서 감정을 폭발시키는 게 예의에 어긋나는 행동인 건 맞다. 그러나 그녀는 슬픔, 분노, 분함 등의 감정을 느꼈음에도 눈물을 흘리거나 난리 치지 않았고 심지어 감정을 느끼지 못하게 스스로를 억누르기까지 했다. 더군다나 '저 사람은 정상이야, 비정상인 건 나야, 안 되면 물러설 줄도 알아야지, 왜 내 무덤을 내가 팠을까' 하고 이유를 만들어 내면서까지 스스로에게 감정을 느끼지 말라고 요구했다.

이렇듯 '날 사랑하는 사람이 왜 날 슬프게 만들겠어? 그는 화낼 가치도 없는 사람이야'라고 핑계를 대며, 자신의 감정을 억누르고 스스로를 위로한다. 하지만 감정은 정상, 비정상으로 나눌 수 없는 극히 자연스러운 것이다.

우리는 앞서 거론한 두 가지 기제로 감정에 대응한다. 그런데 두 가지 기제에는 '네가 내 감정에 책임져야 해'라는 또 다른 생각이 감춰져 있다. 이 생각은 '네가 잘못해서 내 기분이 나빠졌으니까 네가 시간을 과거로 돌려 문제를 해결해. 그래야 지금의 내가 나쁜 기분을 느끼지 않아도 되니까'라는 논리를 빚어낸다. 그 후엔 상대방이 변화를 일으킬 만한 행동을 해서 내 감정을 배려해 주길 기대한다. 하지만 상대방이 잘못했든 아니든 뭘 할 수 있을까? 감정을 느끼는 사람은 당신이지 상대방이 아니다. 그러니 이 문제는 깊이 논의하지 않겠다.

나를 지키는 감정 해소 방법

나는 감정을 억누르고 부정하고 상대방에게 보복하며 분풀이하거나 책임지라고 요구하는, 단순하고 거친 방법으로 감정 문제를 해결하는 걸 추천하지 않는다. 어른이라면 문제를 해결하는 데 있어 최소한 세 가지 선택지를 고려할 줄 알아야 한다고 생각한다. 습관은 우리를 막다른 길로 내몰지만, 깨달음은 우리를 해방하고 자유롭게 한다.

감정을 해결하는 첫 번째 단계는 스스로 깨닫는 것이다. 어떤 감정이 들었을 때 습관적으로 분풀이하며 해소하거나 억압하는 게 아니라 현재 내 감정이 어떤지 스스로 살펴야 한다. 두 번째 단계는 내 감정을 어떻게 해소할지 결정하는 것이다.

이 두 가지 단계는 쉬워 보인다. 하지만 이를 통해 우리는 습관의 족쇄에서 풀려나 완전히 새로운 날 만들 수 있다. 사실 우리에겐 감정을 해소할 수 있는 아주 다양한 선택지가 있다.

첫째, 욕구를 참아 내는 '만족 지연 능력'처럼, 당장 분풀이하고 싶은 욕구를 참았다가 해소하는 '감정 해소 지연 능력'을 기르자.

가령 상사나 고객에게 꾸지람을 듣거나 전 남자 친구와 그의 새 여자 친구를 우연히 마주치는 상황은, 당장 화가 난다고 분풀이하기엔 적절치 못하다.

감정을 억누르는 게 능사는 아니다. 기회를 봐서 다시 분풀이할 수도 있다. 나도 애용하는 감정 해소 방법이다. 낮에 기분 나쁜 일이 있어도 꾹 참았다가 밤에 태극권 도장에 가서 팔이 시큰시큰할 때까지 운동하며 감정을 해소하면, 머리가 조금씩 맑아지는 게 느껴진다. 달리기, 소리 지르기, 마음 털어놓기 등의 방법으로 나쁜 감정을 해소해 보자. 나는 화내고 싶거나 울고 싶을 때 운동을 하면, 운동이 즐겁게 느껴졌다. 어디서 왔는지 알 수 없는 큰 힘이 날 운동에 몰입하도록 떠밀었는데, 감정이 육체적 에너지로 전환됐던 것도 같다. 이처럼 감정은 우리를 더 강하고 대단하게 만들 수 있다.

감정을 억누르고 있을 때도 그 감정과 잠시나마 함께할 수 있도록 자신을 잘 보듬어야 한다. 다쳐서 병원까지 가는 동안 상처를 더 파헤치거나 무시하는 게 아니라, 최대한 잘 관리해야 하는 것과 마찬가지다.

둘째, 승화와 경쟁으로 감정을 해소해 보자.

승화란 감정을 긍정적인 힘으로 전환하는 것이다. 우리가 느끼는 슬픔, 분함, 절망, 무력감 등 모든 감정은 공격성을 띠고 있다. 그중에서도 외부의 대상에게 감정의 화살을 돌리는 분노는 가장 큰 공격성을 띤다. 그런데 분노가 화살을 돌릴 외부의 대상을 찾지 못하면 반대로 자신을 공격하기 시작한다. 그러니 분노를 가치 있는 곳에 쓰도록 하자.

분풀이와 보복은 공격성을 해소할 방법이지만, 사회적으로 손가락질 받을 수도 있는 행동이다. 반면 남보다 더 잘하려고 노력하며 경쟁심을 불태우는 등 승화로 감정을 해소하는 건 사회적으로 허용된다.

그래서 나는 슬플 때마다 남보다 더 잘하려고 노력했다. 대학생일 때 나는 기숙사 룸메이트와 동급생들에게 무시당하곤 했는데 나의 콤플렉스를 자극하고 슬프게 했다. 그때마다 나는 '더 열심히 공부해서 너희들보다 잘난 사람이 될 거야. 그래서 날 무시한 걸 후회하게 해 줄 테야'라고 다짐했다. 일종의 보복 감정이긴 하지만, 사회적으로 허용되는 수준의 행동이다.

셋째, 묵은 상처를 치료하자.

우리가 느끼는 모든 감정은 특정한 사건 때문에 생기는 게 아니라, 유년기에 만들어진 부모에 대한 분노와 응어리 때문에 생긴다. 만점짜리 부모란 존재하지 않기에 우리는 부모에 대한 부정적인 감정을 마음속에 저장해 둔다. 그리고 어렸을 때와 비슷한 상황에 부딪힐 때마다 부모로부터 버림받고, 무시당하고, 부정당하는 것 같은 느낌이 들어 예민하게 반응하고 울컥하고 감정을 폭발시킨다.

그래서 내가 느끼는 감정이 적절한지 아닌지를 이성적으로 판단해야 한다. 가령 어떤 일을 겪고 나서 30점짜리 강도의 감정을 느꼈고, 3분 정도 지나 사라졌다고 해 보자. 그런데 어떤 때 비슷한 일을 겪은 후 60점짜리 강도의 감정이 들고 하루가 지나도 사라지지 않았다면 적절하지 못한 감정이라고 판단 내릴 수 있다. 이때 중요한 대상에 가졌던 과거의 감정적 경험을 타인에게 부적절하게 투사하고 있진 않은지 진지하게 살펴야 한다.

잠들어 있던 어린 시절의 상처를 당신의 감정이 깨웠으니 당신이 그 상처를 바라봐 주고 다시 회복할 수 있도록 도와줘야 한다. 몸을 세게 꾹 누르면 아픔을 느끼지만, 그중에서도 결린 부분이 특히 아픈 것처럼 말이다. 주체할 수 없는 감정이 밀려들 때 이 감정은 우리에게 '미안하지만, 아직 치료하지 않은 상처가 있어. 그러니까 상처를 먼저 치료하고 화를 내면 어떻겠니?'라고 깨우쳐 주고 있던 셈이다.

마음의 나이를 먹는 것, 역시 어른이 돼 가는 과정 중 하나다.

넷째, 자유로운 인격을 만들어 보자.

뒷맛이 찜찜한 감정은 우리에게 뭔가를 이야기하고 싶어 하기 때문에 분석할 만한 가치가 있다. 감정이 들려주는 이야기를 들으면 날 가로막고 있는 게 뭔지, 잠재의식은 어떻게 반항하고 있는지 알 수 있다. 그래서 나는 수업에서 학생들과 스스로를 분석하고 숨겨진 감정을 발굴하며 어떤 감정이 날 제약하는지 파악하는 연습을 한다.

내 발목을 붙잡는 감정에서 풀려나고 싶다면 우선 그 감정이 뭔지 파악해야 한다. 앞서 거론한 학생의 경우, '감정을 해소하는 일과 분풀이는 같은 일이다'라는 생각이 그녀를 가로막고 있었다. 그녀는 분풀이하는 걸 원치 않았기에 감정을 해소할 생각조차 하지 못한 것이다. 감정을 해소한다는 게 감정을 무조건 억누르는 게 아니라는 사실을 일었다면, 그녀는 핑계를 대고 그 자리를 빠져나와 한바탕 속 시원하게 감정을 해소할 수도 있었다. 설령 필요에 의해 감정을 억눌렀다고 하더라도, 왜 상대방은 내 마음을 몰라 주냐며 남을 탓하는 대신 집으로 돌아와 억눌린 감정을 해소할 수도 있는 것이다.

이처럼 자신의 감정을 살펴보고 소통하면 제약을 하나씩 깨트리고 감정의 자유를 얻을 수 있다. 그리고 성숙한 사람이라면 반드시 갖고 있는 기본적인 특징, 자유로운 인격을 갖게 된다.

다시 한번 강조하자면 당신이 아무리 많이 희생하고 양보해도 상대방이 당신의 감정을 돌봐 줄 걸 기대하는 순간 모든 노력이 물거품이 되고 만다. 스스로 감정을 돌봄으로써 속 시원하게 자유를 즐기는 게 훨씬 낫다. 남이 밥을 떠먹여 줄 때보다 스스로 먹을 때가 훨씬 편한 것처럼 말이다. 잘 먹여 주면 좋지만, 대부분은 누군가 내게 밥을 떠먹여 줄 때 어색하고 불편해서 '내 마음 가는 대로 직접 먹을 수 있으면 훨씬 자유롭고 좋을 텐데'라고 생각하게 된다.

당신보다 더 당신의 감정을 잘 돌볼 사람은 없다. 우리는 어떤 감정이 들어도 감정의 근원을 파악하지 않고 당장 어떻게 해결할 것인지를 결정하곤 나중에 후회한다. 그러니 이제부터라도 자신의 감정을 똑바로 파악한 후 감정을 직접 챙길 것인지 타인의 도움을 받아 해소할 것인지 결정하자. 두 단계를 거치면 그 누구보다 쉽게 자신의 감정을 돌볼 수 있을 것이다.

스스로 하기로 했다면 원하는 방법대로 하기만 하면 된다. 타인의 도움을 받기로 했다면 그가 당신이 원하는 대로 하지 않을 수 있다는 위험을 감수해야 한다.

관계에는 언제나
조건이 붙는다

교환

"저는 그저 진실한 마음으로 저를 사랑해 줄 사람을 원해요. 제가 어떤 사람이든, 무엇을 가졌든, 뭘 하든 상관없이 또 조건 없이 저를 사랑해 줄 사람이요"라고 말하는 사람이 있다.

어떤 이는 "조건 없는 인간관계란 불가능한가요? 받는 게 있으면 주는 게 있어야 하나요? 둘이 아무런 조건 없이 진심 어린 우정이나 사랑만으로 함께하는 건 불가능한가요?"라고 불평한다.

이 세상에 무조건적인 사랑은 없는지, 내 모든 걸 사랑하지 못하는지, 사랑에 조건이나 대가가 왜 붙는지 모르겠다며 불평하는 말을 자주 듣곤 한다.

세상에 존재하는 세 가지 차원의 교환

나 역시 소설, TV 프로그램 그리고 타인의 사랑 이야기를 많이 접한 탓에 내가 어떤 사람이든 상관하지 않고 조건 없이 사랑해 줄 사람이 나타날 거라는 환상을 품었었다. 하지만 어른이 돼 가면서 조건 없는 사랑은 존재하지 않으며 모든 사랑과 관계엔 조건이 있다는 사실을 받아들여야 했다.

과거의 나는 순진하게도 해가 땅을 사랑하듯 엄마가 아이를 사랑하듯 조건 없는 사랑이 있다고 주장했다. 그러나 조금씩 바뀌었다. 해가 날 사랑할 수 있을까? 해는 자기가 해야 할 일을 할 뿐 내겐 아무런 영향을 끼치지 않는다. 그렇다고 내가 해에게 뭔가를 해 준 적이 있을까? 이처럼 상호 작용도 없는 사랑을 사랑이라고 부를 수 있는가? 해는 내 상황에 아랑곳하지 않고 이글이글 내리쬐는데, 그래도 사랑이라고 할 수 있는가?

엄마가 아이를 사랑하는 건 부정할 수 없는 사실이다. 하지만 아이를 향한 엄마의 사랑에 정말 아무런 조건도 없을까? 아이가 공부를 열심히 하고 바르게 행동하고 말을 잘 들으면, 엄마는 아이에게 더 많은 관심을 주고 칭찬하며 사이가 가까워지기 마련이다. 그렇지만 아이가 실수하고 성적이 떨어지면 엄마는 아이를 나무라고 혼낸다. 잘하면 더 많이 사랑받고 못하면 사랑이 줄어드니, 아이 입장에선 엄마의 사랑에도 조건이 있는 셈이다. 또 엄마가 제아무리 흔들림 없이 중립적인 태도를 유지할 수 있다고 해도 아이는 엄마의 태도에 영향을 받기 마련이다. 나아가 엄마가 완벽하게 중립적인 태도를 유지했다고 하더라도 엄마의 사랑엔 '너는 내 피가 흐르는 내 아이야'라는 조건이 붙는다.

'사랑엔 조건이 있다' 이 결론이 성립한다는 가정하에 내가 다루고 싶은 주제에 관해 이야기해 보겠다.

관계란 교환으로 형성된다. 그리고 관계는 교환 없이 형성되지 않으며, 관계가 형성됐다는 것 자체가 교환이 시작됐다는 걸 뜻한다. 교환할 게 없다면 관계는 끝난다.

나는 이 세상에 세 가지 차원의 교환이 있다고 생각한다.

첫째, 물질적·현실적 차원의 교환이 있다.

내가 누군가에게 다가가는 이유는 그가 갖고 있는 뭔가를 얻고 싶은 마음이 있기 때문이다. 가령 당신이 직책, 돈, 자원 등을 얻고 싶다고 하자. 이런 요소들은 당신에게 도움이 되고 당신도 그렇다는 걸 잘 알고 있기 때문에 자원을 줄 수 있는 사람과 좋은 관계를 맺으려고 한다.

뭔가를 얻기 위해 하는 결혼처럼 사랑에도 이런 형태가 존재한다. 현실적인 욕구를 충족하기 위한 노골적인 교환 관계다. 한편 교환으로 욕구를 충족하지 못하면 상대방에게 실망하거나 상대방과 거리를 두고 멀어지게 된다.

둘째, 감정적·심리적 차원의 교환도 있다.

마음에 결핍이 있는 사람은 타인의 감정적 도움을 필요로 한다. 외로운 사람은 자기 이야기에 귀 기울이고 이해해 줄 누군가를, 무력감을 느끼는 사람은 위로하고 보호해 줄 누군가를, 두려움에 시달리는 사람은 항상 함께하고 연결될 누군가를, 인정받고 싶은 사람은 찬사를 전하고 칭찬해 줄 누군가를, 약해졌다고 느끼는 사람은 격려와 용기를 불어넣을 누군가를 필요로 한다. 감정적·심리적 부분에 결핍이 생기면 결핍된 부분을 채워 줄 누군가를 필요로 하고, 그런 사람이 나타나면 다가가게 되는 것이다.

그러나 내가 심리 상담사를 찾아가거나, 스스로 깨닫고선 결핍된 부분을 채울 수 있게 되거나, 내 욕구를 충족시킬 더 좋은 사람을 찾으면 예전의 그를 더는 필요로 하지 않고 그와의 관계는 멀어지게 된다. 마음 한구석엔 그에게 감사하는 마음이 남아 있겠지만, 멀어지는 사이를 다시 좁힐 수 있는 건 아니다.

셋째, 정신적·영적 차원의 교환도 있다.

속칭 '말이 통한다'는 게 이런 형태의 교환이다. 그래서 나와 같은 가치관, 취미, 언어를 쓰는 사람과 이야기하면 공감하게 된다. 자신과 이야기를 나누는 것 같은 느낌이 든다. 말하지 않아도 서로의 마음을 아는 텔레파시가 통하는 친구랄까? 공감대가 형성되는 순간 행복해져 그와의 거리를 좁히고 싶어진다. 하지만 이런 관계도 변한다. 시간이 지나며 나와 그의 취미 그리고 가치관 등이 변하면 말이 통하는 부분이 갈수록 적어진다는 사실을 깨닫고 멀어지게 된다.

친구와 친해졌다가 멀어질 때도 이런 법칙이 적용된다. 사랑도 마찬가지다. '격정적인 사랑'의 단계에선 외모, 물질적인 조건 등에 끌리지만 점차 '친구 같은 사랑'으로 변하기 시작하는데, 물질적·현실적 차원에서 이뤄지던 교환이 감정적·심리적 차원과 정신적·영적 차원으로 옮겨 가기 때문이다.

가족 간의 사랑에도 정신적·영적 차원의 교환이 이뤄진다. 엄마는 아이의 감정적 욕구를 채워 주는 대신, 아이는 존재 자체만으로 엄마가 모성애를 발휘하게 해 엄마가 원했던 '희생하는 엄마'라는 자아도취감, 자존감 등 여러 심리적 욕구를 충족시키는 것만 봐도 알 수 있다. 정신적·영적 차원의 교환이 많이 이뤄지는 가족일수록 부모와 자녀 간의 사이가 좋다. 그러나 부모와 자녀 간에 심각한 갈등이 생겨 감정적·심리적 차원의 교환이 중단되면 혈연관계라고 하더라도 마음이 멀어진다.

조건 없는 관계는 환상에 불과하다

모든 사람은 제각기 다른 의도를 갖고 관계를 형성한다. 각기 다른 차원의 교환을 원하더라도 어찌 됐든 각자 원하는 걸 상대방을 통해 얻을 수 있으면 관계는 형성되는 것이다.

대부분은 물질적·현실적 차원의 교환을 원한다는 걸 확실히 인식하고 상대방에게 접근하기 때문에 어떤 행동을 하는지 알고 있다. 하지만 감정적·심리적 차원과 정신적·영적 차원의 교환은 잠재의식에서 이뤄져 자신이 어떤 행동을 하는지 깨닫지 못한다. 그래서 교환이 중단돼 둘 사이가 멀어진 걸 모르고 사이가 소원해졌다며 슬퍼하고 낙담하기도 한다. 교환의 조건을 충족시키지 못해 멀어지는 관계는 유지하고 싶다고 유지가 가능한 게 아니다.

어떤 차원의 교환이든 대등한 교환이 이뤄지지 않으면 서서히 멀어질 수밖에 없다. 당신도 경험해 봤겠지만, 친하게 지냈던 친구와 서서히 연락이 뜸해지는 일이 바로 이 때문이다. 지금도 친하게 지내고 싶지만, 감정적·심리적 차원과 정신적·영적 차원의 교환이 이뤄지지 않으면 불가능하다. 그래서 영원한 사랑을 맹세한 연인의 사랑도 서서히 식어 가는 것이다.

관계가 틀어지는 이유는 사나운 성질, 괴팍한 성격, 상대방에게 상처 주는 행동 때문이 아닐 수 있다. 감정적·심리적 차원의 교환이 아예 없었거나 제대로 이뤄지지 않았기 때문일 수 있는 것이다.

상대방이 때마침 물질적·현실적 차원의 교환을 원할 때 그의 욕구를 충족시켜 줄 수 있고, 정신적·영적 차원의 교환을 원할 때 그와 공감대를 형성하고 마음을 주고받을 줄 아는 사람이라면 아무리 모난 성격의 소유자라고 할지라도 상대방은 당신과 멀어지려고 하지 않을 것이다. 기껏해야 당신에 대한 불평을 늘어놓는 정도에서 그칠 뿐, 당신의 나쁜 성격은 크게 개의치 않을 거라는 뜻이다. 가령 당신에게 큰 심리적 결함이 없다면 말이 통하고 날 잘 이해하는 사람이 성격이 아무리 이상해도 참고 넘어갈 수 있는 것처럼 말이다.

상대방과 물질적·현실적 차원의 교환도 없고 그의 정신적 세계나 마음속 결핍에 대한 이해도 없으면서 상대방에게 감정적·심리적 차원에서 욕구를 충족시켜 달라고 한다면 어떨까? 또 시도 때도 없이 '심리적인 영양소'를 공급해 달라고 보채며 심지어 정신적·영적 차원의 교환까지 요구한다면 어떤 결과를 맞이하게 될까?

분명히 상대방은 부담스러워한다. 엄마나 아빠가 모성애, 부성애를 가진 것과 달리 그는 당신을 위해 희생하는 일을 통해 성취감을 얻지 못하기 때문이다.

그럼에도 우리는 친구 관계든 연인 관계든 그 관계가 항상 순결하고 이타적이기를 바라고, 상대방이 조건 없이 날 사랑해 주기를 바란다. 이처럼 우리의 욕구를 무조건 충족시키고 우리를 절대로 버리거나 떠나지 않는 존재가 있을 거라는 기대는 절대로 흔들리지 않는다.

현실이 어떻든 간에 모든 외부 요인을 내가 통제할 수 있을 거라는 착각을 '전능감'이라고 부른다. 전능감을 통해 우리는 신적인 환상의 존재를 만들어 내 현실 속의 관계를 그와 비교한다.

이런 환상을 현실로 만들고 싶으면 세 살 이전으로 시간을 돌려 엄마 품으로 돌아가야 한다. 세 살 미만의 시기에만 조건 없이 사랑을 받을 수 있기 때문이다. 물론 그 시기에도 엄마의 사랑엔 착하게 굴기, 마구 울지 않기 같은 작은 조건이 있기는 하지만 말이다. 이 시기에 당신이 엄마로부터 조건 없는 사랑을 받지 못했고 또 이 사실을 인식하지 못했다면 평생 조건 없는 사랑을 찾아 헤매고 다닐 가능성이 크다. 하지만 이 사실을 인식하는 순간 당신에겐 더 많은 선택지와 변화할 가능성이 손에 주어지고 조건 없는 사랑을 갈구하는 행동도 그만둘 수 있다. 정말이다. 정말로 당신도 변할 수 있다.

관계가 깨질 걸 두려워하기보다 원하는 관계를 직접 만들어 나가 보자. 안정감을 얻고자 상대방에게 항상 같은 모습으로 있으라고 또 절대 날 떠나지 않겠다고 약속하라고 강요할 필요도 없다. 부탁하고 요구한다고 얻을 수 있는 게 아니라 내 손으로 직접 만들어야 얻을 수 있다.

관계는 그 자체로 교환이기 때문에 내가 상대방의 욕구를 충족시키고 상대방도 그렇게 했을 때 비로소 우리의 관계는 영원하고 안정적이며 깨지지 않을 수 있다. 물론 전제 조건이 있다. 요구하는 게 아니라 만들어 나가야 한다는 것이다. 어른이라면 당연히 그렇게 해야 한다. 조건 없는 사랑과 수용에 대한 갈망은 전능감이 빚어낸 환상에 불과하다는 사실뿐만 아니라 내가 만들어 낸 전능한 신과 나 그리고 현실 속 친밀한 사람과의 관계를 비교하고 있었다는 사실을 직시해야 한다.

잔인하지만 대부분의 관계는 교환에서 시작해 교환으로 끝난다. 관계는 극히 현실적이고 피비린내 나고 순결하지 않다. 그래도 혹시 조건 없는 사랑이 있진 않을까 하는 마음에 곰곰이 생각을 거듭하다 보니 한 가지 답변을 찾아내긴 했다. 관계 자체가 성립하지 않을 땐 조건 없는 사랑이 존재할 가능성이 있다. 해와 나처럼 아무 관계도 아닌 경우나 세 살 미만의 아기가 엄마보다 자신이 더 전지전능한 존재라고 생각하는 것처럼 말이다.

관계를 보는 관점을 전환해 보면 어떨까? 관계는 교환을 통해 형성된다는 걸 받아들이면, 관계를 선택하고 만들어 나갈 가능성을 가진다. 혹은 교환을 순수한 행동이라고 생각하면, 우리에게도 순수한 관계를 맺을 자격이 생기고 나아가 지금도 그런 관계를 맺고 있다는 것에 자부심을 느낄 수 있다.

조건 없는 사랑, 조건 없는 수용에 대한 갈망을 버리지 못하겠다면 스스로 만들어 나가면 된다. 우리는 스스로를 돌보고 포기하지 않고 조건 없이 수용하고 사랑하는 법을 배워야 한다. 내가 할 수 없는 걸 타인에게 미루고, 날 위해 해 달라고 요구하는 건 그만 둬야 한다.

내가 좋아지고 관계가 편해지는

자존감 회복 수업

인쇄일 2024년 4월 11일
발행일 2024년 4월 17일

지은이 충페이충
옮긴이 이신혜
펴낸이 유경민 노종한
책임편집 조혜진
기획편집 유노북스 이현정 조혜진 권혜지 정현석 **유노라이프** 권순범 구혜진 **유노책주** 김세민 이지윤
기획마케팅 1팀 우현권 이상운 **2팀** 정세림 유현재 김승혜 이선영
디자인 남다희 홍진기 허정수
기획관리 차은영
펴낸곳 유노콘텐츠그룹 주식회사
법인등록번호 110111-8138128
주소 서울시 마포구 월드컵로20길 5, 4층
전화 02-323-7763 **팩스** 02-323-7764 **이메일** info@uknowbooks.com

ISBN 979-11-7183-021-3 (03190)